中国传统体育养生与西方现代体育健身的比较研究

颜芬 著

人民体育出版社

图书在版编目（CIP）数据

中国传统体育养生与西方现代体育健身的比较研究／颜芬著. -- 北京：人民体育出版社，2023
　　ISBN 978-7-5009-6311-0

Ⅰ.①中… Ⅱ.①颜… Ⅲ.①体育保健学－对比研究－中国、西方国家 Ⅳ.①G804.3

中国国家版本馆 CIP 数据核字（2023）第 088537 号

*

人 民 体 育 出 版 社 出 版 发 行
北京建宏印刷有限公司印刷
新　华　书　店　经　销

*

787×1092　16 开本　14.5 印张　302 千字
2023 年 9 月第 1 版　2023 年 9 月第 1 次印刷

*

ISBN 978-7-5009-6311-0
定价：75.00 元

社址：北京市东城区体育馆路 8 号（天坛公园东门）
电话：67151482（发行部）　　邮编：100061
传真：67151483　　　　　　　邮购：67118491
网址：www.psphpress.com
（购买本社图书，如遇有缺损页可与邮购部联系）

序　言

近代以来，中国体育的发展是在不断借鉴、学习、审视西方体育的基础上建构、发展、完善自身的历史，在这一过程中，中西体育比较的视野始终贯穿其间。在这一宏观的学术语境下，关于中西体育之间的比较研究从近代一直延续至今，这一研究话题从20世纪20—30年代针对学校体育教育的"新旧体育之争"与"土洋体育之争"，到80—90年代体育比较研究的兴起，尤其是提出成立"比较体育学"学科的倡议以来掀起了中外体育比较研究的一个高潮。此后，尽管我国比较体育研究热度有一定回落，但相关研究在整个体育学研究领域始终作为一个热点问题而存在，并且研究内容也从最初的笼统性比较逐渐细化为针对中西体育文化、体育体制、竞技体育、学校体育、大众体育、运动训练、体育健身等多角度、多层面的比较研究。

当前，由于人类健康问题日益突出，体育的健身功能受到广泛推崇，对于不同体育健身形式的比较研究也方兴未艾。除了占领健身市场主要阵地的西方现代体育健身，以健身气功为代表的中国导引术和以太极拳为代表的中国武术逐渐成为当前国内外大众健身的青睐之选，其在学界一般被界定为"中国传统体育养生"。关于中国传统体育养生和西方现代体育健身的比较研究，其历史同样也可以追溯到20世纪初期，其探讨的主要问题是中国与西方两种身体锻炼形式的产生历史、锻炼目标、方法、原理等的差异与类同，关于二者的优劣性以及差异存在的原因也在主要研究内容之列。这类研究在当前依然热度不减，但是在很多正式或非正式的学术场合中，学界也不乏如下诸多质疑：包含很多静功成分的中国导引术和武术是否能够以"体育"命名？如何将其与"绝对动"的西方现代体育健身进行比较？西方现代体育健身项目众多，将其与项目相对固定的中国传统体育养生进行比较的可比性何在？一方面是已经存在且依然热度不减的众多比较研究，另一方面是关于"二者是否可以比较"的质疑不断，这本身就是一个有趣的现象。

除了学界对于二者可比性的质疑，在已经存在的众多比较研究中也普遍缺乏可比性思考，大量的研究片面地用中国传统体育养生指代中国体育的全部或是中国人所有的身体锻炼形式，偏差地用西方奥林匹克竞技体育指代西方体育的全部或是西方现代体育健身形式，由此出现了"中国体育追求养生，西方体育追求更快、更高、更强"或是"中国传统体育的目的是养生，西方现代体育健身的目的是竞技成绩"等一系列有失偏颇的观点。以上现象表明，在当前相关比较研究中还存在诸多有待解决的基础性问题：二者的比较基础何在？如何在概念与事实上确立二者的可比性？应从哪些方面对二者进行比较？等等。这些问题最后可以归结为"比较逻辑构建"的问题，即如何在一个相对合理的逻辑框架下对中西方两种身体锻炼形式进行比较。

颜芬的博士论文《中国传统体育养生与西方现代体育健身的比较研究》探讨的关键问题之一正是如何构建中西方两种身体锻炼形式的比较逻辑，本书是其在博士论文的基础上进一步修改完善后的成果。从大众健身的角度讲，这是有利于人类健康发展的积极课题；从学术研究的角度讲，这是进一步完善学理逻辑的有益探索。因此，关于这一问题的研究，虽然有些老生常谈，但其现实意义依然不容忽视。可以认为，作者在其研究中所提出的几个关键性问题为过去的"老生常谈"拓展了很多思考的空间，并且其解决这些问题的具体方案及结论性思考也对相关研究具有一定的现实借鉴意义。具体来讲，在本书所建构的比较逻辑框架下主要提出并且解决了如下几个问题。

首先，比较基础与比较对象的问题。这是在本书的导论部分着重探讨的问题。根据文题，本研究的比较对象似乎很明确，但作者基于对以往相关研究的考察发现，事实并非如此。本书开篇即指出了在近代以来的中西体育比较研究中普遍存在的一种片面性认知：谈中国体育必是导引术和武术，谈西方体育必是奥林匹克竞技运动。由这种认知误区延续而来的是，在对中西方体育健身进行比较的研究中，大量出现了将"为健康而进行的导引术"与"为争取竞技成绩而进行的奥林匹克运动"进行比较的"无可比性"的比较。随之而来的问题是针对同一类项目的各种概念表述的混用。作为解决方法，本书认为任何身体运动都有一定程度的健身功能，但人们从事身体运动的目的决定了其行为模式。由此，应该从身体运动的价值导向而非功能蕴含的角度去确立比较对象。本研究的比较对象应该是中西方两种自觉的以促进健康为目的的身体锻炼形式，这种锻炼形式包含身体的动态与静态锻炼。并且，基于人类身体锻炼形式的多样性与共享性，这两个比较对象应被界定为中西方两种典型的、在各自领域具有文化代表性的体育健身形式。由此本书确立了将"身体运动促进人体健康"这一人类共同的生存经验作为比较基础，继而基于中西方存在的多种身体锻炼形式的事实基础，对比较对象相关概念的种属关系进行了梳理。在此基础上，作者基于对多学科跨文化研究的理论借鉴，从"同一性与差异性""文化复杂性及其主导趋向"等角度对相关概念辨析的逻辑性进行了论证。可以认为，这一部分的研究在很大程度上解决了当前关于中西方体育健身比较研究中存在的片面认知与概念混乱等基本问题。进一步讲，它重新明晰了中国导引术和武术在中国体育健身甚至整个中国体育中的存在逻辑——有足够的文化代表性但非唯一性，同时也区分了西方奥林匹克竞技运动与体育健身运动的本质区别，这些都是显而易见但常常被广泛忽略的认知，对其进行细致的梳理，将扩展相关比较研究的观照视角，基于此，本研究对比较基础和比较对象的梳理体现出了一定的现实意义。

正是基于对比较基础和比较对象的重新确立，作者首先在第二章对中国传统体育养生和西方现代体育健身的历史进行了重新梳理，其中，对中国传统体育养生的历史集中于面向大众的医学导引的梳理，主要凸显了导引术在古代医学中的重要地位、方法的丰富与理论的发展、与武术的结合对其技术补充与发展、现代化改良与科学化发展，等等，一定程度上规避了以往研究中出现的对中国养生文化的泛化观照以及对宗教修持等静功部分的过多涉及问题。对西方现代体育健身的历史则系统梳理了从古希腊时期到现代西方主流体育健身运动的方法演变以及西方医学对运动健身的观念性转变的影响，由此规避了用西方体育历史或竞技体育历史的偏差性替代，这些对中国传统体育养生尤其是西方现代体育健身的发展进程有了更为明晰且相对准确的认知。

其次，比较内容与比较视角的问题。在"身体运动促进人体健康"这一共同的比较基础上，应该从哪些方面对中国传统体育养生与西方现代体育健身进行具体的比较，这是作者比较逻辑框架中的第二个主要问题。同样基于对以往研究的考察，作者对以往涉及的比较内容进行了分类总结，最终确立了基于身体运动基本内容的"运动目标-运动方法-技术原理"的内在逻辑关系。作者认为，目标决定方法，方法的具体实施以原理为依据，由此确立了"运动目标——根本目标与操作目标""运动方法——方法构成、运动负荷、运动时空""技术原理——调身原理、调息原理、调心原理"三大方面八小方面的比较内容。宏观来讲，作者认为：以具有同样生理构造形态的身体为基础，由于中西方医学对人体身体的不同理解，中国传统体育养生的操作目标可以概括为"补益精气"和"疏通经络"，由此根据人体经络气血特征创造了很多肢体、呼吸和意念锻炼方法，这些方法集中体现为导引术和某些养生武术形式；西方现代体育健身的操作目标则主要是"消耗能量"和"强化体能"，由此选择了很多有利于能量消耗和体能提升（有氧能力、力量、柔韧等）的运动形式，这些方法既包括专门的体能锻炼形式，也包括一切有利于消耗能量与提升体能的锻炼。在方法构成上，中国传统体育养生呈现出聚焦于某些具体项目的"内聚性"，西方现代体育健身则呈现出可容纳多种类项目的"开放性"，这在一定程度上对学界关于二者在方法构成上的单一性与多样性之间的"可比性质疑"进行了回答：这并不是关于具体方法的比较，而是关于某种锻炼思路的对比。

在这些比较内容中，尤其值得注意的是对技术原理的比较。正如作者在本书开篇即提到的，这里采用了一种从中国出发的视角进行比较，即以中国传统体育养生中的三个锻炼要素——调身、调息、调心为技术原理的比较基点。这样做的可行性在于任何身体锻炼行为都涉及肢体、呼吸和意念的参与，其有效性在于从这个角度有助于更直观地了解中国传统体育养生在呼吸和意念锻炼上的独特表现。作者认为，过去的比较研究较多以西方的有氧锻炼、力量锻炼或能量消耗等标准来考察中国传统体育养生的锻炼功效，这样的比较往往只能验证二者在人体机能锻炼上的普遍性意义，不能凸显中国传统体育养生的独特性，故而作者采用了从中国传统体育养生出发的主体性比较视角，而非过去普遍采用的对标西方的视角。基于这一比较思路，作者认为中国传统体育养生与西方现代体育健身在肢体、呼吸、意念的调节上的差异"不是'有无'的差异，而是'认知'与'运用'的差异——中国传统体育养生与西方现代体育健身对于肢体、呼吸、意念的作用都有所强调，但是对三者的功能认知与实际运用则有所差异"。作者对这一观点的详细解析能够帮助我们进一步理解中国传统体育养生在身体锻炼理念、方法、效果上的诸多独特性。

最后，沟通对话与价值评价的问题。尽管学界不乏对于中国传统体育养生与西方现代体育健身的优劣评判，但本书并没有将比较的落脚点直接放在价值比较上，而是首先集中考察了中西方的沟通历史与相互认知态度，揭示了由这种态度本身所反映出来的、当前依然占据相当地位的、从"还原论"科学观出发来评价中国传统体育养生的片面视角。针对这一现状，作者从复杂性生命科学与人类学意义上的地方性知识等视角，对中国传统体育养生的经络锻炼方法的存在意义进行了重新肯定。同时，基于现代医学对整合医学的广泛运用以及对整体医学的日益重视，作者认为中国传统体育养生对今后人类医学的发展也具有相当的重要性。作者指出：与西方现代体育健身相比，中国传统体育养生是对人类生命功能的另一种有效开发与运用，也是人类感知身体内在状态的一种有效途径，将二者结合运用，可以多角度地开发人体的生命潜能。同时，由于东西方的锻炼目标各有侧重，因此，二者也可以满足现代人不同的锻炼需求。概括来讲，作者在这一部分的研究目的不在于价值优劣的对比，而在于从不同角度对中国传统体育养生的存在价值进行肯定，并基于西方已经开展且逐步重视的关于筋膜、呼吸、意念等身体功能的研究成果，对从身体本身及其感觉出发探索中国传统体育养生的内在奥秘的必要性进行了解析，这些对今后中国传统体育养生的研究视角与研究方向的拓展都具有一定的借鉴意义与参考价值。

总体来讲，本书对中西方两种典型身体锻炼形式的比较逻辑进行了建构，并在这一逻辑框架中对二者的基础知识进行了细化解析，尽管其涉及的只是一些与本研究课题相关的基础性理论问题，但其中处处体现出对以往研究误区的审视、对现有研究视角的反思、对今后研究方向的延展，为这一历久弥新的研究课题厘清了脉络并注入了生机。可以认为，本研究是一个新的开始，在此基础之上，今后对于这一课题的研究将会朝着更为严谨、中肯、深入、全面的方向发展。

石爱桥

武汉体育学院武术学院教授、博士生导师

2022年11月于武汉

目 录

第一章 导 论 ······ 001
第一节 问题的提出 ······ 001
一、研究缘起 ······ 001
二、研究意义 ······ 007
第二节 研究综述 ······ 009
一、中国传统体育养生的自我研究 ······ 010
二、中西方的相互研究 ······ 016
三、中西方的比较研究 ······ 020
四、思考与启示 ······ 034
第三节 基础概念辨析 ······ 036
一、中国文化与西方文化的比较 ······ 036
二、西方现代体育健身相关概念 ······ 038
三、中国传统体育养生相关概念 ······ 041
四、概念种属关系分析 ······ 048
第四节 比较逻辑与研究思路、方法和创新点 ······ 049
一、比较逻辑建构的理论基础 ······ 049
二、比较逻辑与研究思路 ······ 056
三、研究方法 ······ 058
四、研究创新点 ······ 060

第二章 中国传统体育养生与西方现代体育健身的历史溯源 ······ 061
第一节 中国传统体育养生的历史溯源 ······ 061
一、先秦时期的中国传统体育养生 ······ 061
二、两汉至五代时期的中国传统体育养生 ······ 065

三、宋元明清时期的中国传统体育养生 …………………………………… 072
　　四、近现代中国传统体育养生的发展 ……………………………………… 079
第二节　西方现代体育健身的历史溯源 ………………………………………… 084
　　一、古希腊的体育健身 ……………………………………………………… 084
　　二、古罗马的体育健身 ……………………………………………………… 089
　　三、中世纪的西方体育健身 ………………………………………………… 092
　　四、西方近代体育健身的发展 ……………………………………………… 094
　　五、西方现代体育健身的发展 ……………………………………………… 108

第三章　中国传统体育养生与西方现代体育健身的运动目标比较 ……… 115
第一节　根本目标比较 …………………………………………………………… 115
　　一、中西方健康观的趋同性 ………………………………………………… 115
　　二、中西方根本目标的一致性 ……………………………………………… 118
第二节　操作目标比较 …………………………………………………………… 119
　　一、补精气与耗能量 ………………………………………………………… 119
　　二、通经络与强体能 ………………………………………………………… 123

第四章　中国传统体育养生与西方现代体育健身的运动方法比较 ……… 129
第一节　方法构成比较 …………………………………………………………… 129
　　一、中国传统体育养生的基本方法 ………………………………………… 129
　　二、西方现代体育健身的基本方法 ………………………………………… 132
　　三、中西方方法构成比较 …………………………………………………… 133
第二节　运动负荷比较 …………………………………………………………… 135
　　一、中西方对负荷适度的共同重视 ………………………………………… 135
　　二、中西方对运动负荷的差异认知 ………………………………………… 137
第三节　运动时空比较 …………………………………………………………… 139
　　一、中西方运动时域比较 …………………………………………………… 139
　　二、中西方运动空间比较 …………………………………………………… 142

第五章　中国传统体育养生与西方现代体育健身的技术原理比较 ……… 146
第一节　调身技术原理比较 ……………………………………………………… 147
　　一、中国传统体育养生的调身技术原理 …………………………………… 147
　　二、西方现代体育健身的调身技术原理 …………………………………… 152
　　三、中西方调身技术原理比较 ……………………………………………… 155

第二节　调息技术原理比较 ··· 159
　　一、中国传统体育养生的调息技术原理 ··· 160
　　二、西方现代体育健身的调息技术原理 ··· 170
　　三、中西方调息技术原理比较 ··· 172
第三节　调心技术原理比较 ··· 176
　　一、中国传统体育养生的调心技术原理 ··· 176
　　二、西方现代体育健身的调心活动 ·· 179
　　三、中西方调心技术原理比较 ··· 180

第六章　中国传统体育养生与西方现代体育健身的沟通与结合 ·········· 188
第一节　沟通现状及其反思 ··· 188
　　一、西方对中国传统体育养生的认知 ·· 189
　　二、中国对西方现代体育健身的认知 ·· 192
　　三、中国传统体育养生的科学化反思 ·· 193
第二节　结合的可行性与必要性 ·· 198
　　一、结合的可行性 ··· 198
　　二、结合的必要性 ··· 201

第七章　结　语 ··· 211
第一节　研究结论 ··· 211
第二节　研究展望 ··· 213

参考文献 ··· 214

后　记 ··· 218

第一章
CHAPTER 01
导 论

本章对本研究产生的背景、研究意义、研究现状进行分析，基于现有相关研究存在的问题，对本研究所涉及的概念进行重新梳理，并以跨文化研究范式为理论基础，建构本研究的比较逻辑框架。以此为基础，对本研究的研究思路、研究方法与研究创新点进行说明。

第一节　问题的提出

一、研究缘起

（一）普遍的社会议题

身体锻炼的价值在如今受到前所未有的重视。当今社会已经发展到一个前所未有的高度，人类的生活水平得到空前提升，与此相伴随的是：人们生活节奏的加快、生活压力的增大、生活方式的改变、饮食结构的变化……诸多方面的改变也给人类带来了很多负面的影响，其中最明显的是由于机器生产大量代替了劳动力，人类的运动量急剧减少，办公室久坐人群增多。运动的缺乏直接造成了人体活动能力的减退和身体素质的下降。当前，全世界很大一部分人处于亚健康状态，与此同时，诸如高血压、心脏病、糖尿病、胃病等慢性病患者增多，肥胖群体庞大，且日益年轻化，覆盖面广。除此之外，很多过去没有出现过的病症出现，过去并不常见的病症日渐普遍。随之而来的是世界范围内的医疗支出增多，各国医疗支出占GDP的比重快速提升，给各国政府造成了严重的负担。由此，如何增强人们的身体素质，减少医疗支出，提高人们的生活质量和社会活力，成为各个国家政府共同关注的问题。

运动促进健康的观念是人类普遍的经验认知。自古以来，不管是东方还是西方，都认识到了运动对于人类健康的价值所在。在今天，当人类为维持生活所必需的身体活动大幅度减少时，主动的身体锻炼行为就显得尤为重要。1994年世界卫生组织指出，静坐少动是导致当今慢性疾病发生的第一危险因素。"运动是良医"作为一种理念和健康促进项目在2007年11月由美国运动医学会和美国医学会正式提出。随着社会各种健康问题的出现，健身运动也成为当代社会人们寻求健康的有效手段，除了西方社会主流的体育健身行为，来自东方的健身运动形式也受到人们的关注，比如印度的瑜伽与中国的健身气功、太极拳等，这些包含肢体活动与意识锻炼的健身运动行为，也成为当今人类在主流医学环境下保持健康、对抗疾病的补充或替代手段。显而易见，"运动促进健康"的理念被广泛推崇，西方社会的"大众体育为健康"观念与中国社会的"全民健身运动"都是对这一理念的社会化实践。人们在关注个体健康的同时，也在思考健身运动的社会意义与价值。由此，"运动促进健康"成为一项意义深远的社会科学议题。

现今，人们在进行健身活动时有多种选择，选择基于比较的基础之上，由此，不同健身形式也顺其自然地进入了大众比较的视野，比如当前广为流行的西方体育健身活动，包括各种专门的体能锻炼运动、各种业余的体育活动等，另有中国的以健身气功为代表的传统导引术、以太极拳为主的中国武术养生方法。除此之外，印度的瑜伽、韩国的跆拳道、日本的空手道等多种运动项目也成为人们进行健身锻炼的选择。事实上，除了这些活动，其他身体活动也都有健身的功能，因此任何体育活动都可以被用来作为健身的手段。同时，在具体的实践中，基于年龄、职业、受教育水平、个人兴趣、身体状况、生活环境等多种原因，不同的人往往会根据自身的需求以及健身项目的特点来选择合适的运动项目进行健身。基于大众健身的需要，从事专门研究的学者对"不同的健身形式差别何在""不同的人群应选择何种健身运动形式"等问题进行了思考，以求更加清晰地了解这些运动项目、科学合理地指导健身运动、更有效地促进人体健康。同时，医生也会根据不同运动对于健康的作用方式和效用，对不同的运动形式进行评估，以帮助人们选择更好的运动进行健身。在中国，以导引术和武术为代表的中国传统体育养生的健身功效得到广泛的科学验证，这一古老的运动形式也在世界上受到越来越多的重视。与此同时，学界已经意识到，中国传统体育养生项目在形式和理念上与西方现代体育健身项目有很大的不同，相关学术研究一直是中国传统体育养生研究所关注的重点问题。

（二）比较视野的确立

近代时期，中国人已经有意识地将中国武术和导引术作为民族体育的代表与西方体育进行比较，但最初的比较视野并不仅仅局限于健康话题，而是涉及更为广泛的关于体育教育、竞技与文化等多方面。在进行本研究之前，有必要对这一比较视野的建构历史进行一个简要的梳理，从中提出促成本研究的最初动因——重新审视比较对象与比较视角的必要性。

20世纪初期，中国武术和导引术被纳入与西方体育的比较视野，具体表现为近代时期曾经进行的两次中西体育之争：20世纪20年代的"新旧体育之争"以及30年代的

"土洋体育之争"。尽管名称不一,但比较的对象基本一致:"旧"和"土"指代的是以传统武术为主导兼有传统导引术的中国传统体育项目及其文化形态,"新"和"洋"则指代西方体育活动,它涵盖了各类项目、体育教育形式、奥林匹克运动等所有当时西方体育所展现出来的形态。两次争论的焦点都在于思考中国体育应该走哪条道路(更为具体的是应该在学校推行哪种体育形式)——文化保守主义者坚持发展中国传统的武术和导引术,而文化激进主义者坚持推行西方的体育形式,也有文化调和论者认为应该中和发展。争论的途径是比较,关于这两次争论的具体内容,不是本研究所要重点讨论的对象,但这两次争论隐约之中已经确立了近代以来中西体育比较研究中的某些研究传统与研究趋向,同时也反映出某些研究缺陷与认知偏差。基于此,本研究将在开始之初从回望历史中提出疑问:中国武术和导引术在被纳入与西方体育形式进行比较中扮演何种角色?其与西方体育形式的比较基础是什么?在中西体育的比较中,中国武术和导引术应该在何种层面得到怎样的评价?

1. 比较对象:从体育到健身

20世纪20年代"新旧体育之争"是从马良推出的"中华新武术"受到以鲁迅、陈独秀等新文化运动先驱的批判而开始。30年代的"土洋体育之争"则是中央国术馆发起人之一张之江提出发展本土体育、推行国术的号召后,《大公报》积极响应进而引起广泛的关于中西体育优劣选择的争论。两次争论中,中国武术与导引术都被作为中国体育的代表而"参战",两者作为中国体育代表的身份已然确立,这一学术传统延续至今。当前学界在谈及中国传统体育时,武术和导引术也常常首先被作为代表形式,它体现了中国人对于本土体育独特性的自觉性认知——武术和导引术有其独特的本土特质且体系完备,因此将其作为"土"体育的代表顺理成章。与之相对应的,在两次争论中,西方体育并不局限于某类明确的项目,争论者的关注点在于其社会参与、科学基础、竞技形式、合作精神等特征。可以认为,早期的中西体育比较研究是一种对文化选择的思考,其更多的是一种文化倾向的比较,因此学界并没有关注到项目形式的可比性问题,只是单纯地在思考应该选择什么、不应该选择什么。从现在回过头看,两次争论本身并不是严格意义上的比较研究:中国武术和导引术并不能代表中国体育的全部,将中国某类明确的体育项目跟西方整个体育发展文化形态进行比较,其可比性就有待商榷。事实上,这种以偏概全的做法和忽视可比性的行为在近现代以来的中西体育比较研究中不乏其例,只要稍加查阅此前的众多中西体育比较研究,就不难发现,很多学者也有意无意地将极富西方特色的奥林匹克竞技体育运动作为西方体育的代表,这两个"体育代表"的某些典型特征也被作为中西体育的特征进行比较,由此极大地影响了比较的准确性。至于两者之间是基于什么基础所进行的对比,其可比性在哪里,则少有学者进行思考。这似乎也成了一种研究的传统,但它的确陷入了某种研究误区。

尽管以上缺乏可比性思考且以偏概全的比较模式依然存在,但是随着研究的深入与细化，学界已经开辟了另一条更为合理的比较路径。当前，当我们接续过去学者的研究，继续将中国武术和导引术与西方体育进行比较，这一相对陈旧或略显悠久的话题在此时已经生发出一种更为具体的时代指向——研究关注点转向了体育与健康的关系，研究的视角已经从笼统的体育文化倾向比较转向具体的身体锻炼形式的比较。在这个比较视野中，导引术以其明确的养生价值指向较之武术更具有项目代表性，而某些武术项目（如太极拳）也逐步发展成为以促进健康为目标的身体锻炼形式。由此，以导引术为主体、包括以太极拳为代表的武术项目在内的中国传统的身体锻炼形式在学界被称为"中国传统体育养生"，而西方从近代以来流行全球的一切为提升有氧能力、力量、柔韧等体能指标的锻炼活动则被称为"西方现代体育健身"或"西方体育健身"，甚至其本身就是"体育健身"的代名词。不难发现，当前的比较视野已经明晰了二者的"可比性"：都是以身体锻炼促进人体健康的方式，而且是中西方两种风格迥异的身体锻炼形式，在这一比较视野中，作为西方体育重要特质的"以争取竞技成绩、必要时可以牺牲身体健康"的竞技体育应该被排除在外，尽管每项竞技项目本身也可用于身体锻炼，但此时我们考虑的已经是它的目的指向而非功能蕴含。

学界的比较视野已经转向，但那种从过去的研究习惯延续而来的"谈西方体育必不忘竞技"的执念依然萦绕不散——只要我们对当前中国学界关于中西方身体锻炼形式的比较研究做一大致梳理，就不难发现，其中依然存在以西方竞技体育代替西方体育健身的认知偏差。事实上，通过查阅相关资料即可进一步了解到，当前中国学界对于西方体育健身的历史研究远没有形成如对西方竞技体育之历史认知那样的系统性梳理。如此一来，如何重新确立可比性，并且在共同的比较基础上重新梳理中国传统体育养生与西方现代体育健身的内涵与外延、历史发展、目标与方法等一切相关基础知识，就显得尤为重要，原因在于：在个体性研究中，这些知识似乎早已耳熟能详，但在比较研究中，每个细小的偏差都会影响到比较结果的准确性。基于这种认知，本研究拟在看似老生常谈的知识梳理中力求呈现一个相对合理的比较逻辑与中肯翔实的知识阐释，如此最终对中西方身体锻炼形式形成一个相对系统准确的比较。

2. 比较视角：从西方到中国

近代以来，在多种形态的中西文化比较中，都暗含着民族情感与理性态度的心理博弈，同时也反映着大众文化与小众文化的价值博弈。回到 20 世纪初的那两场争论，从中我们可以发现，特定的历史情境会影响人们对本土文化的情感判断，继而导致两次辩论中同样被纳入比较视野的两种中西体育活动会被赋予不同的优劣评判与价值地位。20 年代的"新旧体育之争"正当新文化运动之时，武术和导引术作为"旧"文化的一种，不可避免地就受到新文化运动先驱的批判，在这场论争中，旧体育明显处于劣势。而到了30 年代，由于此时中国已被外敌入侵，民族情感的日益高涨推动了国人对本国民族传统体育的关注与支持，武术在此时则被赋予"强国强种"的民族使命，因此这一时期的"土"体育无论在论争中还是社会实际发展态势上较之西方体育都具有相当的优势。当时学者对这一比较话题的热衷程度及其态度已经表明了民族情感在学术研究中所产生的影响。这种情感可能会推动学者孜孜不倦地尝试对自身文化进行一个中肯的阐释，但也可能会因为先验的文化自轻或是文化自大而导致评价失真：文化激进主义者和文化保守主义者都或多或少存在这种先验的文化自轻或是文化自大，文化调和论者则似乎具有更多的理性态度，因此在争论中提出了相对中肯的观点和建议。

尽管存在不同的文化倾向，但总体来讲，在当时的争论中，无论是文化激进主义者还是文化保守主义者，又或是文化调和论者，基本都抱有一种共识，即用西方体育的发展形式来改良和发展中国武术和导引术，用西方体育的医学基础来阐释中国武术和导引术，等等。马良推出的经过西方式体操教学方法改良的"中华新武术"以及王怀琪用体操术语表达八段锦动作的尝试，中央国术馆建立的现代学校制的武术人才培养形式、设置中西并重的教学内容、举行各类武术竞赛活动等，研究学者推出的从西方生理学、生物力学等角度重新审视中国武术和导引术的研究性论文和专著，等等。这一系列举措都从表明西方体育已然成为中国武术和导引术走向现代化发展的某种参照和"标杆"，这一发展思路极大地推动了两个项目的现代化转型和大众普及，但也造成了某些弊端，最典型的即对标西方竞技体育运动而推行的中国竞技武术发展模式，其对中国武术所造成的某些消极影响不在本书探讨之列，但将是否被奥运会接纳作为评判武术发展是否成功的唯一指标，这本身就暗含一种文化不自信。对于专注于养生延命的导引术而言，在最初的争论和以后的研究中，其以精气神学说和经络脏腑理论为基础的理论与实践模式都受到从西方出发的批判，甚至一度被认为是封建迷信。与之相伴随的是其长期不懈地"科学化"探索的尝试，最直接的表现就是学界从西方医学的角度对导引术的医学原理与功效所进行的有别于传统中医理论的重新阐释，这一尝试极大地推动了西方对中国导引术的理解与认知，但也造成了另一种形式的研究误区———一切以西方的科学为标准，在西方科学下的验证才有效。不管是对奥运会的追逐，还是对西方科学的膜拜，中国武术和导引术在和西方体育对话的过程中，始终承受着对标西方的审视与评判。这一评判来自西方，也来自中国自身。

以上"从西方评价中国"的研究模式已经遭到质疑，始终存在相当一部分学者通过对科学认识论之根基"还原论"的批判来树立作为身体养护手段的中国武术和导引术所体现出来的复杂生命科学的合理地位，也有学者从人类学视域来肯定中国武术和导引术作为地方知识的不可或缺性与存在意义。随着中国综合国力与文化地位的提升，国人对于自身文化的认同度也逐步提升，由此，学界也逐步开始将研究的视角转向自身，无论是在发展模式还是理论阐释上，都重视对中西方的双重关注，如对中国导引术的原理、功效等的研究就囊括从中西医两方面的阐释。这是一种值得肯定的研究趋势，但在具体研究实践中，这种双重观照的视角也出现了诸多问题。

首先，当从西方的视角来观照自身时，即"从西方看中国"，很多研究表现出对西方体育健身理论的某种刻意迎合或生搬硬套。例如，当前西方体育健身推崇有氧运动，很多中国学者从心率刺激的角度来判断太极拳和健身气功属于有氧运动。基于这两项运动本身的柔和缓慢的运动特征，本研究认为，将其对心肺功能的锻炼作用归功于呼吸深度的增加以及呼吸节律的调节而非呼吸频率的加快可能更加具有合理性，由此以有氧运动标准判断这一类功效归因是略显牵强的。又如，很多实证研究通过验证练习中国武术或导引术后肌肉素质的提升来证明这两种运动的锻炼效果，鉴于任何有赖于肌肉活动的运动都会在一定程度上提高肌肉素质，因此这一类研究对凸显中国武术和导引术在身体锻炼的独特性意义上似乎并没有多大助益。由此提醒我们，有必要跳出当前西方医学对运动健身功效研究之评价标准的先验预设，重新思考如何从中国传统体育养生的逻辑上设计实验方案，从而凸显其有别于有氧锻炼和肌肉锻炼上的独特性意义。

其次，当从中国的视角来观照自身时，即"从中国看中国"，很多研究则局限于中国式知识阐释，而忽略了搭建中西知识阐释沟通桥梁的必要性。正如在当前针对国际传播的很多健身气功讲座和学术论坛中，中国学者不遗余力地介绍中医理论以及锻炼原理与功理作用，从个体锻炼的角度来看，这种从中国的视角来指导锻炼行为的模式是非常有必要的，它可以将锻炼者带入中国身体锻炼的逻辑情境之中，使其更为直观地知道练的是什么、为什么要这么练，这种阐释更加契合于强调身体感受与体悟的中国武术和导引术锻炼方法。但从文化沟通与学科发展的角度讲，仅仅进行中国范式的阐释，则陷入了一种自说自话之中，它对凸显自身的独特性也同样没有多大助益。由此提醒我们，有必要将中国的这种古老的身体锻炼逻辑与西方的身体锻炼逻辑进行一种对比，由此将会使人更加清楚地看到：基于共同的人类身体结构，但中西方的锻炼方式迥然不同。由此将能更好地凸显中国传统体育养生在身体功能开发与锻炼手段上的独特性。这一话题也可延伸至另一个层面的研究：寻找经络存在的物质基础。这一表述并非先验认为经络一定是一种实体存在，而是指向支撑经络感传知觉存在的身体性载体，其目的在于寻找西方视野中可见的身体组织结构与中国视野中不可见的身体感觉体验之间的连接点。当然，这不在本研究的探讨之列，但从身体本身出发的中西身体锻炼的比较或许可以为这一层面的研究提供某种参照。

以上分析表明，不论是"从西方看中国"抑或是"从中国看中国"的视角都存在一定的片面性，二者在凸显中国传统身体锻炼方法独特性方面都略显乏力，都遮蔽了某些认知视野。近代以来，我们习惯了"从西方看中国"，后来我们开始重视自身价值，懂得了"从中国看中国"，但是我们较少会"从中国看西方"，即便有，一些诸如"西方只关注肢体锻炼，不注重呼吸和意念锻炼"的论断也失之肤浅，原因在于当前西方现代体育健身中推崇的"有氧锻炼"即直接与人体的呼吸作用相关联。因此，与其将二者在身、息、心锻炼上的区别放在"有无"上，毋宁放在"运用"上，这一思路可能更加合理。从某种程度上讲，我们依然没有认识到中国传统体育养生锻炼价值的独特性所在何处，由此导致不知以何种标准作为与西方的参照进行比较。有学者评价美国著名比较史学家王国斌在其著作《转变的中国：历史变迁与欧洲经验的局限》中采用了一种较为独特的比较研究方法：一方面用欧洲的经验来评价在中国发生的事情，另一方面用中国的经验来评价欧洲。通过互为主体，得出新的行为模式和价值观念"①。延伸到本研究中，当前我们已经用西方体育健身中的"有氧锻炼""力量锻炼""能量消耗"等标准对中国传统体育养生进行了大量的实证评价，但缺少一种对中国身体锻炼经验的有效提炼，并将其作为与西方进行比较对话的某种标准。基于这种思考，本研究要做的一个重要尝试，就是在中国传统体育养生的逻辑范式中总结其"肢体、呼吸、意念"（身、息、心）的锻炼经验，并以此为标准，与西方现代体育健身在这三个方面的锻炼经验进行对比，从而揭示二者的异同，最终凸显中国传统体育养生在身、息、心锻炼上的独特价值。在这一比较视野中，承认任何身体锻炼行为都离不开肢体、呼吸、意念的作用是比较得以成立的前提，而肯定中国在肢体、呼吸、意念锻炼上的独特经验是开展比较的先验预设。

二、研究意义

除开学术探究上的精进需要，对中西方身体锻炼形式进行比较研究的现实意义也不容忽视。对于中国学界而言，这种比较的意义更多地在于进一步肯定本民族传统体育的价值地位，增进文化认同。针对长期以西方体育健身方法和理论为参照的学术研究现状，系统的学术比较也将更加有利于中国传统体育养生学科话语体系的构建。对于世界而言，系统的比较研究也将有助于增进中西方健身文化交流，加强西方社会对中国传统身体锻炼理念与形式的认知与理解，从而促进人类身体健康与增进生命智慧共享。

（一）增进中国文化认同

比较基于沟通，沟通的目的是增进理解，最理想的结果则是实现沟通双方在平等共存的基础上相互认同与接受。长期以来，中国导引术和武术的发展都在积极寻求世界范围尤其是西方主流文化的认可，这既是自身发展的需要，也是凸显中国国家形象的战略需求。21世纪以来，随着中国综合国力的不断提升，如何展示中国在国际社会的积极正面的国家形象，是我国文化建设事业的重要内容。中国优秀传统文化的有意识、有选择的发展传播，基于具体文化载体所建构的介质与桥梁，使国际社会认识并了解、认知并认同中国文化，是国家形象建构的重要举措。以健身气功和太极拳为代表的中国传统体育养生项目，具有强烈中国文化特色，是蕴含丰富中国生命科学内涵的传统体育养生项目，其与其他优秀传统文化一起，共同承担了构建国家形象的重要使命。由于中国导引术和武术本身所承载的文化特殊性，中国传统体育养生不仅是中国文化的重要组成部分，

---

① 王国斌. 转变的中国：历史变迁与欧洲经验的局限 [M]. 李伯重，连玲玲，译. 南京：江苏人民出版社，2010：3.

在某种程度上讲，它也已然成为中国文化的一张名片。经过长期的跨文化传播与推广，中国导引术或者更为大众所熟知的"气功"和武术在世界上的地位得到极大提升，但是基于项目赖以存在的医学理论的前现代特征以及其本身所涉及的某些不良的历史文化痼疾，使大众对其科学性与合理性的质疑与误解依然存在。由此，中国传统体育养生的文化形象是否能够准确地得到呈现，这是当前导引术和武术研究都着重关注的问题。当前，我们基于健康的基础，通过对中国传统体育养生和西方现代体育健身的比较，可以让二者在运动促进健康这一共同基点上展开对话，同时也以一种相互欣赏的态度承认差异存在的合理性，由此推进国人以及其他文化族群对中国传统体育锻炼形式的文化认同，最终促进中国传统体育养生的文化推广。

（二）推进学科话语构建

中国传统体育养生是民族传统体育学科的重要分支学科之一，其主要研究对象是以传统导引术和武术（以太极拳为代表）为主体形式的中国传统的身体锻炼行为，已被纳入全民健身的项目体系之内。它既是体育健身领域的一股重要力量，又是区别于其他体育健身形式的、具有鲜明民族文化特色的体育健身行为。通过对中国传统体育养生和西方现代体育健身的系统化比较研究，可以更加明晰二者在身体锻炼上所呈现出来的本质差异，这一研究对中国传统体育养生学的学科建设至少有两方面的积极意义：首先，凸显学科价值。通过比较可以凸显中国传统体育养生学作为一门独立学科知识体系的存在意义。当前，在以西方体育理论和方法为主导的体育学研究环境中，中国传统导引术和武术作为两种中国特色的身体实践活动，也被纳入体育学的研究范畴，在研究和发展模式上，往往倾向于突出其体育意义上的普遍性而忽视其文化意义上的特殊性。作为一门专门以中国传统的身体锻炼形式为主要研究对象的学科门类，厘清这一研究对象是如何与其他身体锻炼形式尤其是西方现代体育健身运动相区分的，这是本学科得以独立存在的必要条件。其次，深化学科知识认知。通过比较可以加深对中国传统体育养生学这一学科知识的认知与理解，正如比利时著名历史学家亨特·皮朗教授（Henri Pirenne）所指出的："如果我们想理解民族的独创性与个性，唯一的方法是比较的方法。事实上，正是通过比较，也只有通过比较，才能提升我们的科学知识。如果我们只把自己局限在国家历史的范围内，我们将永远无法做到这一点。"[1]在当前以西方现代体育健身理论和方法为主流的学术环境下，要更加深入地认识中国传统体育养生学的知识体系，将其与西方现代体育健身相比较，其助益无疑是最直接与有效的。由此，对中国传统体育养生和西方现代体育健身进行比较研究，有助于更系统深入地表现学科特色，凸显独立的学科知识体系与价值，最终推动建构区别于西方现代体育健身话语模式的中国传统体育养生文化

---

[1]亨利·皮朗. 历史比较方法 [J]. 高瑞, 黄艳红, 译. 经济社会史评论, 2019, (1): 31-37.

的本土话语体系。

(三) 助力大众健康服务

当今社会，无论是中国还是西方，健康问题都成为一种与国家命运紧密相连的社会问题，各国推出了以不同形式命名的健康战略，且在社会发展进程中不断更新其具体内容和方向，在不同的健康战略中都着重体现了运动的重要性。从中国的角度讲，"全民健身"战略与"健康中国"战略是当前我国推动人民健身运动、促进人民健康生活的战略。对中西方两种不同的身体锻炼形式进行比较研究，其首要且直接的意义，就是为践行"全民健身"和"健康中国"战略提供理论参考。首先，通过对中国传统体育养生和西方现代体育健身的系统考察和比较，可以更清晰地凸显二者的基础知识体系异同，为大众认知不同的身体锻炼模式提供较明晰且系统的理论参考，帮助人们了解二者的锻炼目标、锻炼方法、具体锻炼的技术原理等多方面的基础性知识，从而为不同人群参与体育健身活动、选择适合自己的身体锻炼形式提供最基本的理论参考与科学指导。其次，在当前"全民健身"和"健康中国"战略实施中，尽管中国传统体育养生项目的习练人群日益增多，但从整体上讲，以西方现代体育健身活动为首选锻炼项目的人群还是占据绝大多数。基于二者均表现出明显的健身效果这一事实，若能基于这两种健身项目在锻炼目标、方法特点、适宜人群等多方面呈现出来的特征差异，按照不同地区、不同人群、不同推广条件，有针对性、有导向性地推广不同的健身项目，这将在很大程度上提高二者尤其是中国传统体育养生在推广实施过程中的有效性。基于这种认知，对二者的系统比较，可以在某种程度上为国家相关管理机构统筹推广不同的健身项目提供一定的理论参考。推及至国际社会，当前中国健身气功与太极拳已经传播到世界上绝大多数国家，以各种形式为世界各国人民提供健康服务，基于文化差异，对于中西方两种身体锻炼形式的系统性比较也将有利于中国文化在推广中更清晰地阐释自身特质，同样有利于为人们的项目选择与实践锻炼提供较科学的指导。

以上对本研究提出的学理初衷以及进行此项研究的现实意义进行了概括性阐述。要具体展开此项研究，必须回到对相关研究的考察，这一考察将会对以中国传统体育养生和西方现代体育健身为代表形式的中西身体锻炼的学术对话做系统性梳理。

第二节 研究综述

中国学界对于武术和导引术的"体育性"的确立与重视直接来源于与西方体育的对视，由此，近现代以来，关于中国传统身体锻炼形式的研究始终与西方的比较密不可分。尤其是中华人民共和国成立以来，中国学界对民族身体锻炼形式的研究兴趣的产生、研究视角的确立很大程度上是在西方现代体育健身研究范式的主导下进行的，这直接造成了中国传统体育养生这一学科的产生及其研究方向都带有明显的兼具中西的双重研究视角。由此，不管是单纯地对自我或他者的审视，还是针对自我与他者的比较研究，比较的视角始终隐藏其间：我们在审视中国传统体育养生时，会产生一种对标"西方"的参照心态；我们在审视西方现代体育健身时，会产生一种仰视"主流"的学习心态，并始终关注西方"主流"如何评价作为"小众文化他者"的中国传统体育养生形式；我们在比较中国传统体育养生与西方现代体育健身时，会产生一种在主流语境中凸显自身优越性的隐秘期望。可以说，在近现代以来的中国传统体育养生学术研究中，这种暗含着"学习"与"较量"的中西对话氛围始终萦绕其间。

基于以上认识，本部分拟从三个方面对相关研究现状进行梳理：其一，双重研究视角下的中国学术界对"中国传统体育养生"的自我研究。通过对这一学术史的梳理，有利于我们首先发现一个生发于对话视角下自我阐释中存在的隐秘性研究误区——在西方研究范式下阐释中国传统体育养生时出现的诸多先验性预设并不适宜，如对自我的"体育"性界定、对西方现代健身理论的盲从，等等。其二，中西方学界对中国传统体育养生和西方现代体育健身的相互研究。对话的直接表现是互相的关注与深入研究，中西方对于对方的身体锻炼形式都关注历史并有其研究视角，通过对这一学术史的梳理，有利于我们发现某些跨文化认知中的知识偏差与研究局限——中国学界对西方现代体育健身的认知还存在以西方体育代替西方体育健身的现象。其三，中西方学界对中国传统体育养生和西方现代体育健身的比较研究。比较研究是异质文化的深入对话，中国和西方都对中国传统体育养生和西方现代体育健身进行了比较意义上的研究，通过对这一部分研究的梳理，有利于我们发现中西方相关比较研究的研究视角和范式存在很大的差异——中国偏于系统化比较研究，西方则多专注基于临床实证的功效比较研究。基于这三个方面的考察，我们将具体发现，在对话视野下，中国传统体育养生在自我研究、与他者的互相研究以及相互的比较研究中表现出来的身份失位与认知偏差，由此，对本研究的具体展开指引方向。

一、中国传统体育养生的自我研究

中国传统的以保养身体、维护生命为目的的身体锻炼方法，以传统导引术和武术（以太极拳为代表）为其主要内容，由于其以身体锻炼为载体，因此在现代学科分类中也被纳入体育的范畴，又由于其以中国传统养生思想为基础，属于中国传统养生方法的一部分，因此在学科体系中也被称为"中国传统体育养生"或"中国传统养生体育"，另有学者称为"中国传统运动养生"，等等。尽管不同的研究者对这些称呼的内涵与外延各有所论，但从当前的研究倾向来看，中国传统体育养生学科的研究对象以传统导引术为主，武术的研究则另有其独立系统，因此本研究中所涉及的中国传统体育养生也以传统导引术为主。从古到今，导引术的名称也多有衍生，如气功、健身气功等。事实上，一直到现今，学术界对于这一传统的身体锻炼行为还没有形成相对统一的命名，本研究则拟定在学科建设中普遍采用的"中国传统体育养生"这一概念进行论述。但在具体查找相关研究时，本文也以"导引""体育养生""气功""健身气功""中国传统体育养生"等词类为搜索关键词进行查阅。

中国人注重养生，从先秦到近代，各类养生著作层出不穷，其中也包括很多导引养生之术，其理论与方法也存在于儒、释、道、武、医等各家言论与实践之中，民间也多有人习练。近代以来，由于社会的动荡与中西文化的碰撞，中国传统体育养生的发展受到抑制。中华人民共和国成立以后，由于人民群众对于健康的需求，20世纪50—60年代，传统的导引养生术重新受到重视，并被定名为"气功"，得到广泛的推崇，相关研究也逐步开展，特别是运用现代科学的研究方法对其生理机制的研究，取得了一些成果。80年代以后，社会上练习气功的人普遍增多，气功热盛行，此时，关于气功的研究更加普遍和深入，出版了很多气功方面的专著，也发表了很多相关的论文。这一时期的"气功"涉及范围较广，包括儒、释、道、武、医各家的身心炼养方法，其中一些功法理论并非以养生为目的，而是超出了养生的范畴。另外，关于开发人体特异功能的智能气功研究也成为这一时期气功研究的重要内容。就科学研究来讲，这一时期的气功研究主要涉及气功的历史发展、理论基础、功理机制、临床应用等方面。20世纪90年代末，国家加大了对社会气功的管理，着重发展以促进人民健康为目的的健身气功与气功医疗，并在国家体育总局的领导下，创编了很多健身气功新功法，气功医疗也在某些医学院和医疗科研机构进行研究。这一时期的气功研究也以健身气功和气功医疗活动为主要研究对象，特别是健身气功，研究范围则主要集中于气功养生方面，对于那些传统气功研究中涉及的宗教修持、特异功能等内容，则较少涉及。在具体研究中，除了延续以往的历史、思想和功理方面的研究，还加强了对健身气功的现代科学实验研究。同时，对于以健身气功为主要内容的中国传统体育养生的国内外推广研究也呈方兴未艾之势。这些构成了当前国内有关中国传统体育养生研究的主要内容，以下对相关具体研究分而述之。

（一）历史、理论、方法研究的本土性

1. 关于中国传统体育养生的历史研究

早在20世纪80年代，由于学术界对于气功的普遍关注，许多气功学专著中对其历史发展多有涉及[1][2][3]，另有一些历史学的论文也做了专题性探讨[4][5]。总的来说，学术界对于中国传统体育养生的历史分期基本一致，普遍的观点认为：先秦时期是中国传统体育

---

[1] 林中鹏. 中华气功学[M]. 北京：北京体育学院出版社，1988.
[2] 马济人. 中国气功学[M]. 西安：陕西科学技术出版社，1983.
[3] 王松龄. 中国气功的史·理·法[M]. 北京：华夏出版社，1984.
[4] 魏刚. 传统体育养生思想史研究[D]. 苏州：苏州大学，2013.
[5] 王敬浩，周爱光. 中国传统运动养生方法的历史演变[J]. 体育文化导刊，2008（3）：98-100.

养生理论与方法的初步形成时期；两汉和魏晋南北朝时期，中国传统体育养生与儒、释、道、医各家思想相融合，在理论和实践上成熟化且呈现流派化；隋唐时期，中国传统体育养生各流派都得到进一步发展，特别是医学气功理论与实践取得了突出的成就；宋元时期，以"内丹术"为主的道教气功发展到顶峰，其他传统体育养生行为也走向大众；明清时期，中国传统体育养生逐渐普及化、世俗化；近现代以来，中国传统体育养生经历了曲折性发展，并逐渐成为大众健身的重要手段。在这一普遍性的认知背后，不同的研究者也各有侧重，如在具体的历史论述中，林中鹏[1]、王松龄[2]对传统儒、释、道的哲学思想着墨较多，马济人[3]则侧重于对医疗导引的关注。这一现象也为本研究提供了研究思路：由于从历史沿袭下来的气功范畴的泛化，很多不属于养生范畴的行为也被纳入"气功"的范畴，因此出现不同的学者根据不同的价值认知，对气功的内涵各有不同的理解的现象，在此基础上，在论述气功的历史演进时，其所涉及的内容与侧重点也各有不同。因此，本研究基于"运动促进健康"这一价值预设而使用"中国传统体育养生"这一概念时，应该将研究对象限定于与这一价值预设相关的行为之内，要做到这一点，首先就应该对"中国传统体育养生"从内涵与外延上做明确的界定。值得参考的是周伟良主编的《中华民族传统体育概论高级教程》[4]，此书认为侧重于动功的导引术与体育运动之间关联更为紧密，因此着重描述以动功为基础的导引术的发展历史，而对诸如"内丹术"等专注于静修或行气的静功的历史内容较少涉及。

2. 关于中国传统体育养生的理论研究

关于中国传统体育养生的理论研究主要体现在对中国传统体育养生的理论基础研究、思想体系研究以及思维模式研究三个方面。除了以上所涉及的关于中国传统体育养生的专著以及研究论文，另有一些文章也对中国传统体育养生的思想构成进行了研究[5][6][7]，普遍认为中国传统体育养生的思想基础包括中国传统的"阴阳五行""天人合一"哲学思想以及中国传统的医学理论。此外，中国传统儒、释、道各家的修身炼养理论也对中国传统体育养生思想进行了阐释，在此基础上，中国传统体育养生形成了多种流派。总结来讲，关于思想理论的研究构成了中国传统体育养生研究的主要部分，学术界在相关问题上的基本达成了共识，但是，"大部分进行基础理论研究的相关文献都是花费大量的笔墨用在论述养生体育理论的哲学思想之上，这里不仅缺乏鲜明的观点而且研究的内容出

---

[1] 林中鹏. 中华气功学 [M]. 北京：北京体育学院出版社，1988.
[2] 王松龄. 中国气功的史·理·法 [M]. 北京：华夏出版社，1984.
[3] 马济人. 中国气功学 [M]. 西安：陕西科学技术出版社，1983.
[4] 周伟良. 中华民族传统体育高级教程 [M]. 北京：高等教育出版社，2003.
[5] 胡乐举，何启安. 论我国古代养生体育思想构成及其特征 [J]. 吉林体育学院学报，2007（1）：123-124.
[6] 胡健. 论中国传统体育思想的内容与特征 [J]. 体育学刊，2003（6）：65-67.
[7] 康德强. 传统体育养生的文化哲学研究 [D]. 上海：上海体育学院，2010.

现了大量的重复"①。不仅如此，在具体论述中，往往会出现专注于理论的描述而忽略了理论与研究对象的关联性，一些关于中国传统哲学和儒、释、道思想的描述与中国传统体育养生并没有很好地结合在一起，甚至出现牵强附会的现象。

3. 关于中国传统体育养生的方法研究

当前关于中国传统体育养生方法的研究，除了以上所涉及的相关专著，也有一些专门的研究论文②③④。学术界普遍认为：中国传统体育养生的方法以导引术和武术为主要方法，其中又以导引术为主。由于不同功法各有侧重，学者依据不同标准，对其进行了多种划分，一般分为"静功"和"动功"两种形式，也有学者做了更详细的划分，如王敬浩在"静功"和"动功"的分类基础上，又细化为"肢体活动类"（纯动）、静坐（纯坐）、"肢体导引类"（以动为主的动静结合）、"意念导引"（以静为主的动静结合）⑤。范铜钢基于对传统功法技术的挖掘整理，对各种功法在动作形式、方位、次数等细节问题进行了更加全面的梳理与归纳⑥。总结来讲，当前对于中国传统体育养生方法的研究较为全面，但由于划分标准过多，不同的研究各有侧重，尚有系统化总结的空间和必要性。

（二）功效、原理、发展研究的双重性

1. 中国传统体育养生的健康功效研究

从健康的角度对中国传统体育养生的养生和疗疾效果进行验证，是当前相关研究的热点之一。这类研究从传统中医和现代西医的双重角度对中国传统体育养生的功效进行实证分析，项目集中在健身气功和太极拳上。从现代西医的角度进行探索是当前研究的主要趋势。史海阳对当前中外健身气功健康促进研究的系统性比较分析，认为当前中国传统体育养生的临床研究主要涉及对运动系统疾病（如骨质疏松症、颈椎病、关节炎、肩周炎等）、心血管系统疾病（如高血压、心脏病、糖尿病、慢性阻塞性肺病等）、免疫系统疾病（戒毒、癌症等）的治愈⑦，这些研究普遍反映出良好的临床效果，但通过对相关试验的具体考察发现，这些试验中对照组绝大部分为"无运动方式"的人群，不能进一步反映传统体育养生与其他运动形式在临床效果上的差异，因此，需要有更多的临床研究比较健身气功与其他锻炼形式的效果差异，以更好地突出其特质。当前国内在这方面的研究较少，较有代表性的是王凤妹和杨翼的研究，其比较了有氧运动和气功对老年

---

①王伟. 对中国传统养生体育衍生、发展的再研究 [J]. 山东体育科技, 2005, 27 (1): 45-47.
②李晓琳, 刘宇飞. 中华民族传统运动养生方法研究 [J]. 哈尔滨体育学院学报, 2009 (1): 23-25.
③王敬浩, 周爱光. 中国传统运动养生方法的历史演变 [J]. 体育文化导刊, 2008 (3): 98-100.
④范铜钢. 养生典籍功法技术挖掘整理研究 [D]. 上海：上海体育学院, 2016.
⑤王敬浩. 中国运动养生理论与技术体系研究 [M]. 桂林：广西师范大学出版社, 2015.
⑥同④.
⑦史海阳. 中外健身气功健康促进研究的比较分析 [D]. 上海：上海体育学院, 2018：23-28.

女性免疫功能的影响①，研究表明二者均表现出积极影响，但气功更适合老年人群锻炼，这一研究思路值得参考。

2. 中国传统体育养生的原理机制研究

随着中国传统体育养生方法逐渐被用于大众健身与医疗保健活动，对于其养生原理与机制的研究也成为当前研究的重要内容，主要表现在从中医的角度对其养生原理进行阐释，从西医生理、生化的研究对其改善人体生理机能的机制进行分析，当前研究以西方医学范式居多。从中医的角度讲，普遍认为中国传统体育养生主要是通过"调身""调息""调心"的方式实现人体阴阳调和、培补元气、疏通经络、调理脏腑的目的；从西医的角度讲，有一些研究从"三调"的手段出发对其机理进行分析，形成了几种基本的认知："调身"是通过肢体动作加强肌肉骨骼的活动、促进消化和能量代谢、增强心肺功能等，其通过体表刺激影响内在器官的效应或与人体的神经反射机制有关；"调息"是通过人体呼吸对植物神经功能的调节而影响内脏器官，通过腹式呼吸提高心肺功能和按摩内脏从而提高相关机能等；"调心"是通过入静放松抑制交感神经，兴奋副交感神经，通过大脑皮层有序化使生命体有序化发展，通过神经内分泌系统的影响改善机体免疫状态②③④；等等。另有一些研究讨论了气功锻炼对人体某些生理机能的具体影响，如系统探讨健身气功对人体心血管系统、呼吸系统、免疫系统功能的影响⑤，以及专门探讨呼吸和意守对心率的影响⑥、练习气功对人体呼吸机能和能量代谢⑦、生理机能和血脂⑧、NK细胞的影响⑨，等等。尽管很多研究已经表明中国传统体育养生在改善人体生理、心理机制上有显著的效果，但是真正使气功产生效应的机制尚未有明确定论，同时，很多新的理论也被用来阐释气功的物质基础和作用机制，包括人体生物膜、物质流变学、量子力学、耗散结构理论等⑩。

需要指出的是，当前研究偏于强调用西方现代健身理论来解释中国传统体育养生的功效，由此忽视了自身的特点。例如，当前西方体育健身推崇有氧运动，很多中国学者从心率的角度来判断太极拳和健身气功属于有氧运动，是略显牵强的。这也提醒我们，在借鉴西方医学范式来研究中国传统体育养生的生理机制时，不能对某些理论进行生搬

---

①王凤妹，杨翼. 有氧运动和气功对老年女性免疫功能的影响 [J]. 武汉体育学院学报，2006，40（7）：47-50.
②钱存泽. 气功原理与应用 [M]. 上海：上海交通大学出版社，1989：194-198.
③单春雷，励建安. 气功的生理作用及机理 [J]. 中国康复医学杂志，1999，14（6）：276-279.
④马济人. 中国气功学 [M]. 西安：陕西科学技术出版社，1983：106-107.
⑤刘志奇，黄文英. 健身气功的养生机理研究 [J]. 山西师大体育学院学报研究生论文专刊，2009，24（12）：119-122.
⑥刘洪波. 呼吸和意守对心率影响的实验研究 [D]. 扬州：扬州大学，2013.
⑦张鹏超. 健身气功练习对大学生呼吸机能及能量代谢的影响：以健身气功·八段锦习练为例 [D]. 上海：上海体育学院，2013.
⑧周小青. 健身气功八段锦对中老年人身体形态、生理机能及血脂的影响 [D]. 北京：北京体育大学，2003.
⑨虞定海，吴京梅. "健身气功·五禽戏"锻炼对中老年人NK细胞的影响 [J]. 上海体育学院学报，2008（1）：56-58.
⑩同③.

硬套，而应该从中国传统体育养生项目的实际出发，深入探究中国传统体育养生区别于西方体育健身的独特的健身机理与功效。

3. 关于中国传统体育养生的发展传播研究

基于中国传统体育养生独具特色的健身养生价值，及其所内含的丰富的中国传统文化，其已成为中国文化的一张重要名片，由此，对其发展传播的研究始终包含国内普及和国际推广两个部分，二者是当前学界研究的重要内容。以健身气功的发展为例，其国内普及主要集中在全民健身体系中所涉及的高校[1][2]、社区[3]、各个地区[4]、中小学校以及对国内健身气功发展整体状况的研究[5]等。尽管当前国家自上而下的宏观性统筹推广很大程度上推动了健身气功的社会化传播，但是持续参与健身气功锻炼的人群依然相对较少，很多人仅仅是接触一段时间后，因为各种原因如外来师资缺乏、自主发展能力不足等而不能持续下去，反映出当前国内传播中存在的短时、短效性特征。针对这一现状，有学者以社区为突破口，提出建立集合政府、高校、社会团体等多元主体合力的"传统体育社团参与社区健康促进的集体行动机制"，通过多方优势资源互补为健身气功在社区的推广和长效发展提供了一种有意义的路径参考[6]。关于健身气功海外传播的研究则主要包括针对海外推广现状与策略的整体性研究以及在局部地区[7][8]、孔子学院[9]等的具体推广模式、成果、制约因素等相关研究[10]。总体来讲，当前健身气功的国内外传播以国家体育总局健身气功管理中心为主导，中国健身气功协会和国际健身气功协会在传播与推广中发挥重要作用，尽管已经取得了很大的成效，但依然存在几个制约其发展的关键性问题：缺少文化认同、发展理念不清晰、缺少整体规划[11]；技术与理论教学不平衡[12]；师资力量不足、师资素质有待提高[13]；等等。新时代文化自信的提升进一步推动了中国传统体育养

---

[1] 吕吉勇，杨慧馨．高等院校健身气功推广方式的研究［J］．哈尔滨体育学院学报，2012（5）：76-80.
[2] 项汉平，丁丽玲，刘治国，等．健身气功在普通高校的开展现状及发展对策［J］．武汉体育学院学报，2013，47（5）：63-67.
[3] 尹海立．传统体育社团参与社区健康促进的集体行动机制研究［M］．北京：中国社会科学出版社，2021.
[4] 陈晓卉．北京市健身气功推广模式的研究［D］．北京：北京体育大学，2010.
[5] 张云崖，王林，虞定海．健身气功推广普及现状研究［J］．山东体育学院学报，2008，24（6）：29-32.
[6] 同③7-8，12-13.
[7] 粟丽．传播学视域下健身气功对海外华人推广的要点和策略［J］．武汉体育学院学报，2014（6）：66-70.
[8] 徐亮，徐武．中华文化国际传播视域下非洲健身气功推广对策：以贝宁为例［J］．内江师范学院学报，2016：118-121.
[9] 王国营．孔子学院发展对健身气功海外推广之启示［J］．武汉体育学院学报，2013（10）：68-72.
[10] 范燕薇，高河永．健身气功在海外华侨华人群体中的推广现状分析［J］．东南亚研究，2013（3）：97-102.
[11] 虞定海，张茂林．口碑传播视角下健身气功国际化推广与中国国家形象构建［J］．上海体育学院学报，2010，34（6）：73-77.
[12] 裴涛．健身气功发展现状的综述研究［J］．中华武术（研究），2018，7（1）：82-85.
[13] 同②.

生的价值认同,学界对其发展研究也传达出一些基本共识:"突出文化自觉,建构学术话语权"①"突出项目优势,推进体医结合"②。总结来讲,当前中国传统体育养生在国内普及和国际传播的社会影响力还比较薄弱,除了加强师资培养、丰富传播途径等基本手段,依然还需要在深化项目本身的特质阐释上下功夫,即通过精准阐释提高项目的认知度乃至认可度,在当前西方现代体育健身理念与方法占据健身市场主要领地的现状下,通过中西比较来突出项目优势、提升文化自觉与认同,使中国传统体育养生在国内外推广中具有更多的话语支撑。

二、中西方的相互研究

(一)中国对西方现代体育健身的研究

近代以来,随着西方文化全面进入中国,西方体育逐渐占领了中国的体育领地,尽管20世纪初期,中国进行了多次关于中西方体育的争论,但在历史进程中,西方社会的体育健身理念及其实践活动逐渐成为中国体育健身的主流。一直到今天,以西方运动医学为基础、以各种西方体育活动为手段的体育健身活动依然在中国全民健身体系中占有重要的地位。在中国学术界,关于西方现代体育健身方法的研究也多蕴含在各类体育健身专门性教材以及体育学科的教材或专著之中。其中,一般性体育基础理论教材如《体育概论》③《体育理论》④《社会体育导论》⑤等教材,专门性体育健身类教材如《体育健身原理与方法》⑥《运动处方理论与应用》⑦等相关书籍。现今,人们对于西方体育健身的原理与方法认识基本一致,普遍认为西方体育健身的主要依据是"超量恢复"原理,即通过对机体进行一定负荷量的刺激,使机体产生适应性反应,促进机体功能的加强,并在此基础上形成了关于科学控制运动负荷的相关理论,如运动负荷价值阈理论。在方法上,主要包括:各类日常身体活动,如走、跑、跳、自行车运动、游泳等;各类体育活动,如球类运动等;各种创编性运动,如体操、舞蹈等;各类休闲型运动,如攀岩等。各类身体活动都被纳入西方体育健身的范畴,但是在具体锻炼中,为实现不同的锻炼目的,也有专门性的锻炼方法,如有氧锻炼方法、力量锻炼方法、柔韧锻炼方法等。总的来说,现阶段对于西方体育健身原理与方法的认知基本形成了共识,但在不同的专著中,对于西方体育健身原理与原则的描述容易出现相互杂糅的情况。

---

①侯胜川,王柏利,杨应威.新冠疫情背景下我国民族传统体育的价值呈现与发展契机[J].河北体育学院学报,2020,34(6):17-21.
②陈振勇.疫情背景下民族传统体育健身发展的思考[J].武术研究,2020,5(7):13.
③全国体育学院教材委员会.体育概论[M].北京:人民体育出版社,1989.
④全国体育学院教材委员会.体育理论[M].北京:人民体育出版社,1981.
⑤卢元镇.社会体育导论[M].北京:高等教育出版社,2011.
⑥唐宏贵.体育健身原理与方法[M].武汉:湖北长江出版集团,湖北人民出版社,1999.
⑦黄玉山.运动处方理论与应用[M].桂林:广西师范大学出版社,2013.

此外，一些专门性研究成果主要涉及西方体育健身的历史、原理与方法、临床应用、生理机制、发展现状等方面的研究，关于西方现代体育健身的临床研究是当前研究的热点。研究主要集中于有氧运动与抗阻训练的临床运动干预效果，研究表明，有氧运动和抗阻运动对肥胖[1]、老年性骨质疏松[2]、高血压[3]、糖尿病[4]等当代流行病的干预中都表现出显著的效果。当前的研究倾向于将二者结合使用，以实现更好的运动效果[5]。此外，国内学者从多个角度对耐力和抗阻运动的作用机制进行阐释。如有研究通过探讨耐力、抗阻运动对骨骼肌衰减症小鼠腓肠肌细胞自噬相关基因表达影响，解释骨骼肌衰减的发生机制和运动预防骨骼肌衰减的作用机理[6]。另有研究对耐力或抗阻运动在改善糖尿病心肌的糖脂代谢的效果进行了比较，认为"耐力运动可明显改善糖尿病左室舒张功能，但抗阻运动有加重糖尿病左室舒张功能障碍的趋势。这可能与不同运动影响 UCP2 的不同表达而导致供能差异有关"[7]。相关研究是当前研究的热点。

值得注意的是，国内研究对于西方现代体育健身的方法、原理的认知是基本一致的，但对西方现代体育健身的历史认知则呈现出某种偏差，更确切地说，国内学者对于西方现代体育健身的历史认知陷入某种误区，即倾向于以西方体育史代替西方体育健身史。事实上，二者是存在很大的差别。国内关于西方体育健身的历史演变的专门性研究较为少见，相关内容散见于各类体育健身的教材、专著以及有关于中国传统体育养生与西方体育健身之间的比较研究之中，在此不一一列举。总的来讲，这些材料采用了相似的历史分期模式对西方体育健身进行了历史追溯，即"古希腊罗马时期—中世界时期—文艺复兴时期以后—现代"，其中反映出一个普遍的问题，即大多描述的是西方体育的发展历史，而非体育健身活动的发展历史，并且西方竞技体育的历史往往被作为体育健身历史的主要内容。事实上，以追求竞技成绩为目标的竞技体育运动与追求身体健康的体育健身活动具有不同的价值目的，其发展历史也存在不同的特征。在具体的历史考察中，对西方体育健身的考察应该着重考察各个历史时期人们为实现健康的目的而进行身体锻炼的方法特征，同时考察各个历史时期的医学对人们进行体育锻炼的指导性观念和方法性建议。因此，对于西方体育健身的历史发展的考察应该进行有别于西方体育史或西方竞技体育史范畴的考察，区分西方体育健身与西方竞技体育的概念也成为本研究首要解决

---

[1] 解超，金成吉，张军. 有氧运动对我国肥胖少年儿童的干预效果研究：基于元分析法 [J]. 南京体育学院学报，2016，30（2）：84-89.
[2] 王庆，陈丽虹，李玮彤，等. 有氧运动在老年性骨质疏松症患者中的研究进展 [J]. 风湿病与关节炎，2019，8（10）：72-75.
[3] 杨洪池. 中等强度有氧运动作为康复治疗在原发性高血压患者中的合理应用 [J]. 临床研究，2019（4）：117-118.
[4] 徐潇逸. 不同强度有氧运动对糖尿病患者生理指标的影响研究 [J]. 当代体育科技，2019（9）：6.
[5] 徐甜甜. 有氧-抗阻运动对维持血液透析患者躯体功能和生活质量的干预研究 [D]. 郑州：郑州大学，2016.
[6] 赵永军，戴玉洲，陈彩珍，等. 耐力、抗阻运动对骨骼肌衰减症小鼠腓肠肌细胞自噬相关基因表达的影响 [J]. 中国运动医学杂志，2016（5）：449-455.
[7] 杨光红. 不同运动对糖尿病大鼠心肌糖脂代谢及左室舒张功能的影响 [D]. 成都：成都体育学院，2017.

的问题。

(二) 西方对中国传统体育养生的研究

西方对于中国传统导引术的最早接触始于明清时期西方耶稣会士的大量入华，他们在输入基督教文化的同时也将中国文化中的独特元素传入西方，气功即其中之一。早期的气功多被称为"功夫"，又称"医疗体操"，后沿袭其在中国的普遍称呼——"气功"。随着西方国家对气功的关注，相关学术研究也陆续展开，与之相伴随的是太极拳在西方的广泛传播。西方学者已经意识到，尽管太极拳与气功存在不同，但二者在促进健康的原理和操作元素上仍一致，因此倾向于将二者并论，太极拳也常常被称为 tai chi qigong（太极气功）。20世纪70年代起，我国陆续有学者对西方国家的气功和太极拳研究情况进行了专题介绍，从文献的发表情况看，可分为两个阶段。

早期（1979—1997年）的研究集中于气功方面，西方国家的气功研究形成了以下基本的认识：①气功是一种与瑜伽（Yoga）、冥想（Meditation）、生物反馈（Biofeedback）、放松训练（Autogenes Training 或 Relaxation）、超觉静坐（Transcendental Meditation）、坐禅（Zen）等方法相类似的心身能（Psycho-bodyenergy）或身心运动（Mind-Body Exercise）。气功与太极拳往往被作为补充与替代医学的手段应用于对人体的疾病干预和健康促进，其长足发展缘于西方社会大众对主流医学的质疑[1][2][3]。②至少从20世纪60年代起，西方国家（包括日本）陆续开展了气功的相关研究，并出现了很多专门的研究机构，举办了很多专门的气功学术研讨会[4][5]。③西方国家对于气功的研究主要集中在临床应用研究和机理研究两个方面，其中临床研究方面涉及对因精神因素引起的功能性疾病、高血压病、肠胃道疾病、疼痛、神经官能症、抗衰老、艾滋病防治、戒毒等的气功干预效果的研究[6][7]，以及将气功这一类活动应用于改善其他行为效果之上的研究，如在竞技运动中进行"放松训练"[8]，将"生物回授技术"应用于军事目的等[9]；机理研究主要研究气功实践者本身的生理、心理、生化等方面的变化，以及探索气功的物质基础——气功家"发功"时"从身体某个部位发出的特殊物质或能量的生理效应、物理效应和化学效应"[10]。

---

[1] 林中鹏，陶祖莱. 国外气功研究一瞥 [J]. 自然杂志，1979，2（8）：522-523.
[2] 陈海鑫，冯理达. 国外气功医学研究进展 [J]. 自然杂志，1988，（6）：450-452.
[3] 李小青. 医学气功国外进展简述 [J]. 国外医学，1997，（3）：14-16.
[4] 同[1].
[5] 同[3].
[6] 王崇行，赵光胜，徐定海. 国外气功研究概况 [J]. 体育科技，1980（1）：72-76.
[7] 同[3].
[8] 程乾. 放松训练：国外静功、气功训练情况介绍 [J]. 体育科技，1979，（1）：25-34.
[9] 同[1].
[10] 同[1].

进入 21 世纪以后，国外气功的相关研究开始集中于对气功的健康促进研究方面的关注。国外学者"虽然也有基础性研究，但更多是从西方医学的角度出发，表现出以相关病症为研究重心的发展特征，……很明显国外学者将健身气功视作一种'治疗药物'，其研究目的在于凸显出'药物'的缓解与治疗功效"[1]。综上分析，当前国外气功研究的主要关注点在气功应对各种流行疾病的临床研究及其生理机制的探讨上，具体涉及高血压、糖尿病、关节炎、骨质疏松症、肩周炎、睡眠障碍、抑郁症、癌症以及针对具体病患的改善其生活质量的研究等。与之类似的是，现有的关于国外太极拳研究现状的分析也表明，国外太极拳的研究热点也集中于太极拳促进健康的临床研究及其机制探索[2]。

很多临床研究表明，健身气功对心血管系统相关疾病如慢性疲劳症、高血压、糖尿病、运动系统相关疾病如慢性背痛、肩颈痛、纤维肌痛等，神经系统相关疾病如精神压力、自闭症、早期戒毒、抑郁症等等方面具有改善效果[3]，气功和太极拳在改善老年人抑郁状况[4][5]、缓解癌症并发的疼痛和减轻抑郁[6]、提高癌症患者的认知能力以及生活质量[7][8]、缓解高血压症状[9]、提高类风湿性关节炎患者的生活质量[10]、改善纤维肌痛症状[11]、改善帕金森症状[12]等方面都有一定的效果，但也有一些研究表明其在某些方面效果并不明显，因此需要更多的实证研究予以考察[13]。

国外关于气功与太极拳的机理研究主要是研究实践者本身的生理、心理、生化等方面的变化[14]，很多临床研究通过对气功和太极拳锻炼后各项生化指标的数据变化来反映实

---

[1] 史海阳. 中外健身气功健康促进研究的比较分析 [D]. 上海：上海体育学院, 2018：38.
[2] 陆颖, 李青, 李洁. 国外太极拳临床研究现状与思考 [J]. 中国中西医结合杂志, 2013 (12)：1717-172.
[3] 同[1]29-34.
[4] Hector W. H. Tsang, Leo Cheung, Davis C. C. Lak. Qigong as a psychosocial intervention for depressed elderly with chronic physical illness [J]. Internatioanl Journal of Geriatric Psychiatry, 2002 (17)：1146-1154.
[5] Hector W. H. Tsang , kelvin M. T. Fung, Ashley S. M. Chan. Effect of a qigong exercise programme on elderly with depression [J]. International Journal of Geriatric Psychiatry, 2006 (21)：890-897.
[6] Jennie Baxter, Holly Welsh, Justin Grayer. Mindfulness- based intervention for cancer-related pain and depression：a narrative review of current evidence and future potential [J]. Curr Opin Support Palliat Care, 2019 (13)：81-87.
[7] Byeongsang Oh, Phyllis N Butow, Barbara A Mullan, et al. Effect of medical Qigong on cognitive function, quality of life, and a biomarker of inflammation in cancer patients：a randomized controlled trail [J]. Support Care Cancer, 2012 (20)：1235-1242.
[8] Ni X, Chan RJ, Yates P, et al. The effect of Tai Chi on quality of life of cancer survivors：a systematic review and meta-analysis [J]. Supportive Care in Cancer, 2019 (27)：3701-3716.
[9] M S Lee , Pittler MH Guo R, et al. Qigong for hypertension：a systematic review of randomized clinic trails [J]. Journal of Hypertension, 2007, 25 (8)：1525-1532.
[10] M S Lee, Pittler M H, E. Ernst, et al. Tai chi for rheumatoid arthritis：systematic review [J]. Rheumatology, 2007 (46)：1648-1651.
[11] Kaisa Annerkorpi. Exercise in fibromyalgia [J]. Current Opinion in Rheumatology, 2005 (17)：190-194.
[12] Tanja Schmitz-Hübsch D Pyfer, K Kielwein, et al. Qigong exercise for the symptoms of Parkinson's disease：A randomized, controlled pilot study [J]. Movement Disorders, 2006, 21 (4)：543-548.
[13] 同[1]35.
[14] 林中鹏, 陶祖莱. 国外气功研究一瞥 [J]. 自然杂志, 1979, 2 (8)：522-523.

际效果背后的生理机制,如通过对受试者体内脂类、血清酶、尿素等指标的研究来探索气功对心血管机能及相关疾病的影响①,等等。Bobby H. P. NG 和 Hector W. H. Tsang 对健身气功应对慢性病的生理心理作用进行了综述,指出"气功的最终目的在于提高自愈能力或御病能力,其可能是通过增强免疫反应,强化交感神经和副交感神经系统的控制能力、促进血脂代谢、增进血液循环、改善呼吸等一系列生理心理机制而达到健康目的"②。Julienne E. Bower 和 Michael R. Irwin 以 26 例随机对照实验为基础,对包括太极拳、气功在内的身心运动疗法(mind-body therapies,MBTs)在影响炎症的循环、细胞和基因组标志物的效果进行了分析③。Michael S. Chin 和 Stefanos N. Kales 通过比较节奏性呼吸和节律性的动态肌肉收缩中神经系统反应的差异,探讨身心运动(mind-body exercise)是基于何种路径激活人体副交感神经系统的,其结论为,"较之单纯的肌肉交替收缩或单纯的交替呼吸,节奏性呼吸配合节律性的肌肉收缩对副交感神经系统会产生更多的适应性激活效应,由此在一定程度上揭示了身心运动缓解压力的模式"④。通过以上研究可以发现,国外对包括太极拳和气功在内的各种身心运动之所以产生健康效应的内在机制进行了多方面的探讨,同时积极探索身心运动中肢体、呼吸和意念真正发挥作用的模式和机制。

三、中西方的比较研究

当前中西方都开展了对于中国传统体育养生和西方现代体育健身的比较研究,但总体来看,中西方比较的关注点和研究模式各有侧重。就中国而言,基于文化阐释的需要,其比较视野往往从项目延伸至整个文化角度,相关研究大部分偏向于宏观理论研究,比较内容涉及历史、目标、方法、原理等各个方面,属于宏观性的系统比较思路。就西方而言,基于其临床选择的需要,其比较视野则多放在基于项目功效与机理的比较研究,相关研究主要集中于量化分析的微观实证研究。当然,中国也有少量此类研究,但研究数量与深广度尚不及西方。由此,中西方在相关比较研究模式上呈现出较为明晰的侧重点差异,以下就相关成果做具体分析,从中发现问题,作为对本研究的方向性指引。

---

① F M Vera, J M Manzaneque, E F Maldonado, et al. Biochemical changes after a qigong program: lipids, secum enzymes, urea, and creatinine in healthy subjects [J]. Med Sci Mont, 2007, 13 (12): CR560-6.
② Bobby H. P. NG, Hector W. H. Tsang. Psychophysiological outcome of health qigong for chronic conditions: A systematic review [J]. Psychophysiology, 2009 (46): 257-269.
③ Julienne E. Bower, Michael R. Irwin. Mind-body therapies and control of inflammatory biology: A descriptive review [J]. Brain behave Immun, 2016 (51): 1-11.
④ Michael S. Chin, Stefanos N. Kales. Understanding mind-body disciplines: A pilot study of paced breathing and dynamic muscle contraction on autonomic nervous system reactivity [J]. Stress and Health, 2019 (35): 542-548.

（一）宏观理论比较研究

现阶段，国内关于中国传统体育养生与西方现代体育健身的比较研究中，较有代表性的专题性研究包括顾益圣的《中西体育健身途径比较与交汇发展的研究》[①]、吴京梅的《中西方体育养生之比较研究》[②]、钱红军的《中国传统体育养生与现代体育健身的比较研究》[③]、刘东升的《中国传统养生与西方体育健身的文化差异研究——从社会制度对于其发展影响的角度》[④]、罗元翔和张华的《中西方体育养生思想之比较》[⑤]、王言群和虞定海的《现代科学健身观与传统养生文化的比较研究》[⑥]、周小青等的《差异与融合：中西方体育养生文化阐释》[⑦]、李英等的《中西方健身文化比较研究》[⑧]。此外，各类相关文章与专著也对此问题有所涉及，在此不一一列出。概况来讲，以往研究中形成了很多共识，同时也反映出了一些亟待解决的问题，具体表现在如下几个方面。

1. 比较对象的界定问题

（1）比较对象概念的混乱

依据上文列举的专题性研究，不难发现，以往的比较研究中，在比较对象的名称界定上出现了多种描述，由此造成了某种混乱局面。具体来讲，对于中国传统体育养生出现了多种表述，如"中国传统体育养生""中国传统养生体育""中国体育健身""中国传统养生"等；而对于西方现代体育健身也出现了多种表达，如"西方体育健身""西方体育养生""现代体育健身"等。这些概念的混乱，有些并不能造成理解上逻辑的矛盾，如"中国传统体育养生"与"中国传统养生体育"的混用，二者基本有着相同的指向，因此不会引起歧义，而有些则出现了明显的概念上的逻辑错误，如将"中国传统体育养生"与"中国体育健身"混用，原因在于导引术和武术仅仅代表了中国人体育健身的一种形式而非全部形式，因此二者更多的是包含关系而非对等关系；又如用"中国传统养生"指代"中国传统体育养生"，原因在于，养生方法涉及生活起居的各个方面，而体育养生仅仅属于运动养生的范畴，因此二者同样是包含关系而非对等关系，等等；另有一些概念的设置，本身即有待商榷，如"西方体育养生"这一概念；还有一些概念之间的细微区别，也值得我们思考，如"现代体育健身"与"西方体育健身"，原因在于，一方面，

[①] 顾益圣. 中西体育健身途径比较与交汇发展的研究 [J]. 上海体育学院学报, 2003, 27 (6): 79-81.
[②] 吴京梅. 中西方体育养生之比较研究 [J]. 上海体育学院学报, 2004, 28 (6): 79-81.
[③] 钱红军. 中国传统体育养生与现代体育健身的比较研究 [D]. 苏州: 苏州大学, 2012.
[④] 刘东升. 中国传统养生与西方体育健身的文化差异研究：从社会制度对于其发展影响的角度 [D]. 济南: 山东体育学院, 2012.
[⑤] 罗元翔, 张华. 中西方体育养生思想之比较 [J]. 西安体育学院学报, 2000 (3): 3-5.
[⑥] 王言群, 虞定海. 现代科学健身观与传统养生文化的比较研究 [J]. 武汉体育学院学报, 2005, 39 (2): 74-76.
[⑦] 周小青, 张冬琴, 杜俊凯. 差异与融合: 中西方体育养生文化阐释 [J]. 北京体育大学学报, 2017, 40 (4): 133-138.
[⑧] 李英, 杨爱华, 张奎, 等. 中西方健身文化比较研究 [J]. 西华大学学报 (哲学社会科学版), 2013, 32 (6): 12-16.

西方医学经历过巨大的历史转变，继而影响到西方体育健身在不同的历史时期也存在显著差异，另一方面，现代体育健身不仅仅指代西方现代体育健身。事实上，这些概念在具体所指上是相似的，即以中国传统导引、武术为项目的中国传统体育养生和以西方体育运动项目为形式的西方现代体育健身，而如何用一个相对准确的概念来描述这两种身体锻炼活动，是本研究首先要解决的问题。

(2) 比较对象的对等性问题

在以往的研究中，有些研究在比较对象上就出现了一些不对等现象。如刘东升的《中国传统养生与西方体育健身的文化差异研究——从社会制度对于其发展影响的角度》[①]一文中"中国传统养生"与"西方体育健身"之间并不能进行对等，原因在于，中国的养生有多种途径，并不一定属于体育运动的范畴，因此此文在概念对等性上有失偏颇。王言群和虞定海的《现代科学健身观与传统养生文化的比较研究》[②]一文，其将一种观念与一种文化相比较，在比较对象上出现了错位。事实上，在具体的比较中，此文着意对传统体育养生价值观与现代科学健身观的价值趋同性进行论述。

(3) 比较对象的准确性问题

当前对于中国传统体育养生的界定比较清晰，对于西方现代体育健身的具体所指则出现偏差。以往绝大部分研究将西方竞技体育当作西方体育健身，因此在具体比较的过程中，把前者的特征等同于后者的特征，影响了对后者的历史发展与运动目的等方面的准确性认知，导致整个比较基础和比较对象发生了偏差。以往的研究往往将竞技体育追求极限作为以促进健康为主要目的的西方体育健身的最终追求，这种误解在当前的研究中普遍存在，如吴京梅[③]、周小青等[④]、李英等[⑤]的研究都存在这一问题，这类研究都反映出一个基本问题，即将西方竞技体育与西方的健身体育混为一谈。这一问题在当前比较研究中普遍存在，正因为这种偏差的存在，在本研究展开之前，对西方现代体育健身进行准确的定义是首先要解决的问题，如此才能实现比较对象的准确性与比较的对等性。正如有学者在1997年指出的："我国当前要实施的全民健身计划，的确有很多基础工作要做，因为体质与金牌、体育与竞技、健身与娱乐是截然不同的两回事。从根本上讲，还得从体育与竞技两个体系相关的一系列各自固有的名词、术语的界划上做起。追本溯源，扰乱反正，直至各自的组织形式、手段、方法、负荷、测定与评价等，明确地区别

---

① 刘东升. 中国传统养生与西方体育健身的文化差异研究：从社会制度对于其发展影响的角度 [D]. 济南：山东体育学院，2012.
② 王言群，虞定海. 现代科学健身观与传统养生文化的比较研究 [J]. 武汉体育学院学报，2005，39 (2)：74-76.
③ 吴京梅. 中西方体育养生之比较研究 [J]. 上海体育学院学报，2004，28 (6)：79-81.
④ 周小青，张冬琴，杜俊凯. 差异与融合：中西方体育养生文化阐释 [J]. 北京体育大学学报，2017，40 (4)：133-138.
⑤ 李英，杨爱华，张奎，等. 中西方健身文化比较研究 [J]. 西华大学学报（哲学社会科学版），2013，32 (6)：12-16.

开来。"① 事实证明，这一工作在当前依然具有其必要性与紧迫性。

2. 比较内容的界定问题

以往的比较研究分别从不同的角度对中国传统体育养生和西方现代体育健身进行了比较，以下对较有代表性的研究成果做一汇总（表1-1），其中"内容名称"指研究者明确界定的"比较内容"，"具体所涉"指研究者具体所涉及的"比较内容"。由表1-1可以看出，以往的研究者在"比较内容"和"具体所涉"上并不完全吻合。

表1-1 以往比较研究中"比较内容"汇总表

作者	比较内容	
	内容名称	具体所涉
顾益圣②	形成演变	历史
	研究范围	目的、负荷、运动处方
	锻炼方法、特点	方法构成、特征
	锻炼价值阈	负荷
	健身机理	原理
吴京梅③	文化背景	中西文化背景，而非健身文化背景
	基本观念	健康观（目标）
	方法	方法、负荷、时空
	追求目标	原理、全面健康（目标）
钱红军④	哲学思想	中国阴阳五行哲学思想，西方未具体所指
	理论体系	儒释道养生思想，西方未明确所指
	方式方法	方法
	最终目标	目标
顾一煌⑤	理论	中国传统哲学、医学，西方现代生理学、科学
	内容	目标
	手段	方法

---

① 董众鸣. 中国传统养生文化衰落的思考 [J]. 体育学刊, 1997（1）：12-13.
② 顾益圣. 中西体育健身途径比较与交汇发展的研究 [J]. 上海体育学院学报, 2003, 27（6）：79-81.
③ 吴京梅. 中西方体育养生之比较研究 [J]. 上海体育学院学报, 2004, 28（6）：79-81.
④ 钱红军. 中国传统体育养生与现代体育健身的比较研究 [D]. 苏州：苏州大学, 2012.
⑤ 顾一煌. 中医健身学 [M]. 北京：中国中医药出版社, 2009：2.

续表

作者	比较内容	
	内容名称	具体所涉
周小青等[①]	思维观	整体论/还原论
	认知模式	直觉/逻辑思维，取象/抽象思维，辩证/形而上学思维，经学/质疑思维
	追求目标	动能养身、静能养神/更快、更高、更强，养性/原罪论
魏胜敏[②]	观念	哲学物质观、认知模式、价值取向（目标）
	方法	运动时辰与方向（时空）、运动审美、运动追求（目标与原理）、运动出发点和归宿（目标与原理）
邱丕相[③]	未明确界定	目标、方法、原理
周伟良[④]	未明确界定	目标、负荷

表 1-1 说明，以往的研究者倾向于从经验认知上对具体比较内容进行设定，而缺少周密的逻辑分析。这一方面影响了比较内容的全面性（以上研究中除顾益圣和吴京梅的比较内容设定得相对全面外，其他研究都略显片面），另一方面导致了表中所反映出来有些比较内容的名称界定和所涉内容并不一致的现象。

通过对以上具体所涉内容的考察，可以发现，这些内容可以归纳为历史演变、理论基础（哲学基础、思想构成、思维模式、认知模式等）、价值目标、方法手段（构成、特征）、运动负荷、运动时空、技术原理（健身机理或机制）七个方面，这些内容构成了以往学界比较研究中所共同关注的内容，除去历史发展与理论基础两方面，另外五个方面具有某种逻辑关联性，即都是与运动直接相关的问题——运动目标（为什么运动）、运动方法（运动的方法）、运动负荷（动多少）、运动时空（在何时何地运动）、技术原理（运动的作用机制），其中运动负荷和运动时空也属于运动方法的范畴，由此得出的启示是，本研究比较内容的设定应该有一种内在的逻辑基础做支撑，如此才能保证比较的全面性与合理性。邵伟德和王守军给出了一种参考："运动与养生是有着目标、原理、手段、形式等区别的概念，科学原理不能混为一谈。"[⑤] 当前研究中对二者的比较较多涉及的正是目标、方法和原理三个方面的比较。因此，如能从这三个方面进行比较，将使比较内容更加全面且具有内在逻辑性，从而规避以往研究中出现的问题。

[①] 周小青，张冬琴，杜俊凯．差异与融合：中西方体育养生文化阐释［J］．北京体育大学学报，2017，40（4）：133-138．
[②] 魏胜敏．中国传统导引养生术的方法论特征及其当代价值［D］．福州：福建师范大学，2012．
[③] 邱丕相．中国传统体育养生学［M］．北京：高等教育出版社，2007：15．
[④] 周伟良．中华民族传统体育高级教程［M］．北京：高等教育出版社，2003：137-138．
[⑤] 邵伟德，王守均．对体育与养生之理论基础的几点质疑［J］．解放军体育学院学报，2004，23（1）：16-18．

3. 比较过程的问题

基于上文归纳出的以往比较研究中所共同关注的内容，以下对以往研究的具体研究结论进行分析，对其中反映出来的问题进行思考，由此对当前的研究形成某种指引。

（1）关于历史发展的论述

基于以往的研究中普遍将西方竞技体育作为西方现代体育健身来进行论述，因此，很多研究者在追溯西方现代体育健身的历史时，往往只看到了竞技体育与体育健身的关联性，而忽视了二者的本质性区别，由此在历史分析时出现了偏差，也不能如实深入地揭示西方现代体育健身的历史发展脉络及其特征。如刘东升[1]的研究即将竞技体育的历史当作体育健身的历史进行描述，顾益圣也认为"西方体育的产生和发展，是和资本主义历史条件以及竞争、冒险哲学思想有关。从而形成了重视健美、讲究外在统一和竞争激进风格"[2]。这些描述只能反映西方体育的发展特点，却未能如实反映西方现代体育健身的发展特征，同时，忽略了对历史转折中西方现代体育健身的具体转变过程的分析。由此得出的启示是：学界有必要对西方现代体育健身的历史发展进行重新思考与系统考察，这种考察应该严格将西方的竞技体育与现代体育健身行为相区分。

（2）关于理论基础的比较

以往研究者多关注二者在理论层面的不同，具体涉及哲学基础、思想构成、认知模式等方面，在此将这类比较统一归纳为理论基础进行分析。通过对这类研究结论的分析，可以发现其中普遍呈现出理论空洞的问题，即理论叙述落不到实处，不能描述这些理论如何影响到两种体育健身养生方法。以钱红军[3]的研究为例，其文对中国传统体育养生的哲学基础做了详细的描述，但只是理论的介绍，并未与实际问题进行结合。事实上，中国哲学的"天人合一"和"整体观"思想对传统体育养生的医学基础、价值目标、锻炼时空等各个方面都产生了巨大的影响，因此，若能结合具体问题谈论这些理论，则将会比单纯地叙述理论更有针对性。换言之，理论的叙述应该以具体问题为对象和基础。故而，本研究应该寓理论于具体的问题之中进行比较，而非简单地对理论基础进行罗列。

又以周小青等的研究为例，其文详细论述了中西方认知模式上的差异，但这些描述很多都是与体育健身无关的理论描述，偶有关涉也颇牵强，如"中国体育养生体现平衡与和谐，西方体育养生主张'克敌制胜'（如细菌与抗生素）。这些都是中西方辩证思维

---

[1] 刘东升. 中国传统养生与西方体育健身的文化差异研究：从社会制度对于其发展影响的角度 [D]. 济南：山东体育学院，2012：1.
[2] 顾益圣. 中西体育健身途径比较与交汇发展的研究 [J]. 上海体育学院学报，2003，27（6）：79-81.
[3] 钱红军. 中国传统体育养生与现代体育健身的比较研究 [D]. 苏州：苏州大学，2012.

和形而上学思维差异的具体表现"①。从某种程度上讲，此文在思维认知模式上的比较更多地阐述了其对中西方医学发展模式的影响，而并没有很好地解释其如何影响到中西方体育健身养生。这是当前相关研究中存在的一种普遍现象，即在理论基础方面的比较中，往往用西方现代医学指代西方现代体育健身，由此在比较过程中出现了很多偏差。

基于以上分析，当前学界存在的对中国传统体育养生和西方现代体育健身的理论基础方面的比较存在理论空洞甚至牵强附会的问题，出现这些问题的原因在于缺少问题意识，即不能从具体的问题谈理论。本研究从中得到的启示是：抛弃理论基础比较的思路，从具体的问题出发。

（3）关于运动目标的比较

以往的研究中尚没有对中国传统体育养生与西方现代体育健身在运动目标上的异同做全面的总结，但通过对相关研究的考察，除去以往研究中普遍出现的用竞技体育追求极限作为西方现代体育健身之目标的错误观念，从运动促进健康的角度，当前学界对中国传统体育养生与西方现代体育健身之运动目标的差异性分析主要涉及根本目标和操作目标两个方面。

第一，关于根本目标的问题。当前有一部分观点认为，中国传统体育养生追求身体、心理与社会的全面健康，而西方现代体育健身则只关注身体上的健康，如吴京梅②和刘东升③等的研究就表达了这一观点。这类观点中暗含着一种"中国传统体育养生注重精神的健康，而西方现代体育健身不注重精神修养"的机械对立的倾向。原因在于，尽管西方受"身心二元论"的影响，但其从未忽视心理与精神的锻炼与培养，这一观点在很多研究文章中都有出现，这一现象值得思考。王言群和虞定海的研究即对中国传统养生价值观与现代科学健身观的价值趋同性进行论述，认为"传统养生文化蕴涵着现代科学健身观"④，具体表现在"天人合一"与多维健身观、形神兼养与身心健康、传统人生观与社会因素、顺应自然与环境自然等方面⑤。赵意迎也从体育生态观的角度指出，"中国传统体育养生文化与现代体育生态观都不是主张孤立地锻炼身体，而是从整体着眼，将健身强心与生活方式融为一体"⑥。这一研究从类同而非差异的角度，探究中国传统养生价值观与现代体育健身观在健康观念、身心关系、社会层面与环境层面上的价值趋同性，相较于以往的机械对立思维，在论证上更有说服力，也为我们比较中国传统体育养生与西方现代体育健身提供了一种思路。

---

①周小青，张冬琴，杜俊凯. 差异与融合：中西方体育养生文化阐释 [J]. 北京体育大学学报，2017，40（4）：133-138.
②吴京梅. 中西方体育养生之比较研究 [J]. 上海体育学院学报，2004，28（6）：79-81.
③刘东升. 中国传统养生与西方体育健身的文化差异研究：从社会制度对于其发展影响的角度 [D]. 济南：山东体育学院，2012：5.
④王言群，虞定海. 现代科学健身观与传统养生文化的比较研究 [J]. 武汉体育学院学报，2005，39（2）：74-76.
⑤同④.
⑥赵意迎. 生态体育观与传统养生文化的比较研究 [J]. 泰山学院学报，2008（3）：28-30.

第二，关于操作目标的问题。所谓操作目标，是指身体锻炼活动对肢体所造成的直接性作用。以往的研究至少表明了二者在操作目标上存在以下差异：中国传统体育养生锻炼的直接操作目标是"储能生元，提高人体整体功能"[1]以及"阴阳平衡、气血调和、经络疏通、脏腑功能协调"[2]，而西方现代体育健身则专注提高"人的肌肉力量、速度、协调、灵敏、耐力等运动能力"[3]以及"心博和呼吸的增加和大量的出汗"[4]。这些研究结论基本触及了中西方在身体锻炼上的操作目标具有以上方面的差异，但尚未见针对此问题得出系统性结论，由此得出的启示是：本研究应对中国传统体育养生和西方现代体育健身在身体锻炼的具体操作目标上的不同进行系统分析。原因在于：不同的医学观念造成了中西方对身体的不同认知，这直接影响了二者在身体锻炼目标上的差异，也正因实际操作目标上的不同导致了二者在运动方法上的差异，正如顾益圣所说，"内容决定形式，两种不同的健身内容，决定了采取两种截然不同的锻炼形式和方法"[5]。其所指内容，很大程度上就是操作目标。由此，对二者在操作目标上的差异性考察尤为关键。

(4) 关于运动方法的比较

第一，方法构成。所谓方法构成，主要是指运动方法所涉及的运动项目，这是从宏观项目的角度对运动方法进行的考察。吴京梅指出"中国传统体育养生方法种类繁多，其中最具代表性的要属气功。西方的体育健身运用的是通过肌肉的收缩带动机体产生运动，一般单项的健身方式所锻炼的肌肉也有限，因此，针对全身的肌肉设计大量的动作和运动项目"[6]。顾一煌则指出"中医健身学的手段和方法极为丰富，有动功、静功、坐功、卧功、站桩功等。而现代体育总是表现为单一的肢体外部运动形式"[7]。这些描述有些涉及了二者在方法上的主要构成，有些则进行更具体划分。但总的来说，以往的研究缺少一种思考：是什么项目分别构成了中国传统体育养生和西方现代体育健身的方法体系，这些项目又是以何种原因被纳入二者的方法体系，同时，二者在项目构成上的差异何在？事实上，一般认为，中国传统体育养生的锻炼方法主要包括导引或气功和武术两大类，西方现代体育健身的项目则包括各种体育运动项目。前者的构成较为清晰；后者的构成则相对模糊，但并不是没有规律可循。因此，针对以上思考对中国传统体育养生与西方现代体育健身的方法构成进行系统阐释，有其必要性。

第二，外在形式。与方法构成相伴随的是这些方法在外在形式上所表现出来的差异。当前的研究并没有明确地对二者的形式进行专门比较，但也存在一种普遍的认知，即二

---

[1]顾益圣. 中西体育健身途径比较与交汇发展的研究 [J]. 上海体育学院学报, 2003, 27 (6): 79-81.
[2]吴京梅. 中西方体育养生之比较研究 [J]. 上海体育学院学报, 2004, 28 (6): 79-81.
[3]周伟良. 中华民族传统体育高级教程 [M]. 北京：高等教育出版社, 2003: 137-138.
[4]同②.
[5]同①.
[6]同②.
[7]顾一煌. 中医健身学 [M]. 北京：中国中医药出版社, 2009: 2.

者在运动形式上存在着动与静、快与慢、刚与柔、直与曲等多组对比状态。如田麦久等人即从心意特征、体姿特征、运动学特征和动力学特征等方面对中华绵缓运动与非绵缓运动的基本特征进行比较，得出的结论是前者的特征是"强调松静、重内敛、保持中正、强调意领形随、保持徐缓、保持圆活、练习连贯、力求均匀、用力均匀柔和、动作幅度小、重心平稳"[①]，后者的特征是"运动员水平较高或偏高、多外露、表现多种姿态、强调姿态运动外形、以快速为主、以直线运动为主、多求加速、常有间断、用力多变刚健、动作幅度大、重心波动明显"[②]。但事实上，二者在运动形式上都是非单一化的，特别是西方现代体育健身在形式上更具有多样性。因此，单纯地从外在形式上对二者进行比较，其结论难免受到质疑。由此，这种比较思路也值得商榷。

(5) 关于运动负荷的比较

运动负荷是关于动多少的问题，也是当前关于中国传统体育养生与西方现代体育健身的比较研究中关注较多的问题。总结来讲，研究者在这一问题上的思考主要涉及运动负荷的大小和精确性两个方面。

第一，关于运动负荷的大小问题。当前的研究者普遍意识到中国传统体育养生与西方现代体育健身在运动负荷上呈现出明显的区别，但很少有研究指出二者存在负荷差异的同时也共同遵循负荷适度的原则。甚至很多研究都强调西方现代体育健身的大运动量，如周伟良认为"与现代体育运动突出竞争、刺激、力量、速度、大运动量不同，中国传统导引术强调缓慢的节奏、精神的安宁与小运动量的锻炼"[③]。此外，李英等[④]、罗元翔和张华[⑤]等的研究则强调西方体育健身的负荷剧烈，这类论述显然也不符合西方体育健身的基本观念。从古到今，西方医学都强调体育健身中负荷适度的重要性。顾益圣强调"采用西方现代体育项目锻炼时……一般不宜采用超强度运动，否则对心肌和呼吸机能造成不良影响"[⑥]。基于这种研究现状，在强调中西方都承认"负荷适度"的基础上对二者在负荷大小上的差异进行具体阐释，有其必要性。

第二，关于运动负荷的精确性问题。当前有研究者间接谈到中西方在运动负荷上呈现出来的精确性的差异，如王言群和虞定海的研究指出"现代科学健身观给予健身以更加科学安全有效的指导，从运动项目的选择到运动的强度和持续时间，都有了比较明确的指导，而不是如传统养生文化中的依据'动以养形'和'不当使之极'那样令人无所

---

① 田麦久，徐伟军，胡小飞，等. 论中华绵缓健身运动 [C] //. 田麦久，李志勇主编. 东方健身术论集. 北京体育大学出版社，1998：67.
② 同①.
③ 周伟良. 中华民族传统体育高级教程 [M]. 北京：高等教育出版社，2003：137-138.
④ 李英，杨爱华，张奎，等. 中西方健身文化比较研究 [J]. 西华大学学报（哲学社会科学版），2013，32 (6)：12-16.
⑤ 罗元翔，张华. 中西方体育养生思想之比较 [J]. 西安体育学院学报，2000，(3)：3-5.
⑥ 顾益圣. 中西体育健身途径比较与交汇发展的研究 [J]. 上海体育学院学报，2003，27 (6)：79-81.

适从、模棱两可"①。这一差异性往往也直接导致学者对于中国传统体育养生的科学性的质疑。由此,对二者在运动负荷上的精确性问题进行探讨,有其必要性。

(6) 关于运动时空的比较

运动时空是关于进行锻炼的具体时间和空间环境的问题。以往比较研究中谈及此问题的相对较少,但相关论点较为全面。如吴京梅强调了中国传统体育养生根据时空的变化调整具体锻炼方法的问题,指出中国传统体育养生基于"天人合一""顺应自然"的指导思想,"锻炼时要根据个人的身体状态,选择不同的方法,并且还要根据不同季节、气候、地理环境等因素在锻炼内容以及锻炼方法上作相应的调整。而西方体育养生只是锻炼项目的不同,对机体、季节、气候以及地理环境等不同状态却没有相应的调整,采取的是始终如一的方法"②。魏胜敏则指出中国传统体育养生依据"子午流注"和"阴阳向背"的理论,强调按照不同的方位进行锻炼的重要性,并且"基本强调在自然环境中进行锻炼"③,而"西方的健身运动方面,认为晨练有益于人体健康,但是并没有对其他时间的强制限制,而在对地点的选择方面,首先认为应该到大自然中进行锻炼"④。以上两种观点都认为中国传统体育养生在运动时空上的要求较之西方现代体育健身要丰富得多。这一研究现状表明,二者在运动时空方面存在很多比较的空间,有待深入系统地分析与总结。

(7) 关于技术原理的比较

所谓技术原理,是从具体操作方法的微观层面对其健身机制进行的规律性总结,其所反映的是方法之所以能够实现目标的作用原理。由于技术原理直接以操作方法为基础,因此,以往的研究也直接将其纳入方法的范畴进行比较。但事实上,技术原理区别于以项目为依托的方法构成,而是涉及微观的身体锻炼的技术层面。从这个层面讲,中国传统体育养生和西方现代体育健身尽管方法构成不同,但都是身体锻炼行为,因此都依赖于身体上的具体操作来实现健康的目的,这些操作手段具有明确的技术指向性,且有其内在规律可循。以往的研究者多从"身、息、心"的调节模式和侧重点的角度对二者进行比较,实际是从共同的身体操作的层面来探求其技术原理的异同。

以往的研究者普遍认为,中国传统体育养生通过"身、心、息"的共同作用实现身体健康,而西方现代体育健身则主要基于肢体的锻炼获得健康,如顾益圣认为"中国传统体育的健身机理,是在内意识作用下,使人的生理效应发生变化。练功三要素,即调身、调心、调息亦即在意识为主导的内作用下,促使其生理和心理过程的相互影响和转

---

①王言群,虞定海. 现代科学健身观与传统养生文化的比较研究 [J]. 武汉体育学院学报,2005,39 (2):74-76.
②吴京梅. 中西方体育养生之比较研究 [J]. 上海体育学院学报,2004,28 (6):79-81.
③魏胜敏. 中国传统导引养生术的方法论特征及其当代价值 [D]. 福州:福建师范大学,2012:123.
④同③.

化,从而产生特殊生理效应……西方现代体育强调在以肌力为主导的外作用下,通过练外型,影响和改善人体内环境的生理机制……"[1],吴京梅则认为"就气功而言,其内容极其丰富,虽然锻炼的形式各异,但基本都具有'调身、调息、调心'三大要素……西方的体育健身运用的是通过肌肉收缩带动机体产生运动……在运动时很少考虑呼吸,更没有意念的配合……即使有些运动项目的动作需要呼吸配合,那也是呼吸配合动作,这和中国传统体育养生法里的动作配合呼吸是相反的"[2]。此外,魏胜敏[3]的研究也传达了相同的认识,在此不做赘述。

以上观点代表了当前学术界对中国传统体育养生和西方现代体育健身在技术原理上的一种普遍认知:强调中国传统体育养生是通过"身、息、心"的共同调节而完成,且内向化的意识作用占据重要地位。相对而言,西方现代体育健身则偏于肢体上的锻炼,较少甚至没有呼吸和意念上的配合。基于这种认知,以往的研究者较多关注西方现代体育健身的肢体锻炼行为,而相对忽视了其在呼吸和意念上的调节形式及其相应的技术原理。事实上,任何身体运动形式都离不开身体、呼吸和意念的共同配合,当前西方现代体育健身中推崇的有氧锻炼就直接与人体的呼吸作用相关联。基于以上分析,得出一种启示:在承认中国传统体育养生和西方现代体育健身都存在调身、调息、调心行为的基础上,对二者在"三调"方面的操作技术及其原理进行全面细致的比较,将有助于从深层挖掘二者在身体锻炼模式及其内在操作逻辑上的差异与类同。这正是当前的比较研究普遍忽视的问题,却是研究中国传统体育养生和西方现代体育健身之异同的一种必要途径。这一比较可以从深层次揭示中西方在身体锻炼上的逻辑思维。

4. 比较落脚点的问题

以往的研究在比较时,很多都会对中国传统体育养生与西方现代体育健身之间的优劣性进行比较,同时对二者在当代社会中的融合与共存进行思考。当前的研究普遍认为,中国传统体育养生与西方现代体育健身各有其优势和不足,可以互补与结合发展,主要涉及如下几方面的问题。

(1) 关于"优劣比较"的思考

其一,关于中国传统体育养生的优势。当前学者普遍认为,中国传统体育养生较之西方现代体育健身在身心锻炼和整体锻炼上具有显著的优势。关于身心锻炼的优势,钱红军认为"现代体育健身是以西方体育为基础的强调身体生理锻炼为特点的,而中国传统养生与现代体育健身相比更注重'炼气'和'修身',这对促进人的心理健康和正确世

---

[1] 顾益圣. 中西体育健身途径比较与交汇发展的研究[J]. 上海体育学院学报,2003,27(6):79-81.
[2] 吴京梅. 中西方体育养生之比较研究[J]. 上海体育学院学报,2004,28(6):79-81.
[3] 魏胜敏. 中国传统导引养生术的方法论特征及其当代价值[D]. 福州:福建师范大学,2012:123-124.

界观和人生观的形成起到了现代体育健身无法达到的教育养生目的"①,魏胜敏引用孙葆丽的观点认为,西方现代体育健身"比较注重人体的外在形体肌肉的发达与骨骼强壮的自然美。其运动功能忽视了人体精神与外型和谐的倾向,有悖于所提倡的'身心和谐发展'的目标"②。事实上,通过前文关于运动目标的分析,可以认为这一观点并不严谨。关于整体锻炼的优势,罗元翔和张华认为"但西方体育养生正因为过于具体,偏重于局部,则在整体性层面上就较差,而注重整体性是中国传统体育养生的鲜明特征"③。吴京梅④和魏胜敏⑤都在其文中引用了这一观点。这一类观点值得商榷,原因在于,尽管锻炼思路不一样,但不管是中国传统体育养生还是西方现代体育健身,都强调从整体上改善身体的健康状态,且二者在实际的操作中都存在局部锻炼与整体锻炼的模式。因此,以往普遍存在的二者在整体性和局部性上的区分,更多的是对中国传统医学和西方现代医学的一种对比性阐述。事实上,西方现代体育健身更多地属于自然医学的范畴,与西方的对抗医学存在差异,因此,这一结论有待商榷。

其二,关于西方现代体育健身的优势性。当前的比较研究普遍认为,西方现代体育健身较之中国传统体育养生的最突出优势在于其科学性,中国传统体育养生只有科学化才能得到更好的发展。如王言群和虞定海指出"现代科学健身观要'科学化'传统养生文化,让传统养生文化经过现代科学健身观的洗礼,沐浴现代科学的气息,焕发出时代的新风采"⑥。李英等认为"如何更好地转变我国健身观念,使我国健身文化走上更科学、健康的发展道路,在与国际社会交流的同时传播我国健身文化,是目前我们亟待解决的问题"⑦。这一观点同样有待商榷,原因在于,尽管科学化乃大势所趋,但是也有很多学者对中国传统体育养生的科学化研究模式产生了质疑,如陶祖莱和庞明在《气功的现代科学研究》一书中,通过对西方认识论的历史演进的介绍以及对作为认识方法之一种的科学范式,在应对人体生命科学的挑战时所表现出的局限性的揭示,深层次地阐明了用西方科学研究方法无法完全认识中国传统气功的真实面貌⑧。由此可见,对中国传统体育养生的科学化进行系统探讨有其必要性。

(2) 关于融合发展的思考

较之单纯的优势比较,基于二者在身体锻炼上的特点,尊重二者的独特性,从优势互补的视角对二者的融合共存进行考察,显得更有说服力。当前,从这一视角进行考察

---

①钱红军. 中国传统体育养生与现代体育健身的比较研究 [D]. 苏州:苏州大学,2012:53.
②魏胜敏. 中国传统导引养生术的方法论特征及其当代价值 [D]. 福州:福建师范大学,2012.
③罗元翔,张华. 中西方体育养生思想之比较 [J]. 西安体育学院学报,2000 (3):3-5.
④吴京梅. 中西方体育养生之比较研究 [J]. 上海体育学院学报,2004,28 (6):79-81.
⑤同②.
⑥王言群,虞定海. 现代科学健身观与传统养生文化的比较研究 [J]. 武汉体育学院学报,2005,39 (2):74-76.
⑦李英,杨爱华,张奎,等. 中西方健身文化比较研究 [J]. 西华大学学报(哲学社会科学版),2013,32 (6):12-16.
⑧陶祖莱,庞明. 气功的现代科学研究 [M]. 北京:国际文化出版公司,1998.

的观点主要体现在以下两个方面。

其一,从适宜人群上进行考察。如魏胜敏从运动方式的角度指出"西方运动健身在人体生理、生化和力学等基础上,以运动强度和密度来追求对人体新陈代谢之调节,……其运动形式特点比较适合青少年的个性与身体发展"[①]。而"中国的导引养生运动……由于其动作柔缓绵长,单位时间的负荷不大,所以尤其适合于中老年人及慢性病患者习练"[②]。邱丕相也指出中国传统体育养生"动作一般具有柔和、缓慢、均匀的运动特点,这种运动方式能有效地防止和避免由于剧烈运动给身体造成的损伤,是一项适合各种年龄层面人群活动的健身体育项目,尤其适合体质弱者和慢性病患者锻炼"[③]。这些观点一方面强调了中国传统体育养生在针对老年人和某些慢性病患者上所具有的优势,另一方面肯定了西方现代体育健身的存在价值,在现实实践中具有指导意义。

其二,从融合共存上进行考察。吴京梅指出"中国传统体育养生借助于现代科学实验对其健身机理、功效进行科学分析,其走向了理性的发展道路;西方则汲取了中国古老体育养生思想,获得了新的突破和发展。因此,中西方体育养生的相互融合是发展的必然趋势,也将把世界的体育养生带入一个新的天地"[④]。周小青等认为"中西方体育养生文化自古所存在的分歧和冲突,并非简单的优劣、好坏、先进落后、科学与否的区别与对立。……冲突是中西方体育养生文化的重建过程,融合是其发展必然趋势,共生与并存是其未来基本走向"[⑤]。需要指出的是,这种融合发展的思路是当前研究的普遍共识,但是二者为何要融合、融合的可行性以及如何实现二者的融合,关于这些问题,现有研究尚没有系统的探讨。

总结来讲,关于中国传统体育养生和西方现代体育健身的比较落脚点,以往的研究多集中于优劣性的考察,进而对二者的融合共存进行思考。笔者认为,二者之间并不存在绝对的优劣之分,而是各有其长处。因此,如何突出二者的独特价值,是本研究应该思考的问题。同时,针对未来二者的发展,"结合"或许比"融合"一词更加准确,原因在于,"结合"有独立共存的意思,"融合"则有合成某种新事物之意。当前二者的发展更多的是要取得某种平等共存的地位,使二者共同造福于人类健康事业,而谈论如何将二者融合为新事物的问题,似乎为时过早。因此,本研究拟以探讨二者的结合为最终的比较落脚点,思考二者如何发挥各自的长处,平等地共处于现代社会。同时,沟通是比较的基础,比较也是为了更好地沟通,基于以往的研究缺少对中国传统体育养生和西方现代体育健身之沟通历史与现状的考察。因此,对这一历史与现状进行考察也有其必要性。

---

① 魏胜敏. 中国传统导引养生术的方法论特征及其当代价值 [D]. 福州:福建师范大学, 2012: 128.
② 同①129.
③ 邱丕相. 中国传统体育养生学 [M]. 北京:高等教育出版社, 2007: 15.
④ 吴京梅. 中西方体育养生之比较研究 [J]. 上海体育学院学报, 2004, 28 (6): 79-81.
⑤ 周小青, 张冬琴, 杜俊凯. 差异与融合:中西方体育养生文化阐释 [J]. 北京体育大学学报, 2017, 40 (4): 133-138.

（二）微观实证比较研究

与中国学者倾向于对二者进行系统化比较不同，西方学者则更倾向于比较包括太极拳和气功在内的身心运动（mind-body exercise）与西方常规运动即有氧运动（aerobics）或一般性的身体活动（physical activity）在应对具体健康问题时所表现出来的效果差异，以下引述几个较有代表性的研究，管窥当前此类研究范式。

S A Seeda 等对常规运动、瑜伽、冥想、太极拳、气功等替代医疗方法治疗抑郁和焦虑症的效果进行了比较，指出在症状改善的基础上，进行瑜伽和常规运动的人优于不运动的人，高强度的运动和高频率的有氧运动优于低频率或低强度的运动，太极拳、气功和冥想则未见明显效果[①]。

M S Lee 等通过对太极拳干预治疗类风湿性关节炎的相关研究发现，有些试验显示，在缓解疼痛、减轻疲劳感、增加关节活动范围和能力、改善抑郁和情绪化、增强生活功能、提高生活质量等方面，太极拳较之一般的结合健康教育的拉伸运动或一般活动有显著效果，但也有一些试验显示效果不明显，由此认为尚需更多的证据支撑太极拳干预治疗类风湿性关节炎的有效性[②]。

Davinder Singh-Gerwal 等通过随机对照单盲试验，对青少年特发性关节炎（juvenile idiopathic arthritis，JIA）患者进行剧烈运动对其身体功能的影响效果进行了考察，其结论为，一般的身体活动不论是否包含有氧运动都能改善 JIA 患者身体功能，且都很安全，但加大有氧运动的强度似乎并不能产生更多的积极效果。同时，对于 JIA 患者来讲，低强度的气功运动更容易操作，并且可以获得与高强度运动等量的效果[③]。

Samantha Stephens 等通过随机对照试验比较了有氧运动和气功干预治疗青少年纤维肌痛（fibromyalgia，FM）的可能性和有效性进行了考察，结论为运动干预治疗青少年肌纤维痛有其可行性，青少年纤维肌痛患者可以接受适度的运动且不会加剧其病症，有氧运动和气功在改善其身体功能、相关病症、生活质量和疼痛等方面都效果显著。但相较起来，有氧运动在提高身体功能、缓解疾病和疼痛、减少疲劳方面的效果要优于气功。尽管如此，该研究也指出，出现这种差异的原因可能在于，该试验中教授气功的是有训练

[①] S A Saeed, D J Antonacci, R M Bloch. Exercise, Yoga, and Meditation for Depressive Anxiety Disorders [J]. American Family Physician, 2010, 81 (8): 981-986, 987.
[②] M S Lee, M. H. Pittler, E. Ernst. Tai Chi for rheumatoid arthritis: systematic review [J]. Rheumatology, 2007, 46: 1648-1651.
[③] Davinder Singh-Grewal, Jame Scheidrman-Walker, Vinginina Wright, et al. The effects of vigorous exercise training on physical function in children with arthritis: a randomized, controlled, single-blinded trail [J]. Arthritis &Rheumatism, 2007, 57 (7): 1202-1210.

基础的气功指导员而非真正的气功师，因此可能限制了气功功效的发挥①。

Wang C 等也对太极拳和有氧运动在干预治疗肌纤维痛上的效果进行了试验，其结论为太极拳和有氧运动都能改善纤维肌痛相关病症，且都使受试者减少了止痛药、松弛药、抗抑郁药等的使用量。相较起来，太极拳在提高受试者的总体评价、减少焦虑、提高自我效能感、提高应对能力等方面的效果更加显著，但其也指出这种差异性可能来源于试验之前对太极拳的突出强调使受试者产生了积极的心理期待效应②。

Wang Chunyun 的博士论文对健身气功和有氧运动在针对小学生的健康促进效果进行了比较，其主要结论认为健身气功在缓解小学生的压力症状、降低心率、提高坐地前伸表现、降低身体质量指数（BMI）等方面与其他体育锻炼效果一致，但在降低身体质量指数上的效果尤其显著，由此其认为应进一步扩大身心运动的相关研究，以确定其是否有助于减肥的效果③。

当前国内这一方面的研究较少，较有代表性的是王凤妹和杨翼的研究，其比较了有氧运动和气功对老年女性免疫功能的影响④，研究表明二者均表现出积极影响，但气功更适合老年人群锻炼，这一研究思路值得参考。

以上研究表明，当前西方对于太极拳、气功等身心运动与以有氧运动为代表的一般运动在临床上的治疗效果差异性进了很多探索。国外研究表明，气功和太极拳并不是在任何案例中都表现出优势性，因此尚需足够的试验来证明其差异性。国内相关研究较少，有必要进行深入补充研究。

四、思考与启示

（一）对以往研究的思考

以往的研究奠定了本研究的基础，为本研究的展开提供了很多思路，同时反映了目前研究如下特征以及问题。

1. 研究视角有待转变

国内关于中国传统体育养生的研究较多关注于基础理论的研究，且逐步向临床实证研究和机理探讨的方向发展，与国外相关研究进行接轨，促进了双方的对话。国内关于

---

① Samantha Stephens, Brian M. Feldman, Nicolette Bradley, et al. Feasibility and effectiveness of and aerobic exercise program in children with fibromyalgia: results of a randomized controlled pilot trail [J]. Arthritis & Rheumatism, 2008, 59 (10): 1399-1406.

② Wang C, Sch mid CH, Fiekling R A, et al., Effect of tai chi versus aerobic exercise for fibromyalgia: Comparative effectiveness randomized controlled trail [J]. BMJ, 2018, 360: K851.

③ Wang Chunyun. Improving Health among Elementary School Children: A Comparison of Aerobic and Mind-Body Exercise [D]. Indiana: Indiana University, 2012.

④ 王凤妹, 杨翼. 有氧运动和气功对老年女性免疫功能的影响 [J]. 武汉体育学院学报, 2006, 40 (7): 47-50.

基础理论的研究基本形成了共识，仅仅在某些方面如方法上有系统化归纳的空间，但是在临床和机理研究方面存在过于强调在西方现代医学的框架内阐释其机理、分析其效能，这在一定程度上限制了对中国传统体育养生的独特性的揭示。由此，从中国传统医学的角度系统揭示其技术构成和内在原理，并以此为标准与西方现代体育健身进行对比观照，有其必要性。

2. 知识阐释有待补充完善

当前中国关于西方现代体育健身的研究较多关注于其临床效果、机制以及运动处方的探讨，但在基础理论研究方面有所欠缺，原因在于对西方体育健身的历史发展及其具体界定出现了偏差，将西方的竞技体育与体育健身混为一谈，这直接影响到比较研究的准确性。由此，对西方现代体育健身的历史与现状进行相对准确的定位成为本研究首先要解决的问题。

3. 比较逻辑有待系统性建构

中西方都意识到中国传统体育养生和西方现代体育健身存在某种明显的差异，但是在具体比较研究范式上各有侧重。具体来讲，中国研究者基于对基础理论的重视以及宏观研究的传统，大多倾向于从历史、理论、目标、方法、原理等各个层面对二者进行系统的比较；西方研究者则基于科学实证研究的传统，较多关注二者针对具体疾病治疗的临床效果的比较研究。通过前文的分析发现，国内相关研究在比较上缺少一种系统性的逻辑建构；而国外的研究则需要更多的实验研究才能得到相对系统的结论。

（二）对当前研究的启示

基于当前国内研究中普遍存在的问题，关于中国传统体育养生和西方现代体育健身的比较基础问题成为本研究首要解决的问题。本研究拟延续国内相关比较研究的范式，对以往研究中反映的具体问题重新进行梳理，以纠正国内学界在此问题上呈现出来的某些偏差，补充和完善相关知识体系。

具体来讲，以往的比较研究主要反映出以下几个问题。

①比较对象的界定偏差及概念混乱；
②比较内容基本明确，但较为混乱，缺少系统性归纳；
③比较过程中呈现出的观点有待商榷；
④比较落脚点有待系统考察。

基于以上问题，本比较研究拟从以下四个方面依次展开。

①从基础概念辨析入手，对当前略显混乱的相关概念重新进行梳理。在此基础上，以跨文化研究的相关理论为指导，明晰比较的基础、比较的对象、比较的内容和比较的落脚点，以确立比较的可行性以及比较逻辑的合理性。

②对比较对象的历史进行溯源，以此作为具体比较展开的基础，其中着重对西方现代体育健身的历史发展进行探讨，与西方竞技体育相区别。

③从具体问题出发，以比较对象所涉及的相同问题作为比较内容展开研究，具体包括运动目标（根本目标、操作目标）、运动方法（方法构成、运动负荷、运动时空）和技术原理（调身原理、调息原理、调心原理）三个方面，由此在比较内容上建构了"目标-方法-原理"的内在逻辑关系。

④在比较的基础上，对当前二者的沟通与结合进行分析与思考。

第三节 基础概念辨析

基于以往研究中反映出来的问题，对相关概念进行逻辑辨析是本研究首要解决的问题。在比较研究中，概念的准确性以及概念之间的对等性也是基础性必要条件。在前人研究的基础之上，以下将对本研究中涉及的相关概念进行具体的辨析，同时，对概念之间的从属关系进行逻辑分析。

一、中国文化与西方文化的比较

（一）中西文化比较的基础

从地缘政治的角度讲，"中国"和"西方"首先代表了两个不同的地理区域，中国是一个主权独立、领土完整的国家，"西方"则涉及欧洲国家特别是西欧、北美国家以及澳大利亚和新西兰等国家，又称西方世界或西方国家。由于这些国家多集中在欧美，又称欧美国家。显而易见，"中国"与"西方"并不是一个对等的地理概念，前者为一个国家，后者是对具有某种共同文化基础的一些国家和地区的总称。因此，二者并没有地理空间对等性。但是，在比较研究中，西方又总是以一种独立文化系统的身份与其他形态鲜明的文化系统相区分。

什么是西方？这一文明或文化——我们在此不试图区分这两个词语——具有比其地缘政治划分更深的一致性吗？它具有一些共同的价值和制度，这些价值和制度使其成为一个唯一相同的世界，一个仍长久地与中国世界、日本世界、印度世界、阿拉伯-穆斯林世界、非洲世界，甚至与邻近的著名世界如东欧和俄罗斯的东正教世界、拉丁美洲或以色列相区分的世界①？

在实际的运用中，"西方"这一词汇超出了简单的地理范畴，而是作为一种独立的文化

---

①菲利普·尼摩. 什么是西方：西方文明的五大来源 [M]. 闫雪梅，译. 桂林：广西师范大学出版社，2009：引言2.

形式表达。概括来讲，其以古代近东、古希腊和古罗马文化为文化始祖①，文化特性主要体现在"法治国家、民主、精神自由、理性批判、科学和以私有制为基础的自由经济"②以及基督教信仰等方面。近代以来，由于西方社会在科学技术上的突出成就、民主法治的制度典范以及自由资本主义的经济模式，使其成为现代文明的开创者与引领者，在其资本扩张的过程中对其他文化形态产生了巨大影响，从某种程度上讲，西方文化已经渗透至世界各个角落。

基于此，中国与西方是作为两个具有鲜明文化特色的独立的文化系统进行比较的概念，如此构成了二者比较的基础。

（二）中西文化比较的传统

中西文化比较是以中西之间的文化接触为前提的，中西文化的接触始于中西之间交通的开始。中国与欧洲的接触可以追溯到古希腊时期，在中国古代历史文献中，有很多关于中西交流的记载。很长一段时间内，中国与西方之间的交流主要表现为货物贸易，中国的"四大发明"即在此过程中传入欧洲。直到16世纪，西方借由新开辟的海上航线进行海外殖民扩张以后，从思想文化的角度将中国与西方作为两个文化系统进行对比的历史才真正拉开序幕③。早期来华的耶稣会士首先关注到中国文化与欧洲文化之间存在的差异，"客观上就引起了传教士们对中国与欧洲的哲学思想的比较"④，中国社会、政治、经济、风尚以及哲学和文化的经典经由传教士陆续介绍到欧洲，在欧洲掀起了研究中国的热潮，由此西方学者对于中西文化和哲学进行了丰富的比较研究。这一时期，由于基督教的传入对中国社会造成的冲击，使中国的一部分学者也开始对中西文化之间的差异产生了兴趣，并出现了很多关于中国与西方之间哲学异同的探讨。鸦片战争以后，由于西方用武力敲开了中国的国门，西方文化迅猛入侵，中国文化界掀起了中西文化比较研究的热潮，以"新文化"运动为开端，直至今日，中西文化比较研究依然是中国与西方世界进行沟通交流的一种重要途径，也成为一种学术传统。

概括来讲，在比较的视野中，中国与西方代表了两种具有鲜明特性的文化系统，中西比较的思路是中西文化研究的学术传统。

---

①C. 沃伦·霍利斯特，盖伊·麦克林·罗杰斯. 西方文明之根：古代近东、古代希腊、古代罗马文明[M]. 第8版. 杨扬，译. 上海：上海锦绣文章出版社，2013：导言.
②菲利普·尼摩. 什么是西方：西方文明的五大来源[M]. 阎雪梅，译. 桂林：广西师范大学出版社，2009：引言3.
③焦树安. 比较哲学[M]. 北京：中国文化书院，1987：20-23.
④同③23.

二、西方现代体育健身相关概念

（一）健身与体育健身

1. 大众对体育健身的认知误区

健身本身即带有体育的性质，因此健身也可叫作体育健身。在中国古代，"健身"一词并没有被广泛使用，它的使用更多是基于近代西方体育锻炼方法和观念。现今中国人在谈到体育健身时，大致有两种认识：一是锻炼行为上的理解，二是体育功能上的理解。

（1）从锻炼行为的角度进行的认知

西方人将一切身体活动都称作 Physical Activity，而有规划的重复进行的身体锻炼则被称为 Exercise，与中国的"运动"比较相近。基于身体运动的目的之不同，西方社会又出现了为促进大众健康的一般体能锻炼（exercise for general fitness）和为促进运动能力、竞技能力等的特殊体能锻炼（exercise for specific fitness）的划分，另有针对身体功能康复的功能训练（function training）、为提高运动表现和竞技水平的专门性身体训练（specific training），等等。此外，西方也存在专门的形体塑造训练（body building）。这些在英文语境中具有不同价值指向的锻炼行为，在中文语境中常常都被冠以健身之名或被纳入健身的范畴。不难发现，其中有些并非以促进健康为直接价值目的。

（2）从体育功能的角度进行的认知

当前，人们对于体育健身的理解，更多的是对体育的一种功能性认识，即普遍认为体育有健身的功能，这里的"健身"，是指体育能够促进身体健康、提高运动素质、改善心理健康等积极作用。归结起来，是强调体育对人体身心健康的积极功能。基于这种认识，一切能够促进人体健康的体育行为都可以被纳入健身或"体育健身"的范畴。因此，从这个层面讲，"体育健身"一词的范畴就被扩大到整个体育的范畴。由此也就出现了中国学术界在使用"健身"这一词语时范畴比较广泛的现象。现今的研究在谈到体育健身时至少出现了如下几种范畴：以西方体育运动项目为主体的大众体育活动（包括一般性的体育锻炼行为和专门的健身、健美活动），竞技体育活动，以导引和武术为主体的中国传统体育养生活动，除武术、导引外的中国民族传统体育活动等。造成这种广泛性使用的原因同样在于，这些体育项目均有促进人体健康的功效。正是基于这种功能性认识，现阶段大众对于西方体育健身范畴的定义也比较宽泛，在具体研究中，往往会出现将竞技体育追求竞技能力不断超越的价值目标作为体育健身的价值目标进行描述。特别是在比较研究中，西方竞技体育的某些特征往往被描述成西方体育健身的主要特征，造成这种偏差的原因主要有两个：一方面，西方竞技体育是西方体育的代表，所以人们往往会产生一种错觉，即西方体育就是竞技体育。另一方面，现今人们对于体育健身的理解更多地是一种功能性认知，而非价值指向性认知，即认为任何有健身功能的体育运动都可以纳入体育健身的范畴，而忽视了人们在从事这些体育运动时是否以健身为价值目的。例如，跑步和球类运动都有健身的功能，但是为提升竞技成绩而进行的高强度跑步和球类运动训练，则可能会有损身体健康。不可否认，人们从事各类体育活动（包括群众体育、学校体育和竞技体育等多个层面）都直接或间接、或多或少地带有健身的价值目的，但是，若将追求"更快、更高、更强"作为西方体育健身的特征之一，则犯了将功能与价值目的混为一谈的错误。

要规避这种混乱，本研究认为，对体育健身的认识不能单纯地从锻炼行为和功能上进行理解，而是应该从锻炼行为和价值目标的双重视角进行界定，即以促进身体健康为基本价值目标的身体锻炼行为，才能被称为体育健身行为。正如周伟良所说的："从根本上说，不存在不具有健身功能的体育，只是人们在体育活动中存在对健身的有意和无意、意识多少的问题。当人们在其从事的民族传统体育活动中鲜明地提出健身目标时，健身价值就从中被开发了出来。"[①] 通过这种价值界定，可以从本质上区分体育健身、竞技体育、休闲体育等基于不同价值目标而存在的体育行为与体育文化。

2. 学界对体育健身的界定

事实上，现今学术界正是基于价值目标来对体育健身进行界定，如唐宏贵主编的高校教材《体育健身原理与方法》指出：

体育健身运动是指运用多种身体练习项目和特定行为方式，结合自然力和卫生措施，以发展身体、增强体质、增进健康、延年益寿为目的的一种体育运动。狭义的体育健身运动指人们在日常生活中经常参与的以健身为目的的体育活动[②]。

王旭东主编的教材《体育健身原理与方法》指出，体育健身"就是人们运用体育锻炼作为基本手段，使人体达到健康状态的一种活动"[③]。这两种定义都首先强调了体育健身在促进人体生理健康上的作用，并在此基础上指明了体育健身的最终目的是促进人体生理、心理、社会等方面的全面健康与良性发展。目前学术界对于体育的三种类型的划分：学校体育、竞技体育、社会体育，在一定程度上同样是以价值目标为划分标准，三者都具有体育的一些基本功能，但是在价值目标上各有侧重。如学校体育的目标是对学生进行身体教育，帮助其完善身心状态，塑造健全人格；竞技体育的目标是激发人体的运动潜能，超越人体运动极限，追求更高的运动技能；社会体育的目标是促进民众健康、丰富娱乐休闲、推动社会良性发展等。因此，从这个角度讲，体育健身更贴近于社会体

---

① 周伟良. 中华民族传统体育高级教程 [M]. 北京：高等教育出版社, 2003：53.
② 唐宏贵. 体育健身原理与方法 [M]. 武汉：湖北人民出版社, 1999：9.
③ 王旭东. 体育健身原理与方法 [M]. 北京：北京体育大学出版社, 2008：62.

育"促进人体健康、推动社会良性发展"的价值目标。

基于以上认识，本研究认为，"健身"与"体育健身"是同义词，均指通过有计划的身体锻炼实现人体健康之目的的行为，是人类的一种有目的性、有计划性且遵循一定规律的身体实践活动。广义上讲，只要不超出人体健康的极限，任何身体活动都有促进人体健康的功效，但并非每种身体活动都是体育健身活动，只有那些明确以追求健康为目的、根据一定的计划而实施的身体锻炼行为，才叫体育健身活动。从这个意义上讲，体育健身活动并不仅仅适用于西方，而是可以涵盖世界上各个民族国家和地区的所有为促进健康而进行的身体锻炼活动。

（二）西方体育健身与西方现代体育健身

1. 西方体育健身

（1）对西方体育健身进行历史性思考的必要性

很多研究文章已经提到，中国传统体育养生在历史发展过程中具有相对稳定性，而西方体育健身行为经历了几次大的历史转变。现有的研究在对中国传统体育养生与西方体育健身进行比较时，往往将现代社会的西方体育健身的特征，作为整个历史历程中的西方体育健身的特征进行描述，而忽略了在不同的时期西方体育健身有着不同的特征表现。因此，在概念上对西方体育健身进行时间性界定，在比较研究中是很有必要的，因为它直接影响到比较对象的时间上的相对共时性问题。

（2）对西方体育健身进行地域性思考的必要性

由于西方体育文化的世界性影响，以西方体育运动形式为载体的西方体育健身行为及其观念也传播到世界各地，成为当今世界体育健身的主导形式。基于现代社会西方体育健身在世界范围内的广泛影响，"西方体育健身"一词明显已经超出了西方社会的范畴，而具有世界性的普遍意义。而当我们试图对中西方这两种体育健身形式进行比较的时候，对于西方体育健身需要进行严格的地域性界定，而不能用诸如"现代体育健身"之类的具有普遍意义的表达来代替西方体育健身，尽管这不一定会影响比较的可操作性，但它很可能会造成比较的混乱。

具体来讲，西方体育健身是指在西方文化背景中孕育出来的西方人为实现身体健康而进行的有计划的身体锻炼行为。西方体育健身在不同的历史时期在观念与实践行为上有所不同。

2. 西方现代体育健身

基于以上对于西方体育健身的"时间性"和"地域性"的双重考察，本研究认为，用"西方现代体育健身"这一概念指代当今西方社会存在的体育健身行为，有其合理性：

"西方"一词为地域文化界定,"现代"一词为时间性界定,"体育健身"一词则有行为和价值上的双重蕴含。具体来讲,西方现代体育健身是以西方现代医学为理论基础、以促进身体健康为根本目标的有规划性的身体锻炼行为。在具体实践上,以提升有氧能力和肌肉能力、消耗能量等为主要操作目标;在方法上,包括专门的有氧运动和肌肉力量、柔韧训练等体能训练方法,也包括其他各种有利于提升体能、消耗能量的体育运动项目。

三、中国传统体育养生相关概念

(一) 养生与体育养生

1. 养生

当前我们所指的养生为保养生命之意,意在通过各种有意识的、有计划的实践活动保养生命的方法,其行为不仅仅局限于身体活动方面,而是涉及衣、食、住、行等与人的生存与生活相关联的各个方面。养生一般被认为是中国文化中特有的文化现象,也被认为是中国语言中才有的词汇。但是事实上,世界上不管哪个民族,在其生息繁衍的过程中,为保全生命与延续寿命,都或多或少地总结了与其地域文化和民族特征相关的保养生命的方法,其中包括医药、运动、饮食、环境等各个方面。从这个角度讲,养生的行为并非中国所独有的。正如古希腊名医希波克拉底留存于世的文献中,就论述了大量涉及运动、营养、自然环境等内容的养生方法[1],印度的阿育吠陀医学也是印度古代养生法的典范。

古今的锻炼方法有很多样,诸如武术、体育等都是,而气功只是其中的一大类,并不是各种锻炼方法的总称;也不能笼统地提气功就是养生法或祛病延年之法。因为养生的内容也是很广泛的,……养生之道、养生之法、祛病延年之法包括有:适应四时气候变化,掌握一定的锻炼方法,饮食定时定量有节制,生活作息有规律,体力脑力劳动有一定的限度。而气功只是术数(调养精气神之法也)中的一个组成部分[2]。

2. 体育养生

所谓体育养生,顾名思义,即通过体育锻炼的方法进行养生或通过身体运动的方式保养身体、促进健康的行为。这种认知与体育健身似乎没有太大的区别,但在中国文化的语境中,体育养生有其区别于其他体育健身项目的具体所指:专门指代以中国传统的

---

[1] 希波克拉底. 希波克拉底文集 [M]. 赵洪钧, 武鹏, 译. 北京:中国中医药出版社, 2015.
[2] 马济人. 中国气功学 [M]. 西安:陕西科学技术出版社, 1983:9.

导引术、养生武术为项目的以保养生命为目的的身体锻炼活动。除此之外存在于中国的其他身体锻炼活动则不纳入其范畴。因此，从概念本身来讲，体育养生概念的出现先验地带有一种中国文化的预设，但事实上，它并不具有中国文化的专属性，如当前有些研究文章就用西方体育养生的概念指代西方体育健身的行为，这一界定也是合乎逻辑的——二者都代表了通过身体活动寻求健康的行为，因此并没有严格的界限。但是，在实际的研究习惯中，"西方体育养生"一词很少被使用，并没有普遍性。

（二）气功与导引

1. 气功

（1）气功词源

"气功"一词在古书上并不多见，其出现的历史基本可以概括为以下脉络：晋代道士许逊所著的《明净子》及其后学胡德周、胡宏道编校之《太上灵宝净明宗教录》中提到"气功"一词[1]。但其没有明确说明"气功"一词所指为何物。清代出版之《元和篇》中，有《气功补辑》一章[2]。1913年，尊我斋主人《少林拳术秘诀》有《气功阐微》一节，其中提道："气功之说有二：一养气，一练气"，具体所指为武术功法[3]。1934年，杭州祥林医院出版董浩写的《肺痨病特殊疗养法——气功疗法》，但并未引起人们的注意。[4] 另一说法为"气功疗法"一词始于1933年董志仁《肺痨病特殊疗法．简称气功疗法》一书[5]。20世纪40年代末，刘贵珍因病学习"内养功"，收到奇效。由于这种功法类似于古代的"吐纳法"，故定名为"气功"。后来卫生部门也肯定了这一称谓，并认为这种非药物疗法可以叫作"气功疗法"。50年代出版了《气功疗法实践》，"气功"由此正式得到定名。此后"内养功"和其他气功医疗方法受到广泛推广，60年代开展了对气功医生的培训工作，"气功"一词开始逐渐被人们所了解和接受，其运用范围也扩展到医疗以外的其他领域[6]。

（2）气功的范畴

自从刘贵珍因练内养功收到奇效，"气功"一词被定名并广泛传播，人们对于气功的认知首先来源于对其医疗价值功能的认知，学界对于气功的价值关注，最基本的也在于医疗养生。20世纪八九十年代，随着"气功热"的兴起，学术界也形成了一门专门研究

---

[1] 王松龄．中国气功的史·理·法 [M]．北京：华夏出版社，1984：4.
[2] 同[1].
[3] 尊我斋主人．少林拳术秘诀 [M]．太原：山西科学技术出版社，2009：2.
[4] 马济人．中国气功学 [M]．西安：陕西科学技术出版社，1983：2.
[5] 同[1].
[6] 曹建．气功导论 [M]．北京：高等教育出版社，1989：3.

气功的学科——气功学，被纳入气功学研究范畴的内容相对较为确定，具体来讲主要包括两大类：第一，医家气功，即以促进人体健康为宗旨的传统导引养生术；第二，宗教哲学气功，即以意识和呼吸调节为主要方法的身心修炼行为，具体为儒、释、道三家的修身炼养行为。除此之外，在武术研究领域也有武术气功之说，具体指增进技击功效的结合内在导引与外在硬功的武术功法，如武术养生功法、硬气功等。另外，对人体特异功能的关注也是20世纪气功研究中一个不可忽视的内容，其研究对象主要是开发人体潜能的特异功能现象。以上四类基本包含了20世纪学术界进行气功研究的主要范畴，一直到今天，学术界对于气功研究的内容也基本限定在这个范畴之内。

21世纪初，气功学在学术界渐渐隐退，但关于气功的研究却仍在进行。不同在于，研究的范围有了变化。在现今中国的学术研究领域，对于气功的研究主要集中在以强身健体为目的的气功范畴之内。在这一范畴之内，又以形体运动为主导的气功养生形式为主要研究和推广项目。在描述以养生为主要价值功能的气功行为时，人们越来越倾向于使用"导引"一词。同时，随着健身气功项目的出现和广泛传播，这一词语也日益主流化，名称的重新定位代表了人们对"气功"一词所做的反思。健康是时代的主题，在全民健身需求和健康中国的大背景下，以促进健康为主要价值目标的健身气功在社会上被推广和普及，成为一种广受大众欢迎的健身方法。而其他气功形式，如以道教气功为代表的宗教气功修炼行为、以武术内外功修炼为主的武术气功行为、基于探讨人体特异功能的人体科学研究退出主流。

（3）社会气功、健身气功与气功医疗

鉴于20世纪末气功界的某些混乱局面，1996年8月5日，中宣部、国家体委、卫生部、民政部、公安部、国家中医药管理局、国家工商行政管理局联合发布了《关于社会气功管理的通知》，通知指出："社会气功是指社会上众多人员参与的健身气功和气功医疗活动。其中群众通过参加锻炼，从而强身健体、养生康复的，属健身气功；对他人传授或运用气功疗法直接治疗疾病，构成医疗行为的，属气功医疗。"由此表明了国家对于气功的价值功能关注——促进健康，社会气功也被限定在人民群众的自我气功健身行为和医生的气功医疗行为之内。刘天君等在《健身气功概念的内涵》有述，"健身气功的概念出现于20世纪90年代，其最初起源于民间，曾见于报纸杂志，但当时并不引人注目，也未引起学术界重视。……健身气功的概念在此由七部委联合发布的通知中，首次被正式提及"[1]。2001年，国家体育总局健身气功管理中心成立，并组织专家从传统导引养生术中选取适宜于现代人习练的功法进行改编创新，形成了现今在大众健身运动中被广泛传播的健身气功，至今已陆续创编9套功法，包括健身气功易筋经、五禽戏、六字诀、八

---

[1] 刘天君，李玉环，秦立新，等.健身气功概念的内涵[C].国家体育总局健身气功管理中心编.健身气功科研成果汇编（三）.北京：国家体育总局机关服务中心文书处，2008：33.

段锦、马王堆导引术、大舞、导引养生功十二法、十二段锦、太极养生仗。从名称来看，健身气功的界定，是从一种健身养生价值的角度，对导引养生类的气功功法进行的范畴界定。现今，健身气功已成为全民健身的重要项目，而气功医疗研究及实践则在少数医疗机构或医学院校开展。

2. 导引

（1）导引释义

"导引"一词最早出现于《庄子·刻意》："吹呴呼吸，吐故纳新，熊经鸟申，为寿而已矣。此道引之士，养形之人，彭祖寿考之所好也。"① 后之学者将"道引"又作"导引"，"鸟申"又作"鸟伸"。庄子所谓"导引之士、养形之人"是指通过肢体运动和呼吸吐纳的方法保养身体、追求长寿的人。王先谦在《庄子集解》中摘引了几位前人的注疏：成玄英云"吹冷呼而吐故，呴暖吸而纳新，如熊攀树而自悬，类鸟飞空而伸脚"②；李颐对导引的注为"导气令和，引体令柔"③。

马济人也引录了在中医书籍中对"导引"一词的注解：

唐代王冰说："导引，谓摇筋骨，动支节"。清人张自聪注说："导引者，擎手而引欠也"。而引是吸气，欠是张口呼气，擎是双手高举。《理瀹骈文》则提道："呼吸吐纳，熊经鸟伸八字，即导引法也。"④

关于"按蹻"，一些注释《素问》的医家说："按谓折按皮肤，蹻谓捷举手足；导引按蹻，中人用为养形调气之正道也。""按蹻者，蹻足以按摩也。"⑤ 可见按蹻主要是指自我按摩。而唐·释慧琳在《一切经音义》中则指出："凡人自摩自捏，伸缩手足，除劳去烦，名为导引。"⑥

由以上注解可以看出，古人对于导引的普遍解释是：通过肢体的活动和呼吸的调节来保养身体的方法；但也有注者认为按蹻主要指自我按摩，包括某些肢体的活动，因此认为按蹻为导引的一种形式。尽管在理解上有差异，但是人们对于"导引按蹻"的理解都有明确的趋病养生的价值指向。总结来讲，导引是指中国传统的通过肢体、呼吸、意念调节和自我按摩等方式疏通经络、保养气血从而促进身体健康的行为。李颐对导引所做的注解——"导气令和，引体令柔"则很好地诠释了其形式和功效，被后世学者广泛认可和引用。事实上，尽管导引强调肢体动作，但是并不一定需要实际的肢体位移，比

---

① 王先谦·庄子集解 [M]. 上海：上海书店，1987：87.
② 同①.
③ 同①.
④ 马济人. 中国气功学 [M]. 西安：陕西科学技术出版社，1983：16.
⑤ 同④17.
⑥ 同④.

如很多身体呈静止状态的立、坐、卧的形态，配合意念和呼吸的调适，也具有疏通经络、培养气血的养生功效，这些行为也属于导引的范畴，在传统医学专著及道教养生著作中极为常见。

3. "导引"与"气功"的关系

关于导引和气功的关系和区别，通过上文的分析可以发现，以往学术界对于气功的范畴认识较为宽泛，并不仅局限于养生术的范畴，还包括精神修炼和潜能的开发，而导引则专指各种旨在祛疾养生的肢体活动、行气活动以及自我按摩行为，在价值目标上有着明确的养生指向。当前，在描述以养生为主要价值功能的气功时，人们越来越倾向于使用"导引"一词，名称的重新定位代表了人们对"气功"一词所做反思。例如，在当前一些传统养生学教材或著作中，也多用"导引"一词代指传统气功养生方法，如周伟良主编的《中华民族传统体育概论高级教程》①、邱丕相主编的《中国传统体育养生学》② 等，这在一定程度上反映了当代学者对"气功"一词的价值功能及形式的思考。

（三）中国传统体育养生与中国体育健身

1. 中国传统体育养生

中国传统体育养生在一些文献中又叫传统体育养生或传统养生体育。邱丕相主编的体育院校通用教材《中国传统体育养生学》一书前言中指出，"传统体育养生学是高等学校体育院校中民族传统体育专业的必修课之一。近年来随着民族传统体育学科的发展，全国已有近 40 所高等院校在开设这门课程，并且还有很多院校正在筹建开设传统体育养生课"③。此教材指出，"传统体育养生是通过人体自身的姿势调整、呼吸锻炼、意念控制，使身心融为一体，达到增强人体各部分机能，诱导和启发人体内在的潜力，起到防病、治病、益智、延年的作用"④。在具体内容上包括导引和武术两大类，其中导引分为静功、动功和保健功（自我按摩法）三大类的导引以及套路运动和功法运动的武术⑤。这一概念表述和内容划分是当前学界对于"中国传统体育养生"的一般共识。

（1）中国传统体育养生与体育的关系辨析

但是有学者对此概念产生了质疑，原因在于，从字面意思上分析，这一概念本身所传达的内涵与当前人们对它的认识并不完全一致。具体来讲，中国传统体育养生这一概念在行为方式和价值目标上都先验地有所预设，即通过中国传统的体育进行养生，但是

---

①周伟良. 中华民族传统体育概论高级教程［M］. 北京：高等教育出版社，2003.
②邱丕相. 中国传统体育养生学［M］. 北京：高等教育出版社，2007.
③同②前言.
④同②14.
⑤同②15-21.

当前学术界在探讨中国传统体育养生时，往往超出了"体育"的范畴，甚至也不仅仅限于养生的价值指向。如传统导引术有很多没有肢体动作的意守与行气的行为，这些并不具有体育运动所必备的肢体动作。如王敬浩在《中国运动养生理论与技术体系研究》中指出的："时下，在现代体育观念充斥的时代氛围中，体育观念似乎成为阐释一切身体技术理论与方法的、具有普适性的理论基础。然而，中国传统养生观念下的身体技术理论与方法，显然自成体系，而不应纳于现代体育框架之内。"① 所以，在其研究中，使用了中国运动养生这一概念指代中国传统体育养生这一概念所指代的全部内容。事实上，她的这一表述折射出一种已然存在的学术现象，即在中国学术界，很多身体行为都被贴上体育的标签，而中国传统体育养生这一概念的产生，也是源于这种研究范式。我们似乎可以认为，这一概念的出现代表了一种心理预期即试图将中国传统的导引术纳入体育的范畴，并且试图在此基础上与西方体育健身行为进行一种概念上的对等。但是，在实际的情况来看，二者并没有实现完全的对等。

对于中国传统导引术和西方体育健身进行比较，周伟良认为："首先就要承认与接受'生命在于运动'这一现代体育思想基础与出发点，认同体育只能是通过身体运动才能实现增强健康、健全精神的目的这一基本价值判断。可以说，中国传统体育文化中凡是符合'生命在于运动'这一价值原则的，就有与现代体育相接合的平台，否则这两大文明体系之间就难以找到对话的基础。"② 基于这种理解，他又指出："从这个意义上来说，导引术是中国传统养生文化中少有的能与现代接轨的古典体育活动。这是因为，其一，导引术的理论基础是'运动养生'，这与现代体育'生命在于运动'的基本思想有着一致性。……其二，导引术的宗旨在于'养形'，即通过运动来增强人的身体健康，这与现代体育增强人的体质、提高人的健康水平的根本任务是一致的。……其三，导引术在技术上强调肢体运动、呼吸运动和自我按摩，而这些技术可操作性强，易学易练，功效明显，易为现代人掌握。"③ 他总结道："导引术的弥足珍贵之处就在于：它是中国传统养生文化中最能融入现代文明和现代体育的一种思想健身体系，能够满足现代社会和现代人类对健身手段的要求和需要。"④ 这段描述解释了中国导引术融入现代体育文化中的价值基础——运动促进健康，在此基础上导引术与西方现代体育存在比较的可行性。基于这种理解，将中国传统体育养生的范畴限定在以身体运动促进人体健康的价值预设上，这一概念才与西方体育健身在概念上对等。

（2）中国传统体育养生概念界定

基于以上分析，本研究认为，中国传统体育养生是在中华民族文化土壤中产生的一

---

①王敬浩. 中国运动养生理论与技术体系研究 [M]. 桂林：广西师范大学出版社，2015：10.
②周伟良. 中华民族传统体育概论高级教程 [M]. 北京：高等教育出版社，2003：146.
③同②146-147.
④同②147.

种身体锻炼行为，它以传统中医学为基础，以疏通经络、保养气血为操作目标，以肢体、呼吸和意念调节为手段，其外延涉及以促进身体健康为目标的导引术及具有明确养生旨向的传统武术。

广义来讲，中国传统体育养生包含了传统导引术中的全部内容，包括没有明显肢体运动的静功；狭义来讲，导引术中的静功部分则不纳入中国传统体育养生的范畴。为更好地实现比较研究的对等性，理论上讲，本研究应采用狭义的范围进行比较，但如果只是从肢体运动的角度去比较，就不能展现中国传统体育养生的全部内容尤其是关键性的内容，因此，本次比较以肢体运动为比较基础，但又超出了肢体运动本身，扩大到二者在肢体、呼吸、意识三方面的活动，如此才能兼顾比较对象的对等性与比较内容的全面性。故此，本研究采用广义概念范畴。

2. 中国体育健身

（1）对中国体育健身进行考察的必要性

之所以对中国体育健身进行专门考察，是因为在当前的很多研究文章中都提到了类似的概念，并且很多研究者倾向于用中国体育健身这一概念指代以传统导引和武术为代表的身体锻炼项目，这些项目更多的时候被称为导引、气功、体育养生、中国传统体育养生等。如顾益圣的《中西体育健身途径比较与交汇发展的研究》[1]，用中国体育健身这一概念指代以导引、武术为代表的中国传统体育养生；唐宏贵主编的高等学校教材《体育健身原理与方法》[2] 将中国传统体育养生也称中国传统健身，与其他体育健身形式并行论述。王旭东主编的高校教材《体育健身原理与方法》[3] 也将中国传统体育养生称为中国传统健身养生；被纳入新世纪全国高等中医药院校规划教材系列的《中医健身学》[4] 直接用"中医健身"这一词指代以导引、武术为主体的体育养生行为。

以上种种现象反映出当前人们对于传统体育养生行为的双重认识：第一，认可其为体育健身的一种形式；第二，认为其本身就代表了中国人进行体育健身活动的全部内容。显然，第一种认识是合理的，而第二种认识则失之绝对。关于这一点，李英等在《中西方健身文化比较研究》[5] 一文中也采用了"中国体育健身"这一概念，但是，其在具体的论述过程中，在一定程度上区分了中国体育健身与导引、武术之间的区别，没有用以导引术、武术为项目形式的中国传统体育养生指代中国体育健身的全部，而是将以导引术、武术为项目形式的中国传统体育养生作为中国健身文化的一部分，将中国传统体育养生归入中国体育健身的范畴，这在一定程度上区分了中国传统体育养生与中国体育健身。

---

[1]顾益圣.中西体育健身途径比较与交汇发展的研究[J].上海体育学院学报，2003，27（6）：79-81.
[2]唐宏贵.体育健身原理与方法[M].武汉：湖北长江出版集团，湖北人民出版社，1999.
[3]王旭东.体育健身原理与方法[M].北京：北京体育大学出版社，2008.
[4]顾一煌.中医健身学[M].北京：中国中医药出版社，2009：3.
[5]李英，杨爱华，张奎，等.中西方健身文化比较研究[J].西华大学学报（哲学社会科学版），2013，32（6）：12-16.

笔者认为这种区分有其必要性。原因在于：按照现今人们对于"体育健身"的解读，一切通过身体运动来促进人体身心健康、完善个体发展的行为，都可以称为体育健身行为，中国传统体育养生也有这些价值功效，因此理应被纳入体育健身的范畴之内，并且代表了中国人进行体育锻炼活动的一种形式。同时，传统导引术、健身气功与武术一起，都被纳入中国全民健身体系，这也反映出中国传统体育养生行为与其他体育健身行为一起，都被认为是中国体育健身的一部分。

总而言之，由于体育健身是一种通过体育运动促进人体健康的行为，因此，将有着明确促进人体健康价值目标的中国传统体育养生纳入体育健身和中国体育健身的范畴，有其逻辑合理性。除此之外，对二者进行概念范畴上的明确界定，有利于避免用中国传统体育养生指代一切中国体育健身行为的情况，因此这种划分有其必要性。

（2）中国体育健身的界定

基于以上认识，本研究认为，中国体育健身是指在中华民族地域文化中孕育出来的，中国人为实现身体健康而进行的有规划的身体锻炼行为。对这一概念进行界定的目的，是为了说明，在中国本土的文化环境中，体育健身行为并不仅仅只有导引术和武术，而是存在其他多种形式的体育健身行为。例如，中国古人也会通过饭后走路或参加蹴鞠、骑射等活动进行必要的身体锻炼。另外，在中国武术中，也有很多通过高强度的力量、速度训练来提高体能和武术技能的基本功训练方法，这些方法与在西方一直流行的体能训练非常相似。因此，基于人类某些生存经验的相似性，中国体育健身活动与其他民族的身体锻炼活动也存在相似的部分。

四、概念种属关系分析

（一）概念之间的种属关系

经过前期的考察，可以对本研究中相关概念之间的种属关系做如下概括。

①中国体育健身和西方体育健身都是人类为促进健康而进行的身体锻炼行为，二者共同属于体育健身的范畴。

②中国传统体育养生是中国体育健身的一部分，有其特定的内涵和外延所指，即传统导引术和武术。

③西方现代体育健身是西方体育健身的一部分，它是西方体育健身发展到现代社会的主要表现形态，有其特定的内涵与外延构成，即专门的体能锻炼方法如有氧运动、抗阻运动、拉伸运动等以及一切有利于提高体能、消耗能量的西方体育活动。

④中国传统体育养生与西方现代体育健身都只是中西方体育健身的某种典型形式而非全部内容，代表了人类社会两种自成体系且风格鲜明的体育健身形式。

（二）概念种属关系图

基于以上认知，建构了本研究中相关重要概念的种属关系图，具体见图1-1。

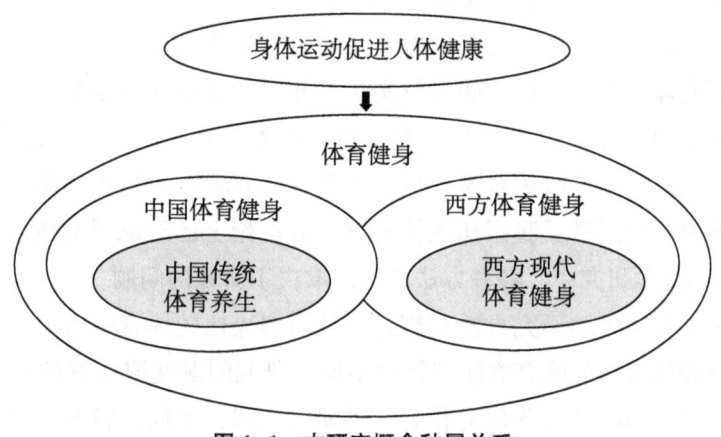

图1-1 本研究概念种属关系

第四节 比较逻辑与研究思路、方法和创新点

一、比较逻辑建构的理论基础

（一）跨文化研究范式

比较研究的方法论是本研究展开的主要方法支撑。同时，由于本研究的比较对象属于两种文化系统，因此更准确地讲，本研究更贴近于跨文化研究的范畴。由此，跨文化研究中的具体理论和方法对本研究的逻辑建构具有更为直接的指导性意义。

"跨文化研究"（cross-cultural studies）也称"比较文化研究""文化比较研究""泛文化比较法"，特指在不同文化间进行的比较研究。跨文化研究不拘泥于某个学科之内，而是一种广泛应用于多种学科门类的研究范式与研究方法，并且在一些学科如文化人类学中是方法论的重心[1]与经典的研究方法[2]。何平总结了跨文化研究早期的两个基本研究范式："（1）探讨不同文化中的同类现象；（2）研究文化之间的相互影响、交流和互动。"[3] 同时，其也指出近几十年的跨文化研究"在进行比较研究时不把被比较的文化看

---

[1]谭盛凤，白志武. 跨文化比较研究方法在科技史上的应用：从李约瑟《中国古代科学思想史》谈起[J]. 广西民族学院学报（自然科学版），2001（3）：197-200.
[2]吴乔，高美惠. 文化的可比性："跨文化比较研究：方法与方法论"研讨会集萃[J]. 世界民族，2014（6）：101-108.
[3]何平. 跨文化研究的理论和方法[J]. 史学理论研究，2014（4）：68-78.

作是互相隔绝的，没有互相影响的，而是注意到跨越国家和文化边界的联系"①。随着世界文化交流的广泛展开，国内外也建构了许多跨文化研究机构②，同时在跨文化研究的范式下形成了多种比较学科，如比较哲学、比较文学、比较政治学、比较经济学、比较教育学、比较法学、比较历史学、比较体育学，等等。③

现今，很多比较学科都在具有基础性的比较研究方法的基础上，尝试构建基于本学科特性的比较研究理论和方法论，如比较文学"相对于其他比较学科，……其研究方法和研究范式要成熟和系统得多"④，但也有很多学科意识到自己在方法论建构上的不足。以与本研究相关度最高的比较体育学为例，近期有研究者对中国比较体育学方法论的相关问题进行了研究，在列举了我国比较体育学在方法论上已经取得的成果的基础上，其指出："在比较体育学研究中，各种方法的运用取决于研究的问题。……因此，研究者更应从一个或多个学科中吸纳研究方法和理论，从而解决比较体育学研究中遇到的各类问题。换言之，比较体育学的研究方法应针对不同的研究问题选取适宜的研究方法。"⑤ 这段话的启发性在于，当前跨文化研究作为一种研究范式，不同比较学科在方法论上存在共通性与可借鉴性，故此，本研究并不仅局限于比较体育学的方法论，而是试图以具体的研究问题为出发点，综合各学科跨文化研究中形成的基本理论和方法论成果，解决本研究中所涉及的具体问题。

(二) 相关问题的理论解析

具体来讲，前义总结了以往研究中出现的几个明显问题，这些问题既涉及比较研究中的普遍性问题，也涉及跨文化比较研究中的特殊性问题，具体包括关于比较基础的问题、关于比较对象的问题、关于比较内容的问题、关于比较视角的问题、关于文化沟通与结合的问题。下面以跨文化研究中的相关理论和方法论为依据，对本研究中这些具体问题进行解析，并以此论证本研究比较逻辑的合理性。

1. 关于比较基础的问题

以往研究中存在的概念混乱、比较对象不对等、比较对象不准确等现象，根本原因在于，研究者在比较之初未对比较的基础进行明确的界定，基础的不确定又导致比较对象的内涵与外延的不确定，由此也很难对比较对象的概念进行相对准确的界定，继而导致比较对象之间的对等性并不准确。因此，在本研究展开之前，首要问题是解决比较基础的问题。比较基础关乎可比性的问题，在跨文化研究中，可比性是由同一性与差异性、

---

①何平. 跨文化研究的理论和方法 [J]. 史学理论研究, 2014 (4): 68-78.
②同①.
③马中红, 陈跃红. 网谈录: 比较文学方法的跨学科应用及其前景 [J]. 中国比较文学, 2008, (3): 22-32.
④同③.
⑤李根, 张建华. 比较体育学方法论的相关问题研究 [J]. 首都体育学院学报, 2019, 31 (3): 206-210.

概念等价等因素决定的。

（1）同一性与差异性问题

并不是任何事物都可以随便拿来比较，除非寻找到了二者之间的共性，建立起合理的比较基础，正如彭庭选指出的，任何事物之中既有共性，也有个性，"这种共性是事物得以进行比较的基础，这种个性是事物得以进行比较的条件"①。焦树安则对可比性进行了更加详细的说明：

所谓可比性问题，是指比较的对象之间质的规定性，指对象之间具有某种内在联系。当我们一接触比较问题，自然离不开"同"和"异"这对范畴。从质的规定性上考察，只有相异的事物才有比较的必要。而相异的事物，除了不同点之外，在更高一层的类的划分上它们又有着一些相同的方面。正是有了这个相同的方面，人们的比较才成为可能。……换句话说，可比性就是比较的条件，比较的基础、或曰两个比较对象的内部联系的同一性方面②。

由此可见，事物之间内在的同一性构成了比较得以进行的先决条件与基础。因此，在比较研究展开之前，首先应该对比较对象之间的同一性进行界定。结合本研究中的两个比较对象，正如前文中已经指出的，中国传统体育养生和西方现代体育健身之所以被纳入大众和学术的比较视野，是因为在当前运动促进健康的时代主题下，二者都是人类进行身体锻炼的具体形式，此为共性（同一性）。同时，二者又存在显而易见的差异，此为个性（差异性）。由此，身体运动促进人体健康成为二者进行比较的基础，比较的内容是在此基础上对其异同进行探讨。

（2）"概念等价"问题

跨文化研究在可比性的问题上还涉及不同语言之间的概念等价或概念等值性、概念等同的问题。

Dieter Hackfort 等在探讨跨文化运动心理学比较方法论的特征时指出："在进行此类研究时，还必须确保不违反功能，语言和概念等价的原则"，即"研究者首先要保证研究中所涉及的概念和定义在不同的文化背景下具有相同的含义，然后才能进一步对比不同文化背景下某些因变量的共性与差异"③。我国比较体育学研究者任海也指出："每一种文化都有自己一整套包括体育在内的概念体系和表达方式，要使比较研究进行得比较深入，必须对所研究的体育现象进行全面的理解，在理解的基础上去展开深入分析，然后做出

---

① 彭庭选. 比较方法及其在认识中的作用 [J]. 江汉论坛，1991（11）：41-44.
② 焦树安. 比较哲学 [M]. 北京：中国文化书院，1987：58.
③ Dieter Hackfort，黄志剑，于淋. 运动科学跨文化研究和比较研究的理论与方法学视野 [J]. 体育学研究，2018，10（5）：32-42.

正确的解释和说明。"① 对于如何实现跨文化比较中的"概念等价"的问题，中国比较哲学研究者刘玉宇专门探讨了比较哲学中概念互诠的问题，其指出："在不同语言和文化所体现出来的显著差异背后，存在共同的人类经验领域，是相对独立于任何一种文化和语言结构的。正因如此，文化间的交流和融合就是可能而且有意义的事情。"② 换言之："只有不同文化间的共同生存经验才能够作为文化比较的普遍基础，即使不必因此预设，我们能够把握独立于不同语言结构之外的实在。"③

由此可见，无论是哪个学科的跨文化研究，越过语言的隔阂、从事实上实现概念之间的等价性都是研究展开的基础。本研究在最初的规划阶段，就有一些学者对此提出了异议，认为养生与健身属于不同的语言系统，甚至认为西方没有养生之说，等等。这些疑问也从一个侧面反映出，学者在跨文化研究中对概念等价问题的普遍重视。结合到本研究中预设的两个比较对象，若要确立二者比较的可行性，首要的问题则是确立中国传统体育养生和西方现代体育健身的概念等价性。通过前期对基础概念的具体分析，表明尽管二者在概念表述上不同，但都是人类共同的生存经验——身体运动促进人体健康——这种表现形式。换言之，二者都属于体育健身的范畴。由此，二者在事实上具有了同一性，概念的等价性得以成立。

2. 关于比较对象的问题

比较对象是指基于一定的比较基础进行比较的两个或多个具体的事物，在跨文化比较研究中，要准确地界定比较对象，除了需要明确比较基础，还需要考虑到文化复杂性的影响。原因在于，任何文化的体现都具有复杂性特征，同时，在这些复杂性的背后也蕴含了不同文化在同一问题上既有相似性也有差异性的特征。正因为文化的复杂性，在跨文化研究中，往往会出现将某种文化元素中特质性的部分当作这一文化体系全部内容的现象。由此可能存在，尽管确立了明确的比较基础，却无法准确地界定比较对象的外延和内涵及其在整个文化体系中的定位的现象。

（1）文化的复杂性

由于对文化复杂性的忽视，以往研究中出现了一种普遍的认知偏差，即将中国传统体育养生作为中国人身体锻炼的全部内容，将西方竞技体育作为西方现代体育健身的内容，这一现象在比较体育研究中同样存在。比如，在进行中西方体育比较的文献中，许多研究者用中国导引术与武术的特点代替中国体育的特点，用西方竞技体育的特点代替西方体育的特点。"这不仅造成了概念内涵的不统一和对中西方体育的双重误

---

① 任海."跨文化性"：比较体育的优势与困难 [J]. 天津体育学院学报，1991，6（3）：12.
② 刘玉宇. 差异与类同：论比较哲学中的概念互诠 [M]. 重庆：重庆大学出版社，2010：37.
③ 同②172.

解,更重要的是将中国部分体育内容及少数民族体育排除在了中国体育概念之外。"①事实上,中国体育中包含了大量与西方体育项目类似的甚至相同的体育项目,如划船、投掷等,中国体育运动中同样存在广泛的竞技行为;西方体育中的技击运动与中国武术有一定的相似性,西方体育运动中的一些运动如医疗体操,也与中国的导引术有一定的相似性。

同样由于对文化复杂性的忽视,以往研究中也出现将中西方机械对立的思维模式,即片面地将中西方体育健身养生之间的关系预设为一种对立关系。但是,事实上,通过前文的分析,不难看出二者在基本观念上存在很多共同之处,如都强调适度运动,都强调身心健康的作用,都强调运动环境的重要性,等等,但是以往的研究者似乎较少地去寻找二者的共同之处。很多学者都忽视了文化的复杂性对跨文化研究形成的挑战,正如日本比较哲学研究学者中村元所指出的:

长期以来就存在一股潮流,人们倾向于用一种东方与西方对峙的两分法来思考问题,预想有两种文化价值体系,分别贴上"西方的"与"东方的"标签,认为他们是相互对立的。于是东方的思维方法被描述为"精神的""内向的""综合的"和"主观的",而西方的思维方法被描述为"物质的""外向的""分析的"和"客观的"。这种认为东、西方文化的各个方面相互对立的解释由于过分简单化而被人们抛弃了,"东方"和"西方"文化都是五花八门的,两类文化都是极端复杂的②。

(2) 文化的主导趋向

通过前文中比较基础的界定,我们已经从功能价值上对西方的竞技体育与西方体育健身进行了区分,在此基础上,我们还需要进一步阐释的问题是:中国体育健身的项目并非只有导引与武术,西方体育健身的项目也不仅仅只有其常规的体能锻炼模式,在复杂的中西体育健身项目构成中,为何将中国传统体育养生和西方现代体育健身作为具体的比较对象进行比较?比较哲学研究者刘玉宇在对史华慈和葛瑞汉两位代表了不同典型的跨文化比较观的著名汉学家的比较哲学思路进行考察时,总结出他们在这一问题上表现出来的共识:他们一方面认可复杂性是独特性的基础,另一方面认为独特性代表了特定文化的一种持续导向或发展方向。

史华慈认为,每一个文明都会有各自的"持续的文化导向",伴随文明最初的发生一直延续下来。……史华慈不否认存在思维模式的多样性和历史发展的多种可能性,但"正是这种多样性中产生了一些最有意义的问题,足以提供更普遍的比较研究"……对史

---

① 蔺新茂,孙思哲. 我国体育比较研究存在的问题分析 [J]. 北京体育大学学报,2013,36 (12):99-103.
② 中村元. 东方民族的思维方法 [M]. 林太,马小鹤,译. 杭州:浙江人民出版社,1989:2.

华慈而言,先秦时期在中国文明数千年的发展历程中占据重要的承前启后地位,而当时所产生的文化导向一直持续到现近代,成为中国文明的最主要特征①。

刘玉宇在评价葛瑞汉时指出:

实际上,他始终反对在对汉语的语言和思想进行详尽深入研究之前就设立一个判断标准,将中国视为西方的对立面,如用一系列的二项对立来概括西方和中国思维方式的差异:逻辑——关联,超越——内在,心——身,抽象——具体等。他对中西方逻辑关联思维的分析有力地说明,两种文化的差异不是结构上完全不可通约,而是不同的发展方向所致。其中隐含的一个预设是,葛瑞汉的文化差异论是建立在一种普遍文化观之上的。无论何种思维方式都不为任何一种文化所独有,而是人类共同拥有的。文化间的差异出现在不同的发展方向上,虽然这与语言结构的差异有很大关系。葛瑞汉为人类所有的思维方式找到了一个整合的框架。这个框架显然是属于西方哲学范畴体系的,每一种思维方式都可以在这个涵盖一切的框架之中找到自己的地位。因此,中西方思维方式就不是不相干的两个独立系统,而是人类普遍性思维方式不同层次的体现②。

涉及本研究中,东西方共享了很多身体锻炼方法,但不同的民族也最终选择了不同的身体锻炼模式作为其主导方向,由此构成了其健身文化的独特性。正如前文在概念辨析中所强调的:中国传统体育养生与西方现代体育健身都只是中西方体育健身的某种典型形式而非全部内容,代表了人类社会两种自成体系且风格鲜明的体育健身形式。这一界定对本研究中的两个比较对象——中国传统体育养生与西方现代体育健身在各自健身文化中的文化典型性即主导趋向进行了相对准确的定位,由此修正了以往研究中关于此问题的片面认知。

补充说明的是,本研究倾向用"典型性"而非"主导趋向"的表述,原因在于,中国传统体育养生在近代以前所确立的"主导性"已经慢慢弱化,从全面的历史视角来看,当前它更倾向于作为中国体育健身的一种"典型形式"而存在。同样,当前西方人进行体育健身的形式也非常多元,有明确项目所指的西方现代体育健身也只是其体育健身的一种典型形式。

3. 关于比较内容的问题

在确定了明确的比较基础和比较对象的基础上,如何展开具体的比较,也是比较研究中非常重要的问题。基于研究综述中已经总结的,在对中国传统体育养生和西方

---

① 刘玉宇. 差异与类同:论比较哲学中的概念互诠 [M]. 重庆:重庆大学出版社,2010:26-27.
② 同①172.

现代体育健身的比较研究中，除开历史与理论思想的比较，其他比较内容基本都包含在以下三个方面之内：（1）运动的目标，（2）运动的方法，（3）运动的原理。实际上，人类对于身体运动与健康之关系的认识都不可避免地会涉及以上三个问题，且这三者之间本身就蕴含一种目标-方法-原理的内在逻辑关联性。由此得到的启示是，如果能够以这三方面为对比基点，对中西方在此共同经验上的内容作为比较的具体内容，则将使比较基于更加合理的比较基础之上。

需要补充的是，本课题的研究内容并不仅仅限于对这三方面内容的比较，而本研究之所以选取这三个方面作为具体比较的内容，是基于当前研究对这三个方面的普遍关注以及其中已经普遍显示出来的诸多研究不足。本研究的主要目的在于纠正以往研究中的某些认知偏颇，补充相关基础知识。

4. 关于比较取向的问题

在跨文化研究中，研究者的文化取向或立场、视角影响了比较结论的客观性，很多领域的比较研究学者都谈到了这一问题。基于从近代延续而来的中西文化地位的不对等视角，这一问题也成为当前中西比较研究中的显著问题，学者方文即指出"跨文化研究者应当时时清醒地意识到文化偏见、种族中心主义及文化殖民意识侵入研究过程每一环节的危险性"[①]。北京大学比较文学研究者陈跃红教授等对这一问题的分析较有代表性：

> 处于今日多元文化的时代，比较研究将面临更复杂的阐释挑战，学术史的深度研究证明，不同文化之间存在一种共创的历史渗透和生长关系，因此，文化之间应该是"和而不同"的。对于追求文化"现代化"的"后发"国家而言，必须在坚定地拆除自我与他者双重中心主义的基础上去进行比较，在文化共创的历史价值维度基础上去区分文化是非、文化贡献和参与意义。西方学者套用西方理论来研究中国文学，或多或少给人一种"隔"的感觉，这其实是因为他们站在西方学术话语的主体性立场发言，作为研究对象的中国文学成了参照系，二者并没有形成平等对话的互为主体关系。……自我与他者应该"互为主体"，但并不"互为替代"，要学会从对方的角度去思考问题[②]。

体育比较的研究者也指出了当前体育比较中的"预设观念"问题："在全球化背景下，以西方文化为基本内核的现代体育，具有近乎于垄断的地位，现代体育规则也必将成为体育活动领域中近乎唯一的权威性规则……"[③] 这一现状值得深思。正如前文研究综

---

① 方文. 跨文化研究的基础：走向科学的文化比较 [J]. 社会科学辑刊，1996（1）：35-40.
② 陈跃红，邹赞. 跨文化研究范式与作为现代学术方法的"比较"：北京大学博士生导师陈跃红教授访谈 [J]. 社会科学家，2010（11）：3-7.
③ 蔺新茂，孙思哲. 我国体育比较研究存在的问题分析 [J]. 北京体育大学学报，2013，36（12）：99-103.

述中已经提及的，当前无论是中国传统体育养生的研究，还是其与西方现代体育健身的比较研究，都存在将西方现代体育健身理论或西方现代医学理论作为解释或评价中国传统体育养生的参照标准，由此在一定程度上妨碍了对中国传统体育养生本质的准确或深入地阐述。因此，在进行本研究时，将尽量将二者放在平等的地位上进行分析和比较，鉴于以往研究在本研究论题上出现的比较标准的偏差，从某种程度上讲，本研究的首要目的并非要对二者进行一种优劣高低的价值评判，而是要对二者的类同与差异进行相对中肯且准确的呈现，体现二者的互为主体与不互为替代性。

5. 关于文化沟通与结合的问题

比较的目的并非仅仅为了比较，也非对比较对象进行高下优劣的价值评判。任何跨文化研究的过程本身即文化之间互相沟通、深化了解的过程，而跨文化研究的目的，也在于促进多元文化的沟通，并试图在此基础上相互借鉴，优势互补。由于中国传统体育养生和西方现代体育健身都对人类健康具有益处，因此二者也可以以各自不同的形式服务于不同的人群。以往的研究中多强调中国传统体育养生在现代科学语境中的不科学处境，并认为中国传统体育养生应该思考如何以西方标准科学化的问题，其中暗含一种以西方文化为价值标准来评价中国文化的倾向，这一视角体现了文化沟通上的某种不对等性。本研究试图对中国传统体育养生与西方现代体育健身的异同进行分析，以此找出二者在文化沟通中所存在的问题，从而帮助人们对二者的文化身份形成相对合理的认知——某种程度上讲，只有沟通上具有了平等性，比较才能够做到合乎逻辑。同时，由于二者在促进人类健康上所发挥的不同作用，本文最终也会思考如何让二者在当代社会更好地服务于人们的健身生活，惠及更多的人。

二、比较逻辑与研究思路

（一）比较逻辑

基于上文在跨文化研究范式下对以往研究中反映出来的问题所进行的理论解析，本研究在兼顾问题和逻辑的原则下建构了比较逻辑，如图1-2所示。

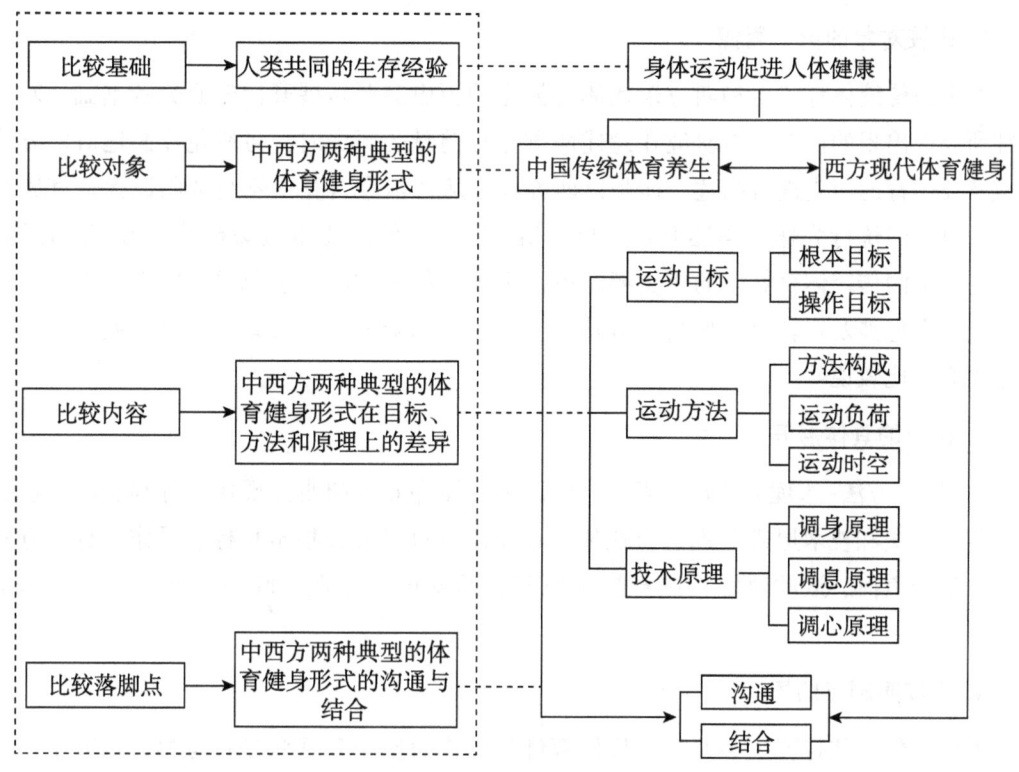

图1-2 比较逻辑框架

（二）研究思路

以上对中国传统体育养生和西方现代体育健身的比较逻辑框架的建构，从理论和事实上确立了本研究的可行性，由此确立本研究的研究思路是：在对中西方两种典型的体育健身形式——中国传统体育养生和西方现代体育健身的历史发展进行全面溯源的基础上，对二者在运动目的、运动方法和技术原理上的异同进行比较分析，并对二者在当代社会的沟通现状及其结合发展进行探讨。需要指出的是，这一逻辑思路的建构本身是本研究的首要且重要的组成部分，以下对本研究中包括逻辑建构在内的关键性研究内容进行一个整体性梳理。

1. 比较逻辑的建构

建构合理的比较逻辑是本研究展开的首要问题，涉及的具体研究内容包括：对中国传统体育养生、西方现代体育健身等相关概念进行辨析，结合多学科跨文化研究的方法论成果解决以往研究中反映出来的相关问题，建构本研究合理的比较逻辑。对于这一问题，前文已经在概念辨析和相关理论探讨的基础上，对本研究的比较逻辑进行了论证与建构。

2. 比较对象的历史溯源

对中国传统体育养生和西方现代体育健身的历史溯源是展开比较研究的基础。基于以往研究中出现的偏差，本研究在论述西方体育健身的历史时，将避免片面地对西方体育或竞技体育的历史进行描述，而是以西方社会从古至今自觉或不自觉的以促进健康为目的的身体锻炼行为作为描述对象，与之相关联的医学思想也应该被纳入考察的范围；同时，对中国传统体育养生的历史溯源也集中于以促进健康为主要目的的动功方面，同时避免过多地涉及宗教哲学修持或静功部分。在此基础上，对二者的历史发展历程进行一个宏观的比较说明。

3. 比较的具体展开

以目标–方法–原理为逻辑线索，对中国传统体育养生和西方现代体育健身的运动目标、运动方法和技术原理分别进行比较，具体涉及对二者在根本目标、操作目标、方法构成、运动负荷、运动时空、调身技术原理、调息技术原理、调心技术原理等方面的比较。

4. 比较落脚点的思考

对中国传统体育养生和西方现代体育健身的沟通历史和现状进行考察，对其中反映出来的关键问题进行分析。同时，对二者在当代社会结合共存的必要性进行思考，具体涉及西方对中国传统体育养生的认知历史和态度、中国对西方现代体育健身的认知历史和态度、中国传统体育养生的科学化反思、当代医学环境对二者结合提供的有利条件、二者结合发展的现实必要性等内容。

三、研究方法

（一）文献资料法

本研究比较的对象是中国传统体育养生和西方现代体育健身，文献的考察主要包括两大类：①基础知识文献，涉及传统养生文献、古气功文献、武术文献、中外体育史文献等史学资料；中西方文化学、中西方哲学等文化哲学资料；中国传统医学、西方医学、西方运动医学等医学资料；比较哲学、比较文化学等比较学相关文献。这一类文献主要为著作类文献，主要获取来源为中国国家图书馆、湖北省图书馆、武汉体育学院图书馆、华中科技大学图书馆等，另有部分著作通过自购形式获取。②相关研究文献，主要涉及与本研究相关的研究成果，具体包括中国传统体育养生的相关研究文献、西方现代体育健身的相关研究文献、中国传统体育养生与西方现代体育健身比较研究的相关文献。这类文献主要为期刊论文和学位论文，主要获取来源为国内外相关数据库，包括中国知网和 Web of Science 数据库检索平台等。通过对文献的分析，对当前相关研究中的问题进行提炼与总结，对中国传统体育养生和西方现代体育健身的历史发展进行详细梳理，对相关比较内容进行系统归纳。

（二）专家访谈法

本研究存在对大量基础性知识的重新阐释，具体涉及基础概念辨析，比较逻辑框架的建构，相关技术的系统归纳、技术原理的分析等。通过专家访谈的形式，对于这些学科基础知识进行严谨周密的归纳与总结，以保证知识阐述的准确性与严密性及研究逻辑框架的合理性。

（三）历史分析法

本研究以历史文献分析为基础，对于中国传统体育养生与西方现代体育健身的历史发展与演变，二者的历史阶段性表现形态及其发展规律，二者沟通的历史与现状等问题，都需要通过历史视角进行研究。

（四）比较研究法

比较研究法是本研究的主要研究方法，奠定了本研究的理论和方法基础，贯穿本研究逻辑建构之中。具体来讲，所谓比较研究法即"把两种或两种以上事物放在一起，辨别异同，认识本质，揭示规律的思维方法"[1]，这种方法的特殊性在于"只有通过比较，人类才能感知到自身的存在性，这种比较仅仅是为了解决人和事物的类的认同和相对差异性的工具，但是它构成了人认识世界的基本方法依据"[2]。

比较研究法按照不同的内容与方法可以分为异中求同与同中求异、横向比较与纵向比较、定性比较与定量比较、宏观比较与微观比较等多组具体比较方法，根据本研究的比较内容，以下3组比较方法为主要比较方法。

1. 宏观比较与微观比较相结合

本研究涉及对中国传统体育养生和西方现代体育健身的历史发展特征的宏观比较，以此为基础，也对二者在运动目标（根本目标、操作目标）、运动方法（方法构成、运动负荷、运动时空）、技术原理（调身原理、调息原理、调心原理）3个方面的8项内容进行微观比较。

2. 纵向比较与横向比较相结合

本研究通过对中国传统体育养生和西方现代体育健身的历史发展分别进行纵向比较，

---

[1] 韩淑艳.洛克与颜元体育思想比较研究[M].北京：科学出版社，2015：3.
[2] 陈跃红，邹赞.跨文化研究范式与作为现代学术方法的"比较"：北京大学博士生导师陈跃红教授访谈[J].社会科学家，2010（11）：3-7.

揭示其发展规律。同时,对二者在历史、目标、方法、原理等方面的比较则属于"横向比较"。

3. 同中求异与异中求同相结合

本研究在合理的比较基础上,在比较内容上同中求异。同时,也在身体运动形式和技术原理的差异性研究中,探求其基于共同的身体锻炼模式而产生的相似性身体效果——异中求同。

四、研究创新点

(一) 开展了较为精准的历史知识考察

本研究基于对中西方相关文献进行广泛考察,将中国传统体育养生的历史发展限定在身体锻炼的范畴之内进行考察,避免包含养生史与宗教史的宽泛性考察模式,由此更加凸显其医学地位的重要性、传承发展的系统性以及方法构成的进程性;将西方现代体育健身的历史同样限定在身体锻炼的范畴之内进行考察,以此避免以西方体育史或西方竞技体育史代替之的偏差性考察模式,凸显其方法构成的发展进程、功能旨向的社会化发展以及运动医学的重要转变等。以上历史知识的重新梳理都将帮助我们更精准、具体地了解中西方两种典型的身体锻炼形式的发展进程,一定程度上确保了比较的准确性。

(二) 建构了较为系统的比较逻辑框架

本研究在对中西方的体育健身活动进行全面考察的基础上,对中国传统体育养生与西方现代体育健身在各自文化背景中的身份进行定位,认为二者分别代表了中西方体育健身的典型形式,并以跨文化研究范式为理论支撑,对比较基础、比较对象和比较内容进行了有针对性且合乎逻辑性的定位,建构了针对本研究课题的较为系统的比较逻辑框架。

(三) 形成了基于问题的系统化比较思路

本研究对以往研究中所涉及的比较内容进行了合乎逻辑的分类与整合,在此基础之上,从具体问题出发,将与之相关的基础性问题作为展开比较的具体内容,具体涉及运动的目标(根本目标和操作目标)、运动的方法(方法构成、运动负荷、运动时空)、运动遵循的具体技术原理(调身技术原理、调息技术原理、调心技术原理)三大类问题,由此形成了以身体锻炼为基础、以目标-方法-原理为内在逻辑关联的系统化比较思路。

第二章
中国传统体育养生与西方现代体育健身的历史溯源

从古到今，在健康的一致需求下，中西方在保养生命方面都做了诸多的探索与研究，形成了各自的养生法，内容涉及运动、饮食、作息、情志等各个方面。在这一共同的养生理念之下，中西方都意识到运动对保持人体健康的作用，并且在锻炼身体的方式上也存在很多相同之处，但是从文化发展模式和方向上来看，中西方在体育健身方面呈现出两种风格迥异的形态，这两种体育健身形式分别代表了中西方体育健身的两种典型形式。本章将对中国传统体育养生和西方现代体育健身的历史发展进行溯源，并试图在此基础上对二者的历史发展特征进行宏观比较，为后文的微观具体比较奠定基础和指引方向。

第一节　中国传统体育养生的历史溯源

一、先秦时期的中国传统体育养生

（一）中国古人的生存经验

关于中国古代通过身体活动减缓病痛的记载，学界普遍引用的是《吕氏春秋·古乐篇》中所录："昔陶唐氏之始，阴多滞伏而湛积，水道壅塞，不行其原，民气郁阏而滞著，筋骨瑟缩不达，故作为舞以宣导之。"[1] 唐代的《教坊记》有录："昔阴康氏之王也，元气肇分，灾沴未弭，水有襄陵之变，人多臃肿之疾，思所以通利关节，于是制舞。"[2] 宋代的《路史·前记》则录："阴康氏之时，水渎不疏，江不行其源，阴凝而易闷。人既郁于内，腠理滞著而多重腿，得所以利其关节者，乃制为之舞，教人引舞以利导之，是

---

[1] 许维遹. 吕氏春秋集释 [M]. 北京：中华书局，2016：100.
[2] 崔令钦. 教坊记笺订 [M]. 北京：中华书局，1964：8.

谓大舞。"① 不难发现，这些表述基本一致，其中展示的是中国古代时期因为气候多潮湿，导致先民们湿气凝滞体内，身体坠重，关节活动不便，基于此，先民通过舞蹈活动身体，通利关节。根据这一描述，表明先民的这一行为具有明显的自觉性，即他们首先知晓了"作舞"可以通利关节，然后才有了"制舞"的观念和行为。而他们是如何知晓的呢？这涉及中国传统体育养生的起源问题。

目前关于中国传统体育养生的起源，有两种主要的观念：一种认为是由人类日常生活中所获知的经验和感受中总结而来的；另一种认为是由原始的舞蹈更确切说是巫舞演变而来的。《黄帝内经》中《素问·异法方宜论篇》给出了一种解释，其中明确指出生长于不同地区的人，由于其生活环境和饮食习惯的不同，导致其所易得的病症也不相同，由此各地流行的治病方法也不一致。本研究所述之中国传统体育养生方法，其最早形态及主要内容即传统的导引术有其产生的独特地理背景：

中央者，其地平以湿，天地所以生万物也众。其民食杂而不劳，故其病多痿厥寒热，其治宜导引按蹻，故导引按蹻者，亦从中央出也②。

事实上，前文引述文献中所提及的"陶唐氏""阴康氏"时期，都提到其地"水道壅塞""水渎不疏"使其民"腠理滞著""筋骨瑟缩"的现象。因此，导引术是一种产生于特殊地理气候环境的有针对性的治疗疾患的方法，它首先是人们在对抗疾病过程中的经验总结，在此基础上，这种不自觉的身体活动变成了有目的性、有规划性的行为，人们开始有意识地借用甚至创编舞蹈进行锻炼。同时，随着人们对于呼吸和心理调节的认识逐渐加深，导引术在方法上也日益完善和体系化。基于先民对于健康长寿的需求，最终形成了具有中华民族特色的融合多种文化色彩的中国传统体育养生文化。

（二）普遍的养生关注

"死是最重要的生命现象。对于人类说，由于二者实际存在的紧张关系不断产生痛苦、悲哀和焦虑，所以宗教对之要作出回应，哲学不能回避，科学也一直在探讨。生死问题是一直困扰着人类心智的那些最古老的问题之一。"③如何延缓衰老和对抗死亡是古往今来任何民族都在思考并且不断求索的问题，特别在古代恶劣的生存条件下，人类的寿命普遍很短，人们对于长寿就显得更加迫切。在先秦时期，由于人们对于导引术在促进健康方面的价值认知，不管是治疗疾患的医家，还是其他宗教哲学的思想流派，都对这一古老的身体锻炼方法有所关注甚至进行了亲身的实践。

---

①转引自李亚莉. 原始巫术与导引养生 [J]. 体育文化导刊, 2008, 69 (3)：105-106.
②张仲景, 吴鞠通. 中医四部经典 [M]. 太原：山西科学技术出版社, 2017：33-34.
③金正耀. 道教与科学 [M]. 北京：中国社会科学出版社, 1991：75.

1. 医家对传统导引术的认知与《黄帝内经》

医学对于传统导引术的认知是最直接也最迫切的。现有的很多研究已经向我们展示了先秦时期的医学对于传统导引术的关注，如《史记》扁鹊仓公列传中，太子的属官中庶子曾与扁鹊论述上古之时的医疗方法，涉及汤液醴洒、镵石挢引、案扤毒熨等，其中的挢引即按跷导引[①]。

《黄帝内经》是我国现存成书最早的医学典籍，分为《灵枢》和《素问》两部分。其以阴阳五行学说为主要理论依据，包括天文、地理、季节、气候、人体等内容，涉及人体的生理学、病理学、诊断学、治疗原则、药物学等多个医学范畴，是传统中医对于人体生命形态以及对其进行保养的基本认知，它奠定了中医理论的基础，其中关于人体的"精气神学说""经络学说""藏象学说"以及砭石、药物、灸焫、针刺、导引按跷、祝由等治疗保健方法，也成为后世中医发展的基础及养生文化的基石。

从整体上讲，《黄帝内经》是一部以先秦道家思想为基础，在中国传统阴阳五行哲学的理论框架下建构的医学体系，其直接引入气与阴阳五行的学说作为其认识人与自然的关系、人体生命体建构与运行模式、疾病的产生及其治疗原则等诸多问题的基本理论依据。气是中国传统哲学的基本范畴，被认为是组成自然万物的基本元素，气也用来表达事物发展的动力与形态。阴阳五行是中国传统哲学的基本范畴，是中国古人对于自然万物发展客观规律的总结，并被演绎到中国文化的各个领域，对中国文化具有形而上学的统领性意义。在这些基本哲学范畴的背后，"天人合一"的整体观念代表了中国古人认识论的基本思维方式，正是在这一观念的指导下，人与自然、人体自身都遵循着阴阳的相互消长、五行的相生相克原理，在一个内部互有关联的整体框架下按照既定的规律运行。

关于人体生命机体的构成，《黄帝内经》认为，人体是由精气所构成，精气是构成宇宙万物的基本元素。精气处于不断运动之中，精气的运动需要"气机"的推动，"气机"的运动有升、降、聚、散几种形式，升与降、聚与散之间相互对立，相互平衡，从而实现宇宙万物的孕育发生、衰败与消亡。血生于精，为人体重要的营养物质。人体内分布有经络，经络将人体的五脏六腑、四肢百骸沟通成一个整体，气血沿经络运行。身体有营卫之气，营气又叫荣气，可以化生血液并推动血液沿经络运行，营养周身，保证脏腑功能的完善以及四肢百骸的营养供应；卫气行于皮肤腠理之间，帮助机体抵御外邪入侵。而人体之所以会产生疾病，是因为气血不足或经脉不畅，导致荣卫不畅，气血不能正常地濡养脏腑，身体各方面功能不能正常运行，外邪入侵，最终导致机体阴阳失衡。因此，培养精血和疏通经络是保证人体健康的关键，而导引行气则是理气血、调经络的有效手段，通过肢体的活动，可以帮助经络畅通，通过有意识地呼吸锻炼，也帮助气息在经络内畅通运行。同时，这一过程还可以帮助培养内气，保精养血。这一认知也成为中国传

[①] 司马迁. 史记[M]. 北京：中华书局，2014：3372.

统体育养生的理论基础。

除了对于人体生命机体运行的基本认知,《黄帝内经》还对如何养生进行了全面的阐释。首先,其提出了预防医学的思想,"是故圣人不治已病,治未病,不治已乱,治未乱"①,认为通过各种方法在疾病产生之前就将其遏止,同时改善日常生活习惯,从源头上杜绝疾病的入侵,强调了养生的重要性。其次,在具体的养生原则上,其提出"法于阴阳,和于术数"②的主张,具体来讲,即遵循阴阳五行之规律和"天人合一"的理念,顺应自然发展的规律,天人相应,顺应四时,按照人体与自然环境的关系以及人体自身的机体特征安排自己的生活起居、衣食住行各个方面,讲求适中和节制,这也构成了《黄帝内经》乃至中国传统养生学的根本性原则。再次,在保养形体的同时,也提出"调和情志"的重要性,其指出"恬淡虚无,真气从之,病安从来。志闲而少欲,心安而不惧"③,"喜怒伤气,寒暑伤形;暴怒伤阴,暴喜伤阳"④,强调减少欲望,避免大喜大悲及其他各种极端情绪对身体的伤害。在中华民族漫长的历史长河中,这些内容一直是中国人进行身体保养的基本思路,同时也构成了养生学的主要指导思想。

2. 神仙家对长生的理想追求及其方法探索

先秦时期,出现了一个信仰神仙、追求长生的群体——神仙家或方仙道,这一群体包含巫师和思想家。对于巫术的信仰在很多民族的远古时代都存在,甚至一直到今天,在中国的很多地区仍信奉于此。而古人对于神仙的信仰主要表现在其寻仙的行为以及对于长生修炼的实践。关于寻仙,《史记·封禅书》上即有相关记载。《史记·秦始皇本纪》也记载,秦始皇封帝的第二年,他就东巡封泰山、禅梁父,"遣徐市发童男女数千人,入海求神仙"⑤。

很显然,这种试图通过寻找海上仙人以求得到不死之药的做法,带有浓厚的原始宗教色彩,其结果自然是求之而不得。但是,这一群体在为帝王访求仙人的同时,也在自主地进行修仙实践,内容包括导引、行气、服饵、辟谷、巫祝等多种手段。《庄子·刻意》中所描述的导引之士所实行的养生延年之术即为一种。由此可见,先秦时期的方仙道在追求长生的过程中创造了多种手段,除去寻访仙人的行为,其他实践手段如导引、行气、服饵、辟谷等,其中的导引、行气等手段在医学上也常常被用来治疗疾病,被后世神仙家和养生家沿袭而用,并且不断得到补充和完善,成为中国传统体育养生的主要内容。

3. 其他诸子各家对养生的认知

除了以上所描述的医家和神仙家对于导引养生术的直接关注和实践,先秦的其他诸

---

①张仲景,吴鞠通. 中医四部经典 [M].太原:山西科学技术出版社,2017:10.
②同①6.
③同①6.
④同①17.
⑤司马迁. 史记 [M]. 沈阳:万卷出版公司,2008:201.

子各家也对养生延命的问题有所关注,并且各有侧重,如道家的"抱神以静""虚无无为",儒家的"修德养气"、《吕氏春秋》中的"动以养形"等。同时,各家各派基于根本价值追求的不同,对养生的认识也各有不同。但是,在不同之中,也存在相同之处,如都认为养生必须养精保气,必须重视精神的修炼,且应该遵循自然四时的节律,合理饮食等。这些相同之处是基于当时社会上对于人体生命存在形态及其发展规律的共同认知,这一规律在《黄帝内经》中有系统的阐释。

需要指出的是,以上关于诸子各家的养生思想的描述很多只涉及养生的基本观念,而并非直接触及导引养生术。同时,很多关于修身养性的方法,尽管其在基本观念甚至方法形态上与导引术有类似之处,但若将这一类宗教哲学的修身养性行为列入以健康为根本目的的中国传统体育养生的范畴则有失偏颇。

总结来讲,先秦医家和神仙家的导引之术具有明确的养生目的,这也构成了中国传统体育养生发展的主体内容。而魏晋以后出现的道教直接来源于方仙道群体,继承了神仙家的长生目标,因此其在养生方法上也以先秦神仙家的实践为基础,对传统体育养生的方法和理论都有所补充和深化。而先秦时期儒道两家一直推崇的修身养性的行为,以及后世出现的佛教的修心方法,更多的是一种精神修炼行为,它在一定程度上具有养生的功效,因此其某些修炼行为和观念也对中国传统体育养生进行了一定的技术补充和文化延展。广义上讲,这些构成了中国传统体育养生的主要技术内容与文化来源。

二、两汉至五代时期的中国传统体育养生

先秦时期,关于导引的论述以及其方法性的介绍并不丰富,《黄帝内经》中关于导引的理论性描述奠定了后世导引术发展的基础。两汉以后相关记载逐渐丰富,从两汉至隋唐五代这一时期,关于中国传统体育养生的重要文献有:西汉张家山墓出土的《引书》、西汉马王堆墓出土的《导引图》;晋陶弘景的《养性延命录》、葛洪的《抱朴子》、许逊的《灵剑子》;隋巢元方的《诸病源候论》;唐孙思邈的《千金翼方》、司马承祯的《服气精义论》,另有收编于北宋张君房主编的《云笈七签》,隋唐时期的道教导引术集《太清导引养生经》[1]等。这些文献代表了这一时期中国传统导引术的发展面貌与成就,其均为医、道(教)两家著书,且在很多方法和理论上互相引征、互有借鉴与融合。值得指出的是,由于《黄帝内经》本尊道,东汉时期,以长生为根本目标的道教产生并逐渐发展壮大,由于共同的养生需求,医、道(教)两家在养生宗旨和方法上互有契合,此时包括葛洪、陶弘景、孙思邈在内的修道之人都精通医术,且将导引术作为养生的重要手段。

概括来说,这一时期中国传统体育养生的发展具有如下三个显著的特点:第一,医、

---

[1]魏燕利.道教导引术研究[M].上海:上海三联书店,2018:94.

道（教）两家都自觉地对传统导引术进行了专门且系统的归纳，同时，导引术在医学上的地位逐渐提升，在隋唐时发展成为专门的医学门类；第二，理论逐渐丰富与深入，除了奠基于传统医学基础之上的理论分析逐步系统化，道教内养术的发展也为传统导引术的发展进行了理论补充与深化；第三，导引术方法逐渐成熟与成形，随着各种功法的不断丰富，其在具体方法的呈现形式上逐渐成熟且完善。这些都为后世导引术的发展奠定了基础，影响深远。

（一）系统化归纳与专门化发展

1973年长沙马王堆三号汉墓出土的《导引图》和1984年湖北江陵张家山西汉墓中出土的《引书》是研究西汉时期导引术发展的重要史料。《引书》书于竹简之上，尽管只有三千多字，却是一部自觉的有规划的专论导引术的书籍，其内容包括三个部分：四季养生之道、各类导引术势的名称及其具体操作方法、疾病的发生与预防及其导引治疗方法，体系完整严密，尤其对65个导引术的动作要领有比较详细的描述，同时采用"一病一例"的方式，更有针对性地阐述导引术势在治疗疾病方面的作用。相较起来，《导引图》为一幅彩色帛画，帛画前段为《却谷食气》与《阴阳十一脉灸经》，《导引图》在其后，图中绘有44个形态不一的导引术势，很多动作旁边都有标注，说明其医疗作用和动作名称，这幅图代表了制作者有意识地将导引术势进行综合性汇总，也反映出此时导引术势的多样化特征。

此外，另有一些养生家也编著了一些导引专集，据有关资料证明，齐梁道士陶弘景是我国历史上第一个收集有关导引资料并编辑为专集的作者[①]。他精通养生之道和医术，认为养性才能延命，对儒、释、道、医各家学说均有钻研，编撰有《养性延命录》，其中的《服气疗病法》与《导引按摩篇》收集了这一时期导引术的主要成就，介绍了不少成套的功法，包括华佗"五禽戏"、坐式"八段锦"、"六字诀吐纳法"等，另著有《服气导引》和《导引养生图》，均已遗失。

隋唐时期，导引术已经发展成中医的一门分支学科，隋朝设太医署，下设按摩科，唐承隋制，并扩大按摩科规模，导引术在医学中开始独立化。《诸病源候论》是这一时期导引术在医学发展上的集大成之作，由隋朝太医巢元方主持编撰，此书是中国首部集中讨论疾病的病源和症候的专著，其最大的特点在于，"它创造性地总结了隋以前上述诸方面的宝贵经验，基本未涉及方药和其他治疗，但对导引养生则作了辨候施功的辑录整理，系统地总结了隋以前气功临床运用的经验，不仅内容丰富，而且也是现存成书最早的气功临床医学经典著作"[②]。具体来讲，全书共载导引289条，分别用于110种病候，很多病症都是一症多种导引法。此书收录了很多现已遗失的《养生方导引法》《养生方》《养

[①] 林中鹏.中华气功学［M］.北京：北京体育学院出版社，1988：113.
[②] 赵邦柱.古代气功治病：诸病源候论导引新论［M］.贵阳：贵州人民出版社，1990：前言.

生方真诠》《无生经》中所载的导引方法，而唐代以后的《备急千金要方》和《外台秘要》中的导引法也基本取自《诸病源候论》，因此此书具有了承上启下的作用，在导引术发展历史上具有重要的地位。

事实上，这一时期还有一些导引资料的收集汇编，如前文提及的司马承祯《服气精义论》《太清导引养生经》等，在此不一一列举。总结来讲，从西汉时期《引书》的理论归纳和动作描述以及马王堆《导引图》中的术势集合图，到陶弘景对导引资料的收集和编辑，直至隋朝时，导引术列入按摩科成为独立的医学门类，由官方编纂的《诸病源候论》结合具体病症对当时流行的导引术所做的系统性总结，这一过程向我们展示了中国传统体育养生在理论与实践上的系统化与专门化发展过程，也从一个侧面反映出导引术在帮助人们保养身体和治疗疾病方面逐渐占有重要的地位。

（二）理论的丰富与深化

这一时期出现的导引养生著述，很多侧重于导引技法，关注具体的操作层面，而对于导引养生的具体理论则相对较少，只是偶尔提及，大多不成系统。尽管如此，通过纵向的历史性考察发现，从西汉到隋唐五代时期，关于传统体育养生的理论研究也呈现出逐渐丰富且系统化的发展态势。横向来讲，这些理论基本以传统医学为基础，延续了先秦时期《吕氏春秋》和《黄帝内经》中关于导引的理论认识，与此同时，逐步发展壮大的道教内养理论也对传统体育养生的理论进行了补充与深化。

1. 传统医学导引理论的延续与系统化发展

两汉以来的医家延续先秦时期医学对导引术的重视和理论基础，对导引术的理论总结较之先秦时期更加丰富具体，由此使导引理论的发展逐渐系统化。

华佗是三国时期的名医，相传其为传统导引术"五禽戏"的创编者，他指出："人体欲得劳动，但不当使极耳。动摇则谷气得消，血脉流通，譬犹户枢不朽是也。是以古之仙者为导引之事，熊颈鸱顾，引挽腰体，动诸关节，以求难老。吾有一术，名五禽之戏，一曰虎，二曰鹿，三曰熊，四曰猿，五曰鸟，亦以除疾，并利蹄足，以当导引。体中不快，起作一禽之戏，沾濡汗出，因上著粉，身体轻便，腹中欲食。[①]"他传达了身体导引运动有助于消化食物、疏通经络、畅通血气的作用，同时强调了适度运动的重要性。

葛洪是晋朝时期道教的代表人物，精通医术，著述颇丰，包括道教专著《抱朴子内外篇》以及医学专著《金匮药方》《肘后备急方》。其人笃信神仙长生之术，一生专注于炼丹之术，除服食金丹之外，葛洪提出的长生方法还涉及导引行气、房中术等，认为"服药虽为长生之术，若能兼行气者，其益甚速。若不能得药，但行气而尽其理者，亦得数百岁"。其对行气的方法、时辰及其饮食要求都有严格的规定，视为日常养生之法。另

[①] 陈寿. 三国志 [M]. 裴松之, 注. 上海：上海古籍出版社，2016：715.

外，对于导引之法，他认为不必拘于形式和时间，身体如有不通之感即可行之，且必须配合闭气并引导气息冲破身体闭塞不通之处。

孙思邈是唐代著名医学家、养生家，其主要著作有《备急千金要方》《千金翼方》《摄养枕中方》，特别重视导引行气之法，创编和整理了很多导引养生法，其在《备急千金要方》中有言："养性之道，常欲小劳，但莫大疲及强所不能堪耳。且流水不腐，户枢不蠹，以其运动故也。"① 其中特别强调了运动量必须适宜的重要性。

除了以上各导引理论，隋唐时期还出现了较为系统化的导引理论论述，代表为录于北宋《云笈七签》中经考证创编于隋唐时期的"玄鉴导引法"以及唐代司马承祯《服气精义论》中的"导引论"篇。

关于"玄鉴导引法"的导引理论，魏燕利做了具体的分析，引述其下：

> 诸多导引法往往只注重具体导引技法的载录，对导引理论往往轻描淡写，而玄鉴导引法在十三节导引前却有一大段导引理论的记述。其内容可归结为四个方面。首先，关于导引的原理，……"道以为流水不腐，户枢不蠹，以其劳动故也。若夫绝坑停水，则秽臭滋积；委木在野，则虫蝎太半"。……其次，关于导引的作用，……"导引秘经，千有余条，或以逆却未生之众病，或以攻治已结之笃疾"。……"一则以调营卫，二则以消水谷，三则排却风疾，四则以长进血炁"。……再次，关于导引治病的作用原理，……"导引于外，而病愈于内，亦如针灸攻其荥俞之源，而众患自除于流末也"。……最后，关于导引的注意事项，……"导引之道，务于祥和，挽仰安徐，屈伸有节"②。

司马承祯是唐代著名养生家，精通医理，潜心修道，方法上主张服气、导引、符水、药物相结合，曾以"导引论"为篇名，以传统医学理论为基础，对导引术的理论依据、原理、练习方法、时间、运动量等方面做了系统性的总结，值得参考：

> 夫肢体关节，本资于动用，经脉荣卫，实理于宣通，今既闲居，乃无运役事，需导引以致和畅，户枢不蠹，其义信然……是知五劳之损，动静所谓，摇动其关，然人之形体，上下相承，气之源流，升降有序。比日见诸导引文，多无次第，令所法者，实有宗旨。其五体平和者，依常数为之，若一处有偏疾者，则于其处加数用力行之③。

2. 道教对中国传统体育养生的理论贡献

道教产生于东汉时期，是从先秦时期的神仙家演化而来的中国本土宗教，以追求长生不死为根本目标，其信仰和实践主体以方仙道阶层为主，实践方式为各种长生之术，

---

① 孙思邈. 四库全书·第七三五册·备急千金要方 [M]. 上海：上海古籍出版社，1989：831.
② 魏燕利. 道教导引术研究 [M]. 上海：上海三联书店，2018：151.
③ 方春阳. 中国气功大成 [M]. 长春：吉林科学技术出版社，1989：169.

包括导引、行气、存思、辟谷、服饵、巫祝等。魏晋时期，由于方士乃至帝王对于长生术的不懈追求，在先秦时已存在的炼丹术此时在技术上已经很成熟，当时社会上多有笃信且实践之人，包括很多帝王。晋代道教代表人物葛洪认为服食金丹是长生之根本，但饵金丹只是长生之术之一种，想要保养身体，其他方法也应该兼而行之，其中，导引行气就是道教养生的重要方法。唐代以后，由于很多人服用金丹致死，这一方术逐渐隐退，一种注重内在精、气、神修炼的内丹术逐渐兴起，与之相对应，以往的金丹之术被称为"外丹术"。在道教发展过程中，这一时期出现了很多理论和实践成果，在很大程度上推动了中国传统体育养生的发展。

具体来讲，除了前文中提及的，这一时期道教对传统导引术的贡献在于：其一，《周易参同契》发展了人体精气神炼养理论，为内丹术的发展提供了理论依据；其二，《黄庭经》发展了人体"内景"理论、创立了"三丹田说"，是对秦汉医学关于人身的整体思维和学说的充实①，对传统医学关于人体构造的认知进行了重要的补充，并且直接对后世医学形成了重要影响；其三，内丹术为传统身心炼养提供了一种特别的思路与方法，提出了"炼养先天之气，由后天返先天""顺则死、逆则生""性命双修"等重要的理论命题，与一般性导引养生术有所区别，甚至在某些方面是一种逆向思维，成为后世导引养生的重要参照，特别是内家拳很大程度上沿用了内丹术理论来阐述其养生思想，影响深远。与之相伴随的是，在此基础上补充深化了内观、存思、服气与积精等方法，推动了传统导引术更加重视内在呼吸与意念控制对养生与疾病治疗的作用，构成了中国传统体育养生的重要特质。

(三) 方法的丰富与成熟

与理论上的逐步系统化与深化相比，导引术在具体方法上延续着从先秦就存在的导引、吐纳、按摩、行气、守一等涉及肢体、呼吸和意念的锻炼方法，事实上，这些方法并不能完全脱离开来，在一个术势中往往是兼而有之的，因而三者也常常被纳入广义导引的范畴。这一时期，人们对这些基本方法的运用更加普遍，同时对其疗疾和保养方面的认识和实践更加丰富化和深化，一方面表现在大量的导引功法的出现以及道教内养方法的逐步深化，另一方面表现在导引术的呈现形式更加体系化与完善化。

1. 方法的逐步丰富

(1) 导引方法的逐步丰富

此处取狭义导引之意，主指以肢体动作为主的导引行为。早期的导引术势很多都为仿生类的体势，如熊经、鸟伸、龙导、虎引、猿据等，其他以动作命名的仿生动作也很

---

①金正耀. 道教与科学 [M]. 北京：中国社会科学出版社，1991：142.

多，以《引书》为例，"在六十五种术式中，仿生术式约占四分之一"①。动作涉及头、身、四肢等全身各处的肢体活动；在肢体形态上，有站式、坐式、跪式、卧式多种形式；在方法上，有徒手和器械两类，其中所涉及的器械包括仗、绳、板、柱等。导引的很多动作都配合有相应的呼吸方法。

（2）按摩方法的逐步丰富

按摩分为自我按摩和他人按摩两种，传统的自我按摩往往也被称之为导引。《引书》中首先即提及了一套足部按摩运动，其中就包括类似于按摩的"摩胫"②"摩足跗"③等自我按摩的动作，《导引图》中也有捶背、抚胸、按压等按摩动作④。隋代《诸病源候论》中附有大量的导引按摩法，唐代孙思邈的《备急千金要方》中更是介绍了婆罗门按摩法和老子按摩法，《太清导引养生经》中的赤松子导引法、宁先生导引法、彭祖导引法、王子乔导引法等方法都包含大量的自我按摩方法，隋唐时期太医署所设四个医学门类的其中一门即是"按摩科"，教授学生导引之法以除疾，损伤折跌者正之。具体来讲，这一时期的按摩方法已经涉及人体各个部位的动作，如梳头、叩齿、啄齿、摩头项、按鼻、摩面、捋耳、摩肩、摩掌、摩指、覆手、按髀、震脚等，很多肢体动作本身就有按摩身体的功效，因此按摩法往往与肢体动作相配合，很多地方也有呼吸上的要求。

（3）呼吸方法的逐步丰富

呼吸锻炼的方法也属于广义导引的一个部分。一般来讲，这一时期的呼吸方法包括闭气、服气、吐纳、行气等多种以意念引导气息在体内行走，通过呼吸调节促进健康的方法。这些方法也各有其用途，如《引书》中所述的在不同季节采用不同的呼吸模式以及六字诀中的六种呼吸方法，其目的是通过特定的呼吸疏导内脏之气。又如，行气的主要目的有两种：一为疗疾，一为保养。在疗疾方面，普遍的行气法往往通过引导气息运行至身体有疾患之处，通过闭气的方法疏散不通之气，从而达到疗疾的作用，这类方法在医家和道教中都广泛被运用；在保养方面，一方面通过引导气息周身运行，打通各处经络，另一方面通过特定的意念与呼吸的配合，炼养体内精、气、神，这类方法在道教炼养术中比较普遍，如存想行气等。

2. 呈现形式的逐步成熟

（1）叙述体式的成熟：保养与疗疾的双重关注

通过对这一时期的导引养生专著的分析，我们发现，这些文献在叙述体式上大多包

---

①高大伦. 张家山汉简《引书》研究 [M]. 成都：巴蜀书社，1995：13.
②注释：用足摩擦小腿内外侧。
③注释：按摩足背。
④严隽陶. 推拿学 [M]. 北京：中国中医药出版社，2009：4.

括涉及日常保养的保养类导引和针对具体病症的疗疾类导引方法两大部分。以《引书》为例，一共论述了65个导引术势，其中大部分为专门针对某种疾病的治疗方法，另有一部分为并不针对具体病症的保健类术势，只是泛泛指出其利于身体某个部位的健康①。《导引图》中也有很多动作旁标注有其所治病症。此后陶弘景的《养性延命录》中则有《服气疗病篇》和《导引按摩篇》两篇，专门论述服气和导引，其中"既有全身性的防病、导引法，也有保持眼、耳、齿、面等身体局部的导引按摩法，还有治疗上下肢劳气、冷痹等的肢体导引法以及去除某些身体不适的具体方法"②。另《太清导引养生经》中所载赤松子导引法也包括保养类的术势如"引筋骨""引心腹""引肩中"和疗疾类的术势如"引胀气""引除脚气"等；宁先生导引法中9种术势则包括"令发白不黑""令人目明"等保养类的术势和"治鼻宿息肉愈""愈耳聋目眩""愈胸中痛咳"等疗疾类的术势。这种叙述模式是中国传统医学防治并重、防大于治的养生理念在传导引术发展中的具体表现，后世的导引养生专著中大多采用此例，而事实上，很多导引方法本就兼有保养和疗疾的双重功效。

(2) 处方体式的成熟：从"一病一例"到"一病多例"

在专门疗疾类导引术势中，《引书》最先采用了"一病一例"的导引处方模式，另有一种病症同时用几种导引术综合治疗③，其中，"导引能治的病症至少有四十四种之多，用今天的分科方法可分为六类"④。此后，除了陶弘景《养性延命录》等养生类专集，《太清导引养生经》中所载的王子乔导引法中所记载34节导引法，几乎每节都与一定疾病相对应⑤。将"一病一例"发挥到极致的当属隋朝的《诸病源候论》。根据赵邦柱的研究，"从全书运用导引治疗的一百一十个病候看，病候不同，则功法不同，各候使用的功法重复很少，有的一候中供在不同情况选用的功法达十四种之多"⑥。在病候上，此书涉及内科、外科、妇科、儿科、五官科等多类疾病；在具体方法的运用上，遵循"辩证施治"的原则，"按照各种病候不同的临床表现，弄清病症类型，以作为选择功法的依据，亦可选某法中的某节，或在某法中增加几节，或以数法'加减化裁'优化组合"⑦。

(3) 导引术势动作的成熟：从单势到套路化

早期的导引术势，从《庄子》中提到的"熊经鸟伸"，到《引书》和《导引图》中所列的术势动作，基本都为单势的动作，学界普遍认为东晋名医华佗所创的五禽戏是最

---

①高大伦. 张家山汉简《引书》研究 [M]. 成都：巴蜀书社，1995：10.
②魏燕利. 道教导引术研究 [M]. 上海：上海三联书店，2018：73-74.
③同①.
④同①19.
⑤魏燕利. 道教导引术研究 [M]. 上海：上海三联书店，2018：129.
⑥赵邦柱. 古代气功治病：诸病源候论导引新论 [M]. 贵阳：贵州人民出版社，1990：6.
⑦同⑥7.

早的导引套路，但华佗并未描述五禽戏的具体动作方法，现有的资料中，最早详细记载五禽戏的动作方法的是齐梁时期陶弘景的《养性延命录》①。学者高大伦则认为华佗"是在借鉴和总结了以前的各种仿生导引的基础上，加以改进成为'五禽戏'的。……'五禽戏'中的每一'禽'，都可以在他以前的仿生导引中找到相同或相近的种类"②。此外，这一时期还有很多以功法体系出现的术势集合，如同样在《养性延命录》中所录的六字诀，录于《太清导引养生经》中的赤松子导引法、宁先生导引法、彭祖导引法、王子乔导引法，录于《备急千金要方》中的天竺国按摩法、老子按摩法、玄鉴导引法，唐朝的钟离八段锦③，等等。这些术势都以法名，自成一个完整的体系，尽管在具体术势动作上并没有套路意义上的连续性，但是各有侧重，也代表了一种体系化的尝试。值得一提的是，唐朝的司马承祯在其《导引论》中所列导引法，此法"既有导引前的准备活动，也有导引结束时的收功要求，可谓首尾完整；其所列17式导引方法也非随意地拼合，而是从头至足次第有序"④。在具体内容方面，其先列预备式："先解发，三梳四际……闭目思神，叩齿三百六十过"；其次是17个首尾相连的术势："先闭气、以两手五指交叉，……次覆伸手，仰掌竖指，……次贴膝坐，以两手托腰向前，……次交胫平坐，从膝向里伸胫出外，……次长舒两脚，令并竖指，以两手各攀其指，举头用力为之。三度。"最后是收势："导引毕，平坐纵体，摩两手掌令温，乘额向上三九过。……待气息调平坐，服气如法。"⑤这套导引法较之由多种仿生术势集合而成的五禽戏，在实践过程中更加具有连续性，已经具备较明晰的套路化形式了。

总结来讲，从两汉到隋唐五代的这一时期，导引术逐步发展和成熟，并且在理论与实践方面的成果基本奠定了后世导引术发展的基础。具体来讲，其在医学上奠定了导引方法的独立性地位，在医学原理的总结归纳上也逐步系统与完善，后世导引理论基本延续这一思路。与此同时，道教的内炼方法尽管侧重于内在呼吸和意念的调节，但是其对精气神炼养理论的系统性分析、对人体结构的创造性认知与理论建构以及内丹术在养生理论上提出的别具一格的思路，都极大地补充和深化了传统导引术的理论建构。最重要的是，其在方法上的防治并重、运动处方、套路化的呈现形式，引领了后世导引术的发展。

三、宋元明清时期的中国传统体育养生

如果说隋唐五代以前是中国传统体育养生在理论和方法建构上的奠基与初步发展时

---

① 陶弘景. 养性延命录校注 [M]. 北京：中华书局，2014：180-181.
② 高大伦. 张家山汉简《引书》研究 [M]. 成都：巴蜀书社，1995：33-35.
③ 方春阳. 中国气功大成 [M]. 长春：吉林科学技术出版社，1989：247-248.
④ 魏燕利. 道教导引术研究 [M]. 上海：上海三联书店，2018：158.
⑤ 太清导引养生经·养性延命录 [M]. 北京：中国中医药出版社，1993：59-61.

期，宋元明清时期则是中国传统体育养生不断适应民间需求同时在大众应用领域的兴盛时期。宋元时期是中国商业发展逐步兴起、市民文化逐步繁荣的开始。此时，由于活字印刷术的发明以及造纸技术的改进，使各种书籍的印刷和广泛传播成为可能。从宋元到明清时期，出现了大量的导引养生典籍，并且在民间广泛传播，编创了很多适宜于一般大众习练的导引养生功法，世俗化是这一时期导引养生术发展的显著特点。宋元时期，道教内丹术发展进入全盛期，实践活动主要限于道教集团内部，但是其"性命双修"的理念与具体的内修方法也在文人群体中受到推崇、影响深远。明末清初之际，武术逐渐开始由关注外在技击转向注重内在养生，在这一过程中，传统导引术的养生理论与方法也直接被运用于武术，这一现象在武术史上往往被称为"武术与气功（或导引）的结合"，这种武术的养生取向使武术无论在功法训练还是拳术发展上都带有了明确的养生价值指向，它构成了中国武术区别于其他国家民族武技的根本特质，同时也使以太极拳为主的传统武术拳种成为中国传统体育养生的重要组成部分。

（一）医学对导引术的持续重视

导引术的产生与发展一直是与医学紧密相连的，从先秦时期一直到隋唐五代，导引术已经发展成医学的一个独立门类。宋元时期，"随着中医学的发展，医疗导引术在医疗实践中的地位有所下降"[①]，但事实上，导引术在医学领域的地位以及应用依然占据重要地位。具体来讲，宋元时期，导引按摩依然作为一个独立的医学门类，为中医十三科之一。北宋后期由官方组织全国名医编纂《圣济总录》，其中专列"导引""服气"两部，详细记载了历代的导引养生文献著作，其中对导引术的医学原理进行了描述："善摄生者，惟能审万物出入之道，适阴阳升降之理，安养神气，完固形体，使贼邪不得入，寒暑不能袭，此导引之大要也。"[②]在具体实践上，金元四大医家刘宗素、张子和、李东垣、朱丹溪都将导引用于临床医疗之中，并且根据各自医学理念的不同，在对导引的具体应用上也各有特色，如刘宗素在临床治疗上主张降心火、益肾水，人称"寒凉派"，在导引疗疾时主张用六字诀之法；张子和主张治病以祛邪为主，被称为"攻下派"，认为"导引、按摩，凡解表者，皆汗法也"[③]。李东垣人称"温补派"，重视补脾胃，提倡通过养气培补元气，扶正祛邪；朱丹溪人称"滋阴派"，主张静以养阴，指出"气滞痿厥寒热者，治以导引"[④]。另外，宋元时期的其他医家如张锐、蒲虔贯、邹铉等都在其著作中提到了导引养生方法，其中蒲虔贯在《保生要录》中提出了"小劳术"："养生者，形要小劳，无至大疲。故水流则清，欲血脉常行，如水之流。坐不欲至倦，行不欲至劳，频行不已，

---

①周伟良.中华民族传统体育概论高级教程[M].北京：高等教育出版社，2003：158.
②转引自周伟良.中华民族传统体育概论高级教程[M].北京：高等教育出版社，2003：138.
③张从正.传世藏书·子部·医部.儒门事亲[M].海口：海南国际新闻出版中心，1996：7703.
④朱丹溪.传世藏书·子部·医部·丹溪心法[M].海口：海南国际新闻出版中心，1996：7897.

然宜稍慢，即是小劳之术也。"① 再一次强调了行导引术应该适度的原则。

此外，明朝大医学家李时珍特别推崇宋朝道教内丹学代表人物张伯端的《八脉经》，并在此基础上撰写了医学史上具有重要意义的《奇经八脉考》一书，着重强调任督二脉的重要意义，沿用了很多内丹学术语，并指出"内景隧道，唯返观者能照察之②"。另著名的针灸学家杨继洲也指出了任督二脉对于人体生命的重要意义，重视通过冥想来疏通任督二脉之气③。这一方面体现了这一时期医学对于导引术的重视与深入发展，也从一个侧面反映出包括内丹术、内景返观等在内的道教内炼学说对于中国传统医学发展的重要影响，进一步丰富且深化了中国传统医学对于人体结构的认知，推动了中国传统体育养生的发展。

明清时期，医学领域对于导引术更加推崇。如明朝徐春圃所编的《古今医统大全》一百卷、医学家汪切庵的《勿药元诠》都对导引养生方法进行了大量的介绍，清朝陈梦雷等编写的《古今图书集成》大量记载了导引治疗方法。关于导引术的医疗作用，清朝的沈嘉澍在《养病庸言》中指出："导引之功，百倍于医药，不可不知，不可不上紧学。"④ 在具体应用方面，明朝的陈继儒在《养生肤语》中强调："虚病宜存想收敛，因秘心志，内守之功夫以补之；实病宜按摩导引，吸努陶摄，外发之功夫以散之；凡热病宜吐故纳新，口出鼻入以凉之；冷病宜存气闭息，用意生火以温之。"⑤

由此可见，尽管宋元以后医学产生了发展变化，但是医家对于导引术的重视却并没有减退，导引术在医学领域依然占有重要的地位，道教内炼方法，尤其是内丹学说的理论和方法建构，也进一步补充并深化了导引术在医学领域的应用。

（二）导引养生理论与方法的持续发展

1. 导引养生著述的大量汇编与理论完善

宋元时期出现了很多对前代导引养生著作的汇编，如蒲虔贯编著的《保生要录》、张君房编著的《云笈七签》、类书《太平御览·养生》、曾慥的《道枢》、陈直与邹铉的《寿亲养老新书》等。明清时期出现的导引养生书籍更是多于以往任何时期，其中有很多不仅限于对前代著作的汇编，有很多改编和创造，在此不一一列举，较有代表性的包括明代朱权的《活人心法》、冷谦的《修龄要旨》、胡文焕的《养生导引法》、龚廷元的《寿世保元》、高濂的《遵生八笺》、周履靖的《夷门广牍》和《赤凤髓》、曹士珩的《保生秘要》等。清代较有代表性的养生典籍包括徐文弼的《寿世真传》、曹廷栋的《老老恒

---

①邱丕相．中国传统体育养生学 [M]．北京：高学教育出版社，2007：39.
②李时珍．四库全书·第七七四册·奇经八脉考 [M]．上海：上海古籍出版社，1989：555.
③转引自林中鹏．中华气功学 [M]．北京：北京体育学院出版社，1988：156.
④同③.
⑤同③.

言》、潘蔚的《卫生要术》、无名氏的《服气却病图说》，等等。

总的来说，这些著作不但涉及导引方法，而且包含中国传统养生学所涉及的人们生活衣、食、住、行的各个方面，如宋代蒲虔贯编著的《保生要录》，即按衣、食、住、行分门别类专门论述，明代《活人心法》中也涉及导引法、保养精神、饮食补养等内容。这类养生类著述代表了中国传统养生学的重要发展成就，其中所述的养生理论为导引养生提供了更全面的理论支撑。事实上，从先秦时期开始，中国养生文化已经触及人们日常生活的各个方面，宋元明清时期各类养生著述的出现代表了对前代养生理论与方法的归纳与总结，对中国传统导引术的发展具有理论提升意义。

2. 导引养生方法的创编与完善

这一时期的导引和养生典籍中，出现了很多体系成熟的导引养生功法，套路逐渐完善，其中最著名的是八段锦和二十四气导引法，二者流传很广，影响深远，同时，两种功法分别代表了导引养生方法在形式上的完善。

（1）导引套路的完善——八段锦的创编

据国家体育总局健身气功管理中心编纂的健身气功通用教材《健身气功·八段锦》[1]中"功法源流"一节的论述，"八段锦"一词最早见于东晋葛洪《神仙传·栾巴传》，但仅有其名，未录功法，五代时期才有关于"钟离八段锦"的介绍，此法实为后世坐式八段锦的流行版本，动作以五言句的形式进行描述，内容涉及导引、吐纳、存想以及道教内养术等多种方法。两宋时期，立式八段锦也已出现，且逐渐发展成为以七言八句的歌诀形式进行流传，在士人和道人间传播。至明朝，立式和坐式八段锦已渐趋成熟完善，因其动作连贯，简单易记，在民间广泛传播，此时很多养生典籍中都收录有此功法，尽管名称各有不同，但内容基本一致。概括来讲，八段锦的创编发展过程是传统导引术套路逐步完善且适应大众需求的过程，其自成体系的功法动作以及与之相配套的口诀形式都代表了传统导引术套路已发展到成熟状态。

（2）体式的完善——陈希夷二十四气坐功图

中国传统养生以顺应自然为基本原则，早在《引书》中即记载了春、夏、秋、冬四个季节使用不同的呼吸方法进行养生，后在《养性延命录》中六字诀呼吸法也与四季五脏相对应，唐代胡愔在《黄帝内经五脏六腑补泻图》中则结合四季变化与五脏之间的关系，进一步丰富了"四时导引"的理论与方法。宋代《灵剑子》中的"导引势"也是结合四季和脏腑之关系的"四时导引"的典型[2]。明代出现的"陈希夷二十四气坐功图"则是按照农历的二十四个节气进行创编，均采用坐势，动作涉及导引吐纳和自我按摩法，

---

[1] 国家体育总局健身气功管理中心. 健身气功·八段锦 [M]. 北京：人民体育出版社，2018：2-10.
[2] 方春阳. 中国气功大成 [M]. 长春：吉林科学技术出版社，1989：214-215.

附有图像说明,并详细记载了所治病症。这一导引法在明清时期颇为流行,多种养生典籍中都有收录,其代表了我国传统导引结合四时的理念,一直沿用至今。

总结来讲,到明清以后,传统导引术的发展在理论和方法形式上都到达全盛时期,在社会上具有广泛影响,功法也流传到后世,具有深远的影响。

(三) 中国传统武术的养生归向

在现有的中国武术史中,对于明清时期武术发展状态的描述,基本都提及"武术与导引(或气功)"的结合现象,此时"在古代武术中一直处于次要地位的健身价值日益受到人们的重视,习武者不仅在技术上走踢、打、跌、拿兼习的道路,而且注重练'气',使武术和导引功法走上相结合的道路"[①]。武术在本质上是技击之术,传统导引术则是养生之术,清代以后的武术呈现了自觉地与导引术相结合的形态,其直接动力来自习武者对于养生的需求,二者能够结合的原理,则源于二者在人体运动规律上的相似性以及中国传统文化在两种身体运动形式上的相似性反映,由此二者在运动形式、功能价值、文化内涵等方面表现出一种自然的趋同,这些构成了武术与导引术结合的内在动因与基础。

从某种程度上讲,导引术的练气与养生理论为武术习练者的技术与理论总结提供了一种参考,使中国武术在明清时期呈现出在方法上重视练气、在价值上重视养生的双重特征,直接表现出武术功法的养生取向与武术拳种的养生取向,正是由于中国武术在明清时期的养生转向,使传统武术的内炼(内功)方法及以太极拳为代表的内家拳种都具有了明显的养生指向,从而被纳入中国传统体育养生的方法体系,构成了中国武术区别于其他国家民族武技的显著特质。

1. 武术功法的养生指向——以《易筋经》为例

拳术是武术中最基本的内容,特别是内家拳,与气功息息相关。尽管武术已作为一种独立的形式发展起来,但是站桩、导引、行气等气功内容却仍然是基础功夫。因而可以把武术训练中的气功锻炼,称为武术气功。易筋经、八段锦历来是武术锻炼的基础功夫,明清以来,盛行的太极拳、形意拳、八卦掌等等,其创编和锻炼过程,都是古代气功的具体运用。……可见中华武术的特色就在于这阴阳理论和内练功夫了[②]。

简单来讲,所谓武术的功法,即各种为发挥武术技击效能而进行的身体锻炼行为,类似于今天西方体育中的体能训练方法,其内容包括增强身体内在体质与外在运动素质的各种方法,用中国武术的专门术语来讲,专注于增强内在体质的功法被称为"内养

---

① 余水清.中国武术史概要 [M].武汉:湖北科学技术出版社,2006:129.
② 刘天君.中医气功学 [M].北京:人民卫生出版社,1994:25.

功"、专注于增强外在运动素质的功法被称为"外壮功"。事实上，外壮功也配合有内养功进行辅助，并不能截然分离。基于对史料的初步考察，明清时期以前很少出现对武术功法训练方法的论述，大部分武术书籍与军事相关联，着重实用的技击技术的描述，而在明末清初，则出现了专论武术功法的文献，《易筋经》即重要代表。

《易筋经》是一部包含武术功法与导引养生法的古代文献，现存的《易筋经》文本大都出于明清以后，根据对这些史料的研究，对于《易筋经》的作者存在两种说法：第一，南北朝时期的达摩；第二，明代天启年间的紫凝道人。学界基本推翻了前者，对于后者也存有疑问。尽管如此，《易筋经》与少林寺联系紧密却是毋庸置疑的：首先，《易筋经》经文中除了武术功法和养生理论，还参杂许多佛法教义，对于佛教文化高度宣扬；其次，"易筋经十二式"的前三势，都以"韦陀献杵"命名，应是佛门之人的有意为之；再次，少林寺一直将《易筋经》作为武术内功修炼秘籍，使《易筋经》一直被视为少林武术理论著作。

现存世的《易筋经》文本在内容上也各不相同，各有侧重。纵观《易筋经》文本的历代版本变化发展，在早期的《易筋经》文本中，武术功法一直占有重要地位。较早的西谛本《易筋经义》是后世《易筋经》增补的主要依据，其价值导向多强调实现内壮外强和神勇之力，其中的武术硬功部分如"木槌式""石袋式""炼手余功"以及多篇提到的内壮外强的价值追求如"内壮神勇""外壮神勇八段锦""神勇余功"，都反映出《易筋经》在武术内外功法修炼上的价值追求。后来的版本在基本保留西谛本《易筋经义》内容的基础上，逐步加入了许多养生的导引方法和房中术，特别是来章氏本中补充的大量道家和医家的养生理论以及"易筋经十二式"的出现，都反映出《易筋经》在某种程度上从武术功法向导引养生方法的价值转变。这种价值转变在后来出现的养生合辑对《易筋经》的选择性摘录中表现得更为明显。现今流行的"易筋经十二式"即典型的导引养生方法，动作着重于脊柱的旋转屈伸和抻筋拔骨。

具体来讲，《易筋经》以传统中医和《易经》中的阴阳变化之理为基础，以"变易筋骨，内壮外强"为基本理论宗旨，提出"筋挛者易之以舒，筋弱者易之以强，筋驰者易之以和，筋缩者易之以长，筋靡者易之以壮"[1]。其中传达出人身之筋骨可以通过一定的方法由弱变强，人体可以由衰弱变得强壮的变化之道。其在方法上重视炼气，认为"炼筋必须练膜，炼膜必先炼气""务培其元气，守其中气，保其正气……使气清而平，平而和，和而畅达，能行于筋，串于膜，以至通身灵动，无处不行，无处不到。气至则膜起，气行则膜张，能起能张，则膜与筋齐坚齐固矣"[2]。强调通过培补元气、畅达气机、从内而外地强健筋骨，再加上各种外在的力量、柔韧等锻炼方式，实现内壮外强。与传统的导引养生方法相比，《易筋经》侧重于壮力，而其方法则不仅仅局限于外在的力量训

---

[1]周伟良.《易筋经》四珍本校释[M].北京：人民体育出版社，2011：245.
[2]同[1]248-249.

练，而是更加重视内在的培本固基，原因在于"气积而力自积，气充而力自周。……设末及充周，驰意外走，散于四肢，不惟外壮不全，而内壮亦属不坚，则两无是处矣"[①]。不难发现，这些理论性的描述，与传统导引术通过炼气的方式培补元气、畅达气机的理论一脉相承。而《易筋经》将内壮与外强相结合，对二者之间的关系进行了系统的阐释，事实上是对传统武术内功修炼的理论性指导，而其对于内功修炼的重视也代表了中国传统武术在锻炼方式上的文化特质。从明末清初以后，自觉地将炼气纳入功法锻炼逐渐成为练武之人的共识，这是武术与导引相结合的重要体现，由此也推动了武术功法锻炼的养生价值转向。

2. 武术拳种的养生化——以"内家拳"为例

明清时期产生的内家拳术是中国武术的一次历史性转变。中国武术分为内、外两家，始于黄宗羲的《王征南墓志铭》。内家拳的定名是与少林拳相对，与少林拳的区别主要体现在以下两点：第一，在理论上以道家思想和道教精气神炼养学说为其理论基础；第二，在方法上主张以静制动、以柔克刚[②]。这些都与少林拳崇尚壮力、主于搏人的特点形成鲜明的对比。在内家拳思路的指导下，逐渐发展出形意拳、八卦掌、太极拳等直接以内家拳理为指导的拳术，是为"三大内家拳"。除了在技术上主张四两拨千斤，这些拳术在理论和方法上都带有明确的养生指向：从理论上讲，内家拳拳谱明显蕴含着内丹学炼养理论，不仅直接借用"炼养先天之气""丹田之气"之理论，其所提倡的练功的三层功夫——"炼精化气""炼气化神""炼神还虚"即道家内丹术修炼的三层境界；从方法上讲，尤其重视炼气，练养结合，寓养生于技击术之中，很多招式是既有技击作用，又明确对应有养生功能。其中，柔和缓慢的太极拳与传统导引术在形式上接近，显著的养生功效也使这一拳术成为中国传统体育养生的重要组成部分。

值得补充的是，明清以后，中国武术普遍开始重视内功修炼，对于传统导引养生术及其理论也多有借鉴。因此，这一时期，不管是外家还是内家，都有着自觉的导引养生实践，由此，正如温力教授所总结的："由于武术与中国古代导引养生术的特殊关系，使得武术有着不同于其他国家和民族武技的独特的健身价值。"[③]

总结来讲，中国传统体育养生在宋元明清时期，既是在前代导引养生术基础上的总结与归纳，同时也实现了多方面的完善与升华，最显著的表现在于，各类导引典籍甚至综合类养生典籍的出现丰富了导引养生的理论建构，导引术套路在形式和内容上较之前更加完善，武术对导引理论和方法的自觉性借鉴促成中国武术内功体系和拳术养生取向的形成。由此，基于共同的养生理念和实践模式，传统导引术与武术共同构成了中国传

[①] 周伟良. 《易筋经》四珍本校释[M]. 北京：人民体育出版社，2011：251.
[②] 于志钧. 中国传统武术史[M]. 北京：中国人民大学出版社，2009：268-269.
[③] 温力. 中国武术概论[M]. 北京：人民体育出版社，2005：55.

统体育养生的主体内容。从近代开始，传统导引术和武术在理论和方法上基本没有脱离清代以前的体系框架，而只是在形式和实践应用中进行了顺应时代的改良。

四、近现代中国传统体育养生的发展

（一）近代中国传统体育养生的发展

中国历史的近代断代为1840年鸦片战争爆发至1949年中华人民共和国成立这段时期。鸦片战争以后，西方列强大举入侵，随之而来的是西方文化的逐步渗透，由此引起了国人对于中西文化之比较的特别关注，中西体育之间的比较也由此展开。主要表现在20世纪20年代的"新旧体育"之争与30年代的"土洋体育"之争，其中的"土体育"与"洋体育"即传统导引术和武术，"新体育"和"洋体育"即西方体育，但事实上，传统导引术和武术并不能代表中国体育的全部，而只能是其重要代表。概括来讲，这一时期国人对于传统导引术和武术存在着两种心态：一方面，从洋务运动开始，出于对西方文化的借鉴，人们开始引入西方体操，进而取代传统武术，作为军事训练之法。同时，基于对国家羸弱现状的认识，很多思想家和仁人志士都提倡用体育增强民众体质，在此基础上推崇尚武精神。从这一角度讲，国人对于崇尚竞争与力量的西方体育是持欢迎态度的，同时也积极发展本国武术，甚至尝试按照西方体育的发展模式对传统武术和导引术进行改造，如马良按照体操的形式改良的新武术、王怀琪按照体操模式改良的八段锦。另一方面，由于一种民族情感的驱使，一部分人基于保护本国传统体育文化的心理，试图通过拔高传统武术和导引的价值来贬低西方体育，其中很重要的一点即强调武术和导引的养生价值，而西方体育竞技则有损健康。由此，静坐法一度成为一种时尚。事实上，二者之间的比较并没有严格的对等性，与其说是两种体育形式的比较，不如说是两种文化的比较。尽管存在各种争论，由于当时"救亡国存""强国强种"的时代需要以及社会达尔文主义思想的主导，这一时期还是以西方式的体育运动形式及其进取精神为主流。

这一时期也出版了一些养生方面的书籍，如任延芳的《延寿新书》、胡宣明的《摄生论》；同时蒋维乔编创的《因是子静坐法》也一度流行。总的来说，由于特殊的时代背景，与追求健康相比，民众抵抗外敌的需要更加迫切，同时这一时期西方医学的引入也对传统中医造成了一定的冲击。相较而言，武术则因为其具有技击和振奋国威的实用性，在这一时期取得了一定的发展，太极拳的养生价值也逐渐被大众认可。总结来讲，尽管这一时期导引术在西方体育运动传入的过程中受到冲击，但是其依然延续着过去的理论和发展路径，在医疗养生与宗教修炼领域中独立发展。

（二）现代中国传统体育养生的发展

1949年中华人民共和国成立以后，国家特别重视体育的发展，强调用体育促进国民健康。在此基础上，国家积极开展群众体育运动，与之相配合的是在职工群众中推广广播体操以及其他现代体育项目，在农村、少数民族、军队等各类群体中开展体育运动建设。同时，积极发展学校体育，以毛泽东主席提出的"健康第一、学习第二"思想为指导，用体育锻炼促进学生的身体健康。此时，由于社会对于"国民健康"的重视，以传统导引术和武术为代表的中国传统体育养生的健身功效也受到关注。

1. 20 世纪 50—90 年代中国传统体育养生的科学化探索

（1）20 世纪 50—60 年代中期气功科学研究的兴起

20 世纪 40 年代末，刘贵珍因病学习"内养功"，收到奇效，由于这种功法类似于古代的吐纳法，故定名为"气功"。1953 年中央卫生部门也肯定了这一称谓，认为这种非药物疗法可以叫作"气功疗法"，并成立了气功医疗小组，开始对一些疾病的气功治疗进行研究。1955 年，在刘贵珍的倡导下，唐山市成立了气功疗法研究小组，1956 年在唐山、北戴河开办了气功培训班，1957 年在上海成立了气功疗养所。此时，全国使用气功疗法的医疗机构逐渐增多，这些气功研究机构和疗养院根据实践经验创编了一些功法，如放松功等，并开始用现代医疗的方法对气功的功理、效果进行实证研究，取得了一些成果。总的来说，这一时期的气功研究主要集中于医疗导引术的研究，它继承了传统导引术的理论与实践基础，同时在研究方法上采用现代医学的科学化手段，用现代医学原理和科学实验手段对气功的医疗价值及其作用机制进行深入分析，是中国传统体育养生适应现代医学、从传统走向现代的一种过渡化尝试——科学化探索，这也构成了中国传统体育养生在现代医学环境中的基本发展思路，这一思路延续至今。

（2）20 世纪 70—90 年代气功科学研究的扩大与深化

20 世纪 60—70 年代中期，由于严重的社会动荡，中国传统体育养生作为传统文化的代表受到排斥，发展处于停滞状态。70 年代中期，全国各项事业开始恢复与发展，由于群众对于健康的需求，传统导引术和以太极拳为代表的传统武术的医疗价值也重新受到重视。从 1978 年开始，全国多地相继开展了气功临床研究，用科学仪器对气功的医疗效果进行测试，进一步深化了气功的科学研究。这一时期成立了很多气功科学研究机构，较有代表性的是 1981 年成立的中国全国中医学会气功科学研究会，1986 年成立的中国气功科学研究会。此外，全国各省市也相应成立了气功学会，在各省市卫生部门的管理和指导下，在各个医院或疗养院开展气功临床医疗研究。这一时期，由于气功的医疗效果得到多方的验证，人民群众习练气功的热情也逐渐高涨，很多传统功法甚至新编的功法相继问世，受到群众广泛的欢迎。

随着研究的深入，这一时期气功研究的对象也不仅局限于治病养生的医疗导引术，而是扩大到一切结合肢体、呼吸、意念等锻炼手段的身心实践活动，包括传统的医疗导引、武术功法、儒释道三家的身心修炼方法以及各种特异功能现象。而对于气功的研究也不仅仅限于医疗领域，而是涉及其他学科：

> 如果说50年代末、60年代初对气功就展开了某些科学研究，但这种研究活动还仅限于医学界，规模有限，手段也较简陋，然而70年代后期以来，科学界的众多领域纷纷加入气功研究的行列，除生理、病理、生化、免疫外，心理学、分子生物学、高能物理、生物力学、自动化研究、生物物理、半导体控制科学、信息科学、系统科学、仿生学……，甚至哲学、方法论等社会科学也都卷入气功的研究中，形成了多学科综合研究气功学的壮观的场面①。

（3）气功科学研究的方法论探索——唯象气功学

这一时期，随着气功研究的深化，人们也发现了很多用现代实验科学无法解释的气功现象，如很多西医无法治愈的病例却通过气功疗法神奇地康复了。尽管人们用大量的科学实验对气功现象进行了研究，但基本只能证实其现象而不能揭示其实质，也不能用已有的科学理论对其作出解释。对于这种状况，20世纪80年代，著名物理学家钱学森提出对于气功的研究属于人体科学的范畴，人体是一个巨系统，又是一个开放的系统，内外部环境各有关联，不能单纯地用现代科学的方式去研究，而应该首先用唯象的方法对经验现象进行系统性归纳，形成一种现象性的理论模型，而不必从中总结出一个具有普遍适用性的规律性理论，即"只知其然，不知其所以然"②。基于这种认识，他提出了建立唯象气功学的思路。唯象是一种认识事物的方法，属于"前科学的性质，但是唯象的学问又比经验的学问向前走了一步，它比较系统"③。在具体研究方法上，他提出了气功研究的方法——系统科学方法。

> 第一，研究气功的出发点，要立足于练功人的实践。对这种练功的实践，一直到现在也没有什么科学仪器能加以显示，主要是靠练功人的内省。……研究气功的出发点，一个是靠练功实践中的内省，再一个是立足于气功治病过程中病情的客观变化。这是最基本的一个层次。
>
> 第二，再提高一个层次，气功师总结练功实践的经验，写成教功法的书。……这是对实践的初步加工。
>
> 第三，更上升一个层次，是气功的理论书籍，……从上述第二层次出发，用初步总结出来的东西，利用各种功法的书，把它汇集起来，这是必要的素材，……对这些素材，首先还要找第一层次即气功实践的材料来核对，看它是不是经过实践检验的，……把这

---

① 林中鹏. 中华气功史导论［M］. 海口：南方出版社，1999：283.
② 钱学森. 论人体科学［M］. 成都：四川教育出版社，1989：126.
③ 同②125.

些材料的关系理清,建立一个模型,比原来各种功法书上考虑的因素还要周到。

对建立起来的这个模型,还要用气功理论的书籍来衡量①。

钱学森认为这是一种中间突破的方法,"就是先把各种功法的书总结并系统化,建立起一个模型;在考核这个模型和气功理论、和哲学、和系统科学、和生理学等等是否能对得上号"②。其所建构的唯象气功学的方法理论是对现代科学环境中气功研究方法的一种积极的探索,其中充满了对现代科学方法的反思以及对气功独特性现象的关注,在气功的科学化研究的过程中,代表了一种实事求是的谨慎态度。

总结来讲,这一时期气功的科学化探索,是中国传统体育养生逐步适应现代科学的发展模式,重新树立自身价值的积极尝试,无论是医疗卫生领域对传统导引术的现代科学研究,还是以钱学森为代表的科学家对气功研究的方法论的科学化探索,都直接引领了中国传统体育养生在现代社会发展进程中的学术研究方向。

2. 20世纪末至21世纪初中国传统体育养生的规范化转型

20世纪80—90年代,社会上出现了一股"气功热",一方面由于政府的积极支持与推广以及各种科学研究的支撑,气功疗法在社会中受到很大的欢迎;另一方面来源于这一时期科学界对于人体特异功能的重视,特别是1981年时任科协主席的钱学森在第一届人体特异功能讨论会上公开肯定了特异功能现象的真实性,由此使人们对于气功疗法乃至特异功能的效能产生了一种盲目迷信的心态。与此同时,社会上也有一些人打着"人体科学"和"治病救人"的幌子,进行"带功报告""特异功能""气功治病"等活动,实际则为吸收信众、骗取钱财。基于这一现状,政府开始着手对气功发展进行整顿。

(1) 政府的规范化管理

1996年,中共中央宣传部等七大部委联合下发了《关于加强社会气功管理的通知》,关于社会气功,该文件指出:"社会气功是指社会上众多人员参与的健身气功和气功医疗活动。其中群众通过参加锻炼,从而强身健体、养生康复的,属健身气功;对他人传授或运用气功疗法直接治疗疾病,构成医疗行为的,属气功医疗。"③ 该文件明确规定了社会气功的定义——以促进健康为目的的传统体育养生方法,并且将其划分为健身气功和医疗气功两大类,健身气功主要作为群众锻炼的方法,而医疗气功在医疗机构作为治疗手段使用。以这一文件为指导1998年颁布了《健身气功管理办法》、2000年颁布了《健身气功管理暂行办法》、2003年颁布了《健身气功活动站、点管理办法》、2006年又颁布了《健身气功管理办法》。其中,1999年国家体育总局专门成立了健身气功管理中心,对

---

①钱学森. 论人体科学 [M]. 成都:四川教育出版社,1989:129-130.
②同①.
③中共中央宣传部,国家体委,卫生部,民政部,公安部,国家中医药管理局,国家工商行政管理局. 关于加强社会气功管理的通知 [Z]. 1996-08-05.

群众性的健身气功习练活动直接进行管理。这些举措有效引导和规范了群众性气功健身活动，使其按照科学、有序、健康的形式进行发展。与此同时，在医疗气功领域，1989年国家中医药管理局颁布了《关于加强气功医疗管理的若干规定（试行）》。此后，2000年国家卫生部发布《医疗气功管理暂行办法》。以上管理办法从制度上对医疗气功活动进行监管，要求执行医疗气功的医生必须具有资格认证，举行大型的医疗气功活动也必须得到相关政府部门批准，这些举措都有效地规避了各种有不良预谋的气功医疗行为。

（2）健身气功新功法的创编

国家体育总局健身气功管理中心成立以后，组织专家学者创编健身气功功法，至今已创编了9套健身气功功法，这些功法多取自传统导引养生术，在此基础上有所创新，动作更加合理，套路更加规范，更加适应现代人的健身养生需求。在创编功法的同时，专家也对这些功法的历史、原理、功效等方面进行了系统性研究，也通过很多科学实验对其医学功效进行了分析，对其在慢病防治方面的功效也做了临床实践研究，取得了很多成果。在健身气功管理中心的指导下，中国健身气功协会和国际健身气功联合会相继成立，其在国内和国际范围内推广健身气功功法，传播正确的气功锻炼理论与方法。

值得指出的是，不管是国家层面的气功监管部门的成立，还是由国家有关部门直接主导的健身气功新功法的编创，是国家对规范社会上气功活动的有效举措，但这并不表明国家对健身气功新功法之外的其他功法全部排斥。事实上，20世纪"气功热"时期，出现了很多有别于传统导引术的新功法，其中大多具有良好的医疗养生效果，这些功法在当时都叫作健身气功，这类气功目前也有习练人群，如"大雁功"等。医疗气功领域也在应用，如专门针对癌症治疗的"郭林气功"等。这些功法与健身气功新功法一起，在国家的有效引导与监管下，在共同促进人民群众身体健康方面发挥积极作用。

3. 21世纪中国传统体育养生的战略化发展

随着人们对于气功研究的科学化探索以及国家对社会气功活动的指导与监管，我国传统体育养生的发展逐渐跳脱了导引术传统的发展模式，走上了现代化的发展之路。从20世纪初期开始，在全球出现的健康危机与健身浪潮中，很多国家都将体育健身纳入了国民健康保障的范畴，并适时推出了相应的全民健身计划和国民健康战略。中华人民共和国成立以后，国家大力发展群众体育事业，提倡体育健身活动，西方体育健身活动在全国范围内推广，中国传统体育养生作为一种专门通过身体运动的形式促进健康的方法，在全民健身战略与健康中国战略中也发挥着重要的作用。

中华人民共和国成立以来，国家大力推动群众体育运动，发展全民健身活动。2008年卫生部首次提出"健康中国2020战略"，后于2012中国卫生论坛上发布了《"健康中国 2020"战略研究报告》；2014 年，国务院印发的《关于加快发展体育产业 促进体育消费的若干意见》中首次提出将全民健身上升为国家战略；2015 年党的十八届五中全会首次提出健康中国战略，提出"发展体育事业，推广全民健身，增强人民体质"的方针；2016 年 6 月，国务院公布了《全民健身计划（2016—2020）》。2016 年 10 月中共中央政治局印发实施《"健康中国 2030"规划纲要》。发展体育健身运动是实现健康中国战略目标的重要途径，作为一种民族传统体育项目，中国传统体育养生也被纳入全民健身计划，其在促进健康方面的积极作用对实现健康中国战略具有重要的意义，故此中国传统体育养生在当代中国的发展也具有了战略性意义。

4. 当前中国传统体育养生的世界化接轨

全球化进程急速地推进了世界各国之间的交流与融合，人类所面临一些共同的问题，其中健康危机即是其一。以心血管疾病、糖尿病、癌症、肥胖症、心理疾病为代表的慢性病的增多是当前人类所面临的共同问题，1994 年，世界卫生组织就指出，静坐少动是导致当今慢性疾病发生的第一独立危险因素。1996 年美国心脏学会指出："体力活动减少和静坐少动的生活方式是心血管疾病主要可以修正的危险因素。" 2007 年 11 月，美国运动医学会和美国医学会正式提出"运动是良医"（exercise is medicine）的理念。事实上，西方国家在古希腊时期已经对运动与健康之间的关联性进行了系统的分析。在现代社会，人们静坐少动的生活方式导致了很多疾病的产生，这一问题的严重性超过了以往的任何时期。现代医学积极呼吁用运动的方式对抗疾病、寻求健康，由此世界各国都大力倡导国民参加体育健身锻炼，各国大众体育运动蓬勃发展。在这一时代背景下，中国传统体育养生作为一种以身体运动为主要形式的养生方法，与"运动是良医"的理念契合，开始进入世界大众健身的视野，实现了与世界接轨。

第二节 西方现代体育健身的历史溯源

一、古希腊的体育健身

古希腊是西方文化的起源地，古希腊的体育运动又是古希腊文化的重要组成部分。在古希腊体育的相关历史材料中，最具代表性的体育活动是与军事、教育、竞技相关联的身体锻炼、技能训练以及体育竞赛活动。尽管对身体素质进行锻炼是完成这些活动的基础，但我们并不能因此断定存在于这些活动中的身体锻炼行为是自觉的以促进身体健康、增强体质为目的的体育健身行为。正如有西方学者指出的那样："除了竞技能带来的愉悦之外，还不能忽视有意通过训练来达到强身健体目的的这一方面，参与者希冀此种实践活动能对身体产生效果：身体更健康、机体更强健。……没有什么能确保古人是有意去这么实践的：古代的身体观可使训练的效果和其他许多效果之间存在很多种可能的替换方式。"① 事实上，当历史学家的关注点大多集中在古希腊的军事、教育、奥林匹克竞技等体育活动时，很难从中找到古希腊人有目的的体育健身活动，但它又的确无处不在：无论是公民教育中对培养身心健康的公民的需要，还是为提高军队战斗能力的军事训练，抑或是为提高竞技水平而进行的运动技能训练，这些活动都已经具备了促进健康、强健身体的功能。换言之，通过身体锻炼促进身体健康、增强体质的价值目标已经蕴含其中，尽管这不是最终的目的，但它却构成了实现最终目的的中间环节与必要条件。除此之外，这些活动中的身体锻炼形式以及这些活动本身为自觉的健身活动提供了很多方法性参考。法国学者瓦诺耶克对此有所总结："在斯巴达，体育教育以军事训练为轴心，在雅典则以身体锻炼为轴心；在希腊，竞技体育及强化体能训练是至关重要的。作为战士，希腊人在竞技中找到使身体强壮、使士卒忍受疲劳、痛苦的不二法门。从医学及人体科学方面讲，他们认为体能锻炼是保持健康或恢复健康的最佳途径。"② 由此，从某种程度上讲，古希腊人将竞技运动也纳入身体保健的方法范畴③。

尽管体育健身在古希腊的体育中并不单独存在，但是，古希腊的医生对运动与健康的关系进行了专门的探讨。古希腊医生希波克拉底的运动养生法是主要代表。他对于以竞技体育为代表的身体训练行为对健康的影响做了反思，同时也就促进健康的运动方法问题以及与之相关联的营养问题提出了自己的建议。同时，那些竞技体育的教练们在训练运动员的过程中，也在为实现运动员保养身体和提高竞技水平之间平衡的问题上，对营养和运动的关系也积累了很多经验。这一现象为我们的研究指出了方向：体育运动以提高身体素质的锻炼为基础，但体育运动的功能的多样性决定了它并不总会以促进健康为根本目的，相反，在某些活动中，对身体的不适当地使用甚至会影响身体健康。如何保持身体健康，是医生关心的事情，因此，若要探索古希腊乃至后世的西方体育健身，医生的观点是我们应该参考的重点：医生会审视正在进行的各种体育运动，并且思考什么体育项目更有益于健康，同时思考健身运动对健康的作用机制，多大的运动量有益于健康，在什么时间锻炼更加有益于健康，什么时间不适合进行锻炼，在什么环境下运动更有益于健康，营养在运动健身中的作用等问题。事实上，西方运动生理学在追溯体育健身历史时，正是以希波克拉底关于运动、营养与健康的学说为源头，而对于以斯巴达的军事训练为代表的身体训练活动，则认为"它们对于运动生理学的贡献微乎其微"④。

（一）古希腊体育健身的发展概况

古希腊由巴尔干半岛南部、爱琴海诸岛及小亚细亚西岸很多奴隶制城邦构成。城邦

---

① 乔治·维加埃罗. 身体的历史：第1卷 [M]. 张竝，赵济鸿，吴娟，译. 上海：华东师范大学出版社，2013：213-214.
② 瓦诺耶克. 奥林匹克运动会的起源及古希腊罗马的体育运动 [M]. 徐家顺，译. 天津：百花文艺出版社，2006：前言4.
③ 岸野雄三. 古希腊希波克拉第养生法 [M]. 吕彦节，译. 北京：人民体育出版社，1984：25.
④ Charles M. Tipton. History of Exercise Physiology [M]. United States: Human Kinetics, 2014: 6.

经济文化的繁荣和城邦间的复杂竞争，带来了古希腊体育的繁荣。斯巴达和雅典先后成为繁荣时期希腊城邦的代表。

斯巴达人不重视文化教育，全民进行军事化训练，学校教育将身体锻炼作为一项重要内容。男孩7岁即被送到教育机构，集体接受训练，学习"五项运动"（投枪、掷铁饼、跳跃、角力、赛跑）、游泳、球戏和音乐舞蹈。随着他们年龄的增长，相应地增加与军事有关的训练内容，包括使用兵器、"五项运动"和被称为"斯巴达体操"的拳击练习。与斯巴达不同，雅典教育的目标是培养身心和谐发展的公民，手段包括文化教育与体育教育两大部分。文化教育包含哲学、历史、文学、艺术和音乐。体育教育包括游戏、斯巴达"五项运动"、拳斗、游泳、体操、军事等训练①。

我们无法将出于军事、教育和竞技目的而进行的各种身体锻炼活动与纯粹出于健康目的的体育健身等同，但是两者所使用的身体锻炼方法代表了古希腊人通过锻炼使身体更加强健的各种尝试。正如有研究指出的，在竞技训练场中的"训练内容虽然同体育竞技有所相同，但总体上是独立的体系，旨在美、力量、敏捷以及形体。……在健身器械上，古希腊人除使用诸如标枪等同战争、竞技体育相关的器械，也会采用球、铁环、拳击吊袋以及平衡棒等用于力量和体型训练；甚至巨大的石块也会直接作为训练器械使用"②。这些实践活动构成了希腊体操训练的内容。"有证据表明，古希腊的教练建议运动员采用重复性的锻炼获得运动技能和耐力，通过超量锻炼来获得力量（比如拉弯铁棒、举更重的动物、石头或盒子，套更重的缰绳跳跃，掷更重的标枪），通过追赶动物来提高速度，在沙地上长跑提高有氧活动表现"③。

除此之外，教练们也基于竞技的需要设计了有针对性的体操形式：

老师拟定一整套为竞技做准备的柔软体操，随着时间的流逝，体操的内容日益丰富，到公元二和三世纪，成为一部灵巧和充满想象力的宝典：越野行走，跑短距离三十公尺，向前向后跑圆圈，原地跳，用脚踢臀部（斯巴达妇女尤其喜爱），对空踢脚，挥动胳膊，爬绳，滚铁环。角力前挖地松土能锻炼胳膊的肌肉，使肌肉发达。拳击的准备活动增强胳膊的力量：平伸胳膊，近两场实践紧握拳头锻炼拳击者的防守能力，以经受住对手的攻击。使用科拉可斯可以加强拳击手、竞技者的平衡能力，能经受住沙袋撞击头部和身体④。

这些体能锻炼和技能训练行为在后世得到沿用，并且具有了独立存在的形式和意义。瓦罗耶克指出了古希腊体操与后世卫生体操之间的某种联系："竞技技术渐渐成就出一套

---

① 郝勤. 体育史 [M]. 北京: 人民体育出版社, 2006: 28-29.
② 刘平浩, 张爱红. 西方健身文化的历史演进 [J]. 体育学刊, 2017, 24 (5): 20-25.
③ Charles M. Tipton. History of Exercise Physiology [M]. United States: Human Kinetics, 2014: 8.
④ 瓦诺耶克. 奥林匹克运动会的起源及古希腊罗马的体育运动 [M]. 徐家顺, 译. 天津: 百花文艺出版社, 2006: 47.

接近于十九世纪瑞典体操的卫生操。这一演变因罗马人的医学特征而闻名于世。加勒努斯证实有卫生体操,甚至另有一套治疗体操,如用脚尖走路治疗便秘或眼炎,跑步治疗淋病或游泳治疗水肿。"①

(二) 希波克拉底的体育健身观念

希波克拉底是古希腊著名的医学家,在西方医学史上占有重要的地位,"除了其在运动生理学和运动处方方面的贡献,少数历史学家推测是他推动了医学从哲学中分离出来、使医学从宗教和神学中脱离出来,促成了理性医学的出现,并且认为他是科学医学之父。很多历史学家也认为他是体液学说的创始人"②。希波克拉底的影响深远,"古罗马最有名的医生盖伦尊之为'医圣',中世纪的医生尊奉为'医学之父'"③。

古希腊人认为疾病的产生是由于神的愤怒和惩罚,而医生医治的方法则具有神秘性与先验的思辨性。希波克拉底将这些称为"古代的医学",批判其"无视关于实际病情的经验知识和观察记录,指责它们先假定疾病的根本原因,然后加以演绎而下判断的做法"④,基于这种认识,希波克拉底提出了从人的自然性出发、以实践研究和观察调查为基础的医学观念,以四元素说和四体液说为其病理学基础。这一理论认为人体由土、火、水、气四种元素构成,这四种元素具有冷、热、干、湿四种性质,人体通过吸收养料由四元素生成四种体液:血液、黏液、黄胆汁、黑胆汁⑤。四种体液本身也带有冷、热、干、湿的性质,其在身体中的分配决定了人体的冷、热、干、湿的状态是否均衡,由此对人体的健康造成不同的影响。"所谓健康,就是指这些体液互相混合的比例、性能和量的调和均衡处于'混合'(krasis)完整的状态;相反,所谓疾病,就是指在这些体液中有某一种分离出来处于孤立的状态"⑥。或言"所谓疾病,乃是一部分性能和构成因素过剩而诱发的"⑦。希波克拉底认为人体的冷、热、干、湿状态受气候和水土的影响,不同的人基于地理、气候、年龄、饮食等自然环境和生活习惯的影响,其体液混合也会不同,如果缺乏保养,体液不调和,则会产生疾病。因此,人应该根据自身的实际情况采取适当的预防和保养措施。

在现存的《希波克拉底文集》中,有专门关于摄生论或曰养生论的篇章。在希波克拉底所谈及的保健方法中,饮食和运动之间的调和是其重点。

---

① 瓦诺耶克.奥林匹克运动会的起源及古希腊罗马的体育运动[M].徐家顺,译.天津:百花文艺出版社,2006:47.
② Charles M. Tipton. History of Exercise Physiology [M]. United States: Human Kinetics, 2014: 7.
③ 希波克拉底.希波克拉底文集[M].赵洪钧,武鹏,译.北京:中国中医药出版社,2015:绪言.
④ 岸野雄三.古希腊希波克拉第养生法[M].吕彦节,译.北京:人民体育出版社,1984:7.
⑤ 张轩辞.灵魂与身体:盖伦的医学与哲学[M].上海:同济大学出版社,2016:77-78.
⑥ 同④14.
⑦ 同④34.

单纯的饮食并不能让一个人保持健康；他必须同时进行运动。因为饮食和运动，尽管处理相反的因素，但他们共同作用可以产生健康。原因在于，运动的性质是为了消耗物质，而食物和饮料则补充了不足①。

他认为，"身体运动的养生效果很大，人通过运动可使身体发热，变干，反过来说，就是能使多余的湿性成分从身体排出去，给人带来健康。当然，过度运动是有害的，另外与食物失去平衡的运动也会是致病原因"②。希波克拉底将运动进行了分类，并提出了一些促进健康的运动方法，基于不同人的身体特质，给出了不同的运动建议，在运动方法和运动量上也有严格细致的规定，这被认为是西方最早的运动处方③。据此认为，这是古希腊时期有意识地通过体育运动促进身体健康的体育健身观念。希波克拉底推崇的体育健身方法包括散步、跑步和摔跤，"他十分强调散步的养生价值，并分别对早晨、饭后以及运动之后进行散步的有效的方法进行了阐述"④。关于跑步，他分析了跑步对不同人群的作用，并给出了具体的建议⑤。"希波克拉底从保健养生观点出发，除了跑步和摔跤以外，对其他竞技项目几乎未加重视。所以如此，是由于他认为这些运动项目过于激烈或危险，不宜提倡"⑥。除了对健康的人提出运动建议，对于身患疾病的人他也根据病症的不同，给出了相应的运动处方。

需要指出的是，希波克拉底的养生法所针对的是普通人⑦，即普通的希腊公民。岸野雄三也强调了这一点，并且认为"养生术在希腊市民之间是从公元前5世纪末前后才受到重视，运动疗法才盛行起来的，这可以明显地看出时代的变化来。养生术的成立，特别是和希腊城市上层市民逐渐过起奢侈的消费生活绝不是没有关系的"⑧。这表明纯粹的体育健身活动的阶级特征，即富裕的市民阶层更容易因多食和运动不足而招致疾病，也反映了医生对于体育运动的关注与体育教育、军事教育以及竞技训练的不同之处，即医生的关注点在于体育运动促进大众健康的功能：健身。但这并不妨碍医生涉及竞技训练的领域。事实上，"希波克拉底列举了竞技者容易发生的疾病，认为其原因是教练员不谙营养和运动的均衡说，是由于无视竞技者的个人条件而强制实行饮食法，向教练员提出警告"⑨。基于此，他也给教练员和运动员们提出了很多科学的建议。

---

①Charles M. Tipton. Exercise Physiology：People and Ideas [M]. Oxford：Oxford University Press, 2003：3.
②岸野雄三. 古希腊希波克拉第养生法 [M]. 吕彦节，译. 北京：人民体育出版社，1984：84.
③Charles M. Tipton. History of Exercise Physiology [M]. United States：Human Kinetics, 2014：8.
④同②33.
⑤希波克拉底. 希波克拉底文集 [M]. 赵洪钧，武鹏，译. 北京：中国中医药出版社，2015：278-279.
⑥同②33.
⑦Charles M. Tipton. Exercise Physiology：People and Ideas [M]. Oxford：Oxford University Press, 2003：3.
⑧同②57.
⑨同②72.

二、古罗马的体育健身

(一) 古罗马体育健身的发展概况

1. 教育、军事与角斗士训练中的身体锻炼活动

古罗马文明是西方文明的另一个源头。公元前8世纪，罗马城建立，逐渐形成了罗马城邦国家。在王政时期，古罗马的教育以培养农民军人为主要目标，孩童从小接受道德教育、身体素质训练以及从事农业劳动，体育训练内容包括骑射、角力、游泳、赛跑以及武器使用等[1]。在共和时期，古罗马文化受到希腊文化的影响，实行公民制度，教育也以培养能文能武的公民为目标。根据古罗马帝国的军事家韦格提乌斯（Vegetius）所描述，"古罗马的军队首领们都认为在军队中日常的运动比寻医问药更有益于健康"[2]。在军队的日常训练中，他们通过在规定的时间里完成规定距离长跑来锻炼速度，通过使用超出常规重量的剑、盾牌来锻炼手臂力量，等等[3]。

与古希腊人相比，古罗马人对于竞技体育的兴趣更多的在于祭礼与娱乐：古罗马人将体育赛事作为节日祭礼的重要内容，但与古希腊人不同的是，"在希腊运动会上参与的意义是任何人都可以使用体育场，甚至参加比赛；罗马的赛事则由专业斗士为感兴趣的观众表演"[4]。古罗马建起了专门供专业角斗士训练的场所——角斗士学校。角斗士学校中配有医生、教练、按摩师、包扎专家等。教练负责增强角斗士的体能素质以备战训练，他们通常采用大强度的操练方式，使用超重的剑、盾牌和矛进行力量训练[5]。

2. 罗马市民的健身活动

由于"群众性体育运动在罗马文化中并不太普及——该文化更欣赏职业运动员——因此也不需要公共训练场所"[6]，古希腊时期作为公共训练的竞技训练场逐渐被改造成了公共浴场。帝国时期，由于竞技的职业化和军队的职业化，古罗马市民"只愿意参加最低限度的锻炼如洗浴和轻微的体操、游戏等，以愉快地消遣和防止疾病"[7]。公共浴场是一个集合有竞技场、休息室、体操室、按摩室、图书馆、博物馆、角力场等多种公共设施的综合性场所，供市民健身、娱乐与休闲，"锻炼身体柔软性的角力加上洗浴是老百姓力所能及的、符合卫生的身体锻炼"[8]。值得一提的是，除了围绕公共浴场进行的体育健

---

[1] 郝勤. 体育史 [M]. 北京：人民体育出版社，2006：36.
[2] Charles M. Tipton. History of Exercise Physiology [M]. United States：Human Kinetics，2014：9.
[3] 同[2].
[4] 沃尔夫冈·贝林格. 运动通史 [M]. 丁娜，译. 北京：北京大学出版社，2015：47.
[5] Charles M. Tipton. History of Exercise Physiology [M]. United States：Human Kinetics，2014：9.
[6] 同[4]51.
[7] 全国体育学院教材委员会. 体育史 [M]. 北京：人民体育出版社，1989：20.
[8] 瓦诺耶克. 奥林匹克运动会的起源及古希腊罗马的体育运动 [M]. 徐家顺，译. 天津：百花文艺出版社，2006：101.

身活动,罗马人还热衷于其他健身运动,"比方说人人投入的走步运动,在公元前第一世纪,走步成风,以至于没有一个别墅是不带走步场所的"[1]。除此之外,古罗马的贵族也选择希腊的体育方式,跑跳、骑马、驾车、玩球、游泳和哑铃操是较流行的身体锻炼形式[2]。航行、狩猎等户外活动也被认为是有益于身体健康的运动[3]。

(二) 盖伦的体育健身观念

盖伦是古罗马时期的著名医生,也是一位哲学家,他共有400多部专著存世。在西方医学史上,盖伦具有极高的声誉,他"不仅仅影响了他所生活的那个时代,而且影响了之后近1500年的西方医学"[4]。盖伦沿袭了希波克拉底的四元素说和四体液说,认为人体的健康与否取决于人体内四体液比例以及冷、热、干、湿状态是否平衡。在此基础上,盖伦又做出突破和超越,他的学说完全建立在观察和解剖的实践之上,并且将解剖学确立为医学和生理学的基础[5]。盖伦的医学理论的核心是他关于自然物(有关生理机能的事物)、非自然物(非与生俱来的卫生保健法)、反自然物(反自然的反常、病态)的学说。其中,非自然物共有6个,包括人们日常生活中接触到的那些事物:①空气和环境,②食物和饮料,③运动和休息,④睡眠和清醒,⑤排泄和滞留,⑥心中的激情(情绪)。在盖伦看来,非自然物会影响人体的体液和冷、热、干、湿的状态,非自然物的适度和协调构成了养生法的重要内容,而运动即其中的重要一环[6]。盖伦明确指出:"有两类东西可以产生和维持'好状态':养生法和运动[7]。"

盖伦认为"运动对健康具有很大的益处,缺少运动或运动过量都会导致疾病"[8]。但是,他对于运动有着自己的界定:

对于我来说,并不是所有的活动都是运动,只有当它有一定强度时才算。但是,因为强度是相对而言的,相同的动作,可能对一个人是运动,对于另一个人则可能不是。判断强度的标准是呼吸的变化,那些不能改变呼吸的活动不能叫作运动。但是如果一个人因为某些活动引起呼吸或多或少地加快,这个活动对他来说就是运动[9]。

由此可见,在盖伦看来,有一定强度并且能够使呼吸加快的活动,才是运动。并且,

---

[1] 瓦诺耶克. 奥林匹克运动会的起源及古希腊罗马的体育运动 [M]. 徐家顺,译. 天津:百花文艺出版社,2006:101-102.
[2] 同①54.
[3] 同①109-110.
[4] 张轩辞. 灵魂与身体:盖伦的医学与哲学 [M]. 上海:同济大学出版社,2016:18.
[5] Charles M. Tipton. Exercise Physiology: People and Ideas [M]. Oxford: Oxford University Press, 2003: 5.
[6] 同⑤.
[7] 同⑤7.
[8] 同⑤9.
[9] 同⑤6.

他认为"工作与运动是等效的。拳击、跳跃、掷铁饼、球类活动、攀绳都被认为是运动,而挖掘、划船、耕犁、骑马、战斗、走步或跑步则既是工作又是运动"。在此基础上,盖伦将运动分为"缓慢的、迅速的、弛缓的、高强度的、柔和的或剧烈的",例如,"球类运动和跑步是迅速的运动,挖掘、攀绳和举重物被认为是高强度运动,掷铁饼和连续跳跃则属于剧烈运动"①。盖伦提倡适度运动,在众多运动中,他最推崇体操和球类运动,认为他们可以治疗关节病、水肿、痛风、抑郁、痨病、头晕或癫痫等多种疾病②。

关于运动的功能和作用,盖伦认为"运动的功能是双重的,一个是排泄,另一个是使身体内坚固部分达到良好的状态"。并且"既然强烈的活动是运动,它必须在运动着的身体里产生以下三种结果:通过内脏间的相互摩擦来使内脏坚固,增加体内的温度,加快呼吸"③。在此基础上,"可以增加脉搏次数、提升体温、促进出汗、推进新陈代谢、促进消化、清洁毛孔、增强排泄、平衡体液,降低痰和血液中的黄胆汁和黑胆汁的浓度。长期运动或训练可以减肉(使人变瘦)、增强力量、改善肌肉,增加血容量等"④。

与希波克拉底一样,盖伦也不赞赏竞技运动员,一方面是因为他认为运动员缺少灵魂的智慧修养,另一方面因为他相信过度的"训练会带来疾病而不是健康"⑤。他认为健康代表了人的一种卓越的好状态,而运动员的状态是这种状态的极限,物极必反,所以退化在所难免。他指出运动员因为训练的需要而获取过多的食物,身体存在满溢的危险,体液分布不平衡,疾病必然降临⑥。从某种程度上讲,在盖伦看来,有害的并不是竞技运动本身,而是运动员的生活方式。

总结而言,古希腊、古罗马人都认识到了身体运动和锻炼对于健康的重要性,从希波克拉底到盖伦,他们都认为身体与灵魂的健康缺一不可,而运动是保持健康的重要方法,并且都强调运动必须适度,都认为运动的作用在于平衡体液、促进消耗、净化身体、强化功能。在他们的观念中,运动有多种形式,从日常活动到竞技活动,都被纳入运动的范畴,只要运用适当,就可以实现健身的目的。概而言之,这些活动囊括了三个方面:其一,寓于军事、教育和竞技活动中旨在锻炼力量、柔韧、速度的体操,包括跑步、跳跃、投掷等;其二,普通大众的运动保健方法,如走路、散步等;其三,各种体育项目,包括球类运动、游泳、狩猎、划船等。在古希腊和古罗马时期,健康的内涵除了没有疾病,运动能力本身似乎已经成为健康的一项不可或缺的指标。

---

① Charles M. Tipton. History of Exercise Physiology [M]. United States: Human Kinetics, 2014: 9.
② 同①9-10.
③ Charles M. Tipton. Exercise Physiology: People and Ideas [M]. Oxford: Oxford University Press, 2003: 6.
④ 同①10.
⑤ 同①10.
⑥ 同③6-7.

三、中世纪的西方体育健身

(一) 中世纪体育健身的发展概况

从 476 年西罗马帝国灭亡到 14 世纪文艺复兴开始前,是欧洲的中世纪时期,也是欧洲封建社会时期。这一时期的特点在于,传统的古希腊、古罗马文化被基督教文化所取代,历史上将这段历史称为"黑暗的中世纪",原因在于基督教教义要求人们绝对服从教会,宣扬禁欲主义,抵制身体上的锻炼。在学校,体育活动也被禁止。尽管如此,并不代表中世纪的欧洲人停止了一切的体育活动。事实上,这一时期的体育活动以另一种形式得到发展。作为军事训练的骑士体育和作为休闲活动的大众体育成为这一时期体育活动的主要代表,同时,这一时期城市商人和手工业阶层的出现,推动了民间的体育活动蓬勃开展。正如沃尔夫冈·贝林格所总结的:

> 如果说骑士比武是贵族社会的焦点,射箭比赛是中世纪晚期市民文化的中心,那么简单的,如古希腊曾占据"竞技游戏"中心的体育文化位置又在哪里呢? 跑、跳、投在骑士教育中自然有其作用,但他们也是基本的身体锻炼,是任何阶层都离不开的,因为孩子们在玩耍时就在不断运用他们。与在贵族文化中如出一辙,在城市市民中他们也是用来展示强健的①。

除此之外,中世纪对于身体的禁锢也并非完全绝对。中世纪基督教神学的集大成者——托马斯·阿奎拉在其《神学大全》中就指出了休闲和身体健康的重要性:"为了获得幸福,完美的灵魂和身体缺一不可。因为灵魂自然是和身体结合在一起的,那怎么能够相信,一方的完美会阻止另一方的完美呢?"② 由此我们可以发现,不管身体处于怎样的受压抑的时代,不管这一观念在思想学家那里以怎样的方式被描述或呈现,身体健康的重要性依然是人类生存的共识。

1. 骑士训练中的身体锻炼活动

"一些体育史学者承认中世纪对体育来说有着特殊意义,其原因在于那时候主要体育运动是骑士比武"③。骑士,即骑兵战士,是"西欧中世纪封建领主制的一个特殊阶层。他们处于封建领主阶层的最下层,以自备武器、盔甲和马匹服骑兵役为条件,从国王或大封建主处获得封地"④。骑士比武最早是一种法国习俗,基督教会曾因其残酷性发出禁令,但后来因为比武引入了规则以避免危险性而被解除禁令。骑士训练被看成兵役准备,

---

① 沃尔夫冈·贝林格. 运动通史 [M]. 丁娜,译. 北京:北京大学出版社,2015:108.
② 同①89.
③ 同①89.
④ 郝勤. 体育史 [M]. 北京:人民体育出版社,2006:42.

是一种军事训练,同时,马上骑士比武也是贵族作秀的方式和大众娱乐的活动①。骑士的身体训练主要是与军事相关的体能训练和技术训练,训练内容包括赛跑、角力、拳斗、射箭、投掷重物、骑马、游泳、投枪、击剑、狩猎、游戏、徒步、骑马冲刺、长距离跑、全副武装跃上马背、翻越高墙等②。不难发现,这些与军事密切相关的训练活动,与古希腊、古罗马时期寓于教育与军事中的身体锻炼活动具有很大的相似性,这也反映出军事训练中身体锻炼方法的延续性与普适性。

值得补充的是,中世纪的英国很推崇射箭运动,并将其作为公民教育的必需。"1252年威斯敏斯特条例规定,年龄在 15 至 60 岁的男子都必须定期练习射箭。……首都伦敦周围建起了很多射箭场供大家练习"③。在火药武器被引进之后,这一运动就变成了消遣和身体锻炼活动。

2. 市民生活与体育锻炼

与古罗马奴隶制相比,中世纪实行封建经济制度,农民拥有一定的私人财产,农村人口的增长和农业的不断发展,使农民的体育娱乐需求增多。与此同时,一些农民逐渐转变为城市商人和手工业者,城市的规模也逐渐增大,城市中的体育活动也更加活跃,为满足市民娱乐与体育锻炼所需的公共空间,游戏草坪在欧洲各个地区也相继出现④。此时民众从事的体育活动包括跳跃、舞蹈、射箭、摔跤、投石以及滑冰等运动,也进行驾车、骑马、划船、赛跑等竞技活动,足球、板球、槌球、网球在这一时期也较为流行。体育活动在这一时期成为农民和市民生活的必需,身体锻炼也成为一种生活方式:"整个夏天,年轻人在节日时都在进行体育锻炼,如田径、射箭、摔跤、铅球、掷标枪以及击剑"⑤。

(二) 阿维森纳的体育健身观念

希波克拉底和盖伦的医学传统在整个中世纪都占有主导地位,先是在伊斯兰世界,稍后扩大至西方的基督教世界⑥。特别是盖伦,"他的医学思想通过阿拉伯和叙利亚学者们的翻译和解释,成为在伊斯兰世界中至今仍然保存的一个重要传统的基础;他的著作被翻译为拉丁文,成为了早期意大利和西班牙医学院的课本;他的作品为中世纪医学理论奠定了基础,是中世纪医学和生物学思想的最高权威"⑦。

中世纪最有名的医学著作《医典》出自阿拉伯人阿维森纳之手,他是盖伦学说的追随者。《医典》在 11 世纪后期被翻译成拉丁文,并于 12—15 世纪在各个医学院广受欢

---

①沃尔夫冈·贝林格. 运动通史 [M]. 丁娜, 译. 北京:北京大学出版社, 2015:91-94.
②郝勤主编. 体育史 [M]. 北京:人民体育出版社, 2006:42-43.
③同①97.
④同①131.
⑤同①108.
⑥Charles M. Tipton. Exercise Physiology: People and Ideas [M]. Oxford: Oxford University Press, 2003:8.
⑦张轩辞. 灵魂与身体:盖伦的医学与哲学 [M]. 上海:同济大学出版社, 2016:19.

迎，在西方医学史上具有重要且深远的影响①。阿维森纳推崇盖伦的运动观念，宣扬适度的运动有利于健康，认为其可以帮助排除残留物和杂质。并且，适度的运动如走步可以抵制不好的体液。在阿维森纳看来，运动的效果取决于运动的程度（强度）、运动量（频率和持续性）、休息量以及相关体液的活动。他认为，任何强度的运动都会提高体内固有的热，过量的运动可能会导致死亡。除此之外，阿维森纳强调运动会让身体发热，出汗会使身体疲惫，当出汗停止时就应该停止运动，因为大量的流汗是湿性疾病的症状。他推荐四肢柔弱无力的人长期进行运动，腿部不发达的人进行跑步运动，距离逐日增加；针对呼吸虚弱的人，推荐手部运动、深呼吸和大声出声；针对肌肉虚弱的人，则推荐拉伸运动②。在其著作中，他写道："在体育疗法中有几种适度的运动，对某些人来说应该全神贯注地去做这种运动。通过运动排出体内的废物和杂质，以保持人体新陈代谢的平衡。对成年人来说，运动能调节营养，对青少年来说，运动能促进他们愉快成长。不适当的运动是一种过量负担，它削弱人的精力，加快疲劳时间，耗尽体能，使身体早衰……不要抛弃艰苦的锻炼，不要寻求过分的安逸，要保持一种愉快的环境。锻炼你的身体，用散步和意志消除你的不良情况，直到你呼吸平稳……夏天要减少疲劳以使排汗通畅。"③

总结来讲，尽管受到宗教上的禁锢，中世纪的身体锻炼活动依然以另一种形式存在着。城市化的发展也使得身体锻炼成为市民生活必不可少的一部分，古希腊、古罗马时期的身体锻炼方式依然在延续，足球、冰上运动、网球等活动的出现和流行也为西方体育健身活动增添了新的项目选择。对于普通民众而言，体育运动是生活的必需，对于医生而言，运动本身就具有了健身的意义。希波克拉底和盖伦的思想得以继承，运动依然被认为是促进健康的有效手段，适度运动依然是应该遵循的健身原则，运动的强度和运动量受到重视，运动中的呼吸、体温、脉搏、流汗依然是医学家观察的重点，身体冷、热、干、湿状态的平衡和体液的净化依然是运动促进健康的关键。

四、西方近代体育健身的发展

（一）西方近代体育健身的发展概况

经过长达千年之久的中世纪，欧洲封建社会的高度发展也孕育了资本主义工商业。11世纪以后，资产阶级逐渐强大起来，中世纪基督教的精神禁锢与文化权威已经严重束缚了资产阶级对于自由的意识形态和文化生活的需求，由此引发了资产阶级的反抗。从14—18世纪，新兴的资产阶级首先从人的解放的角度开始了文艺复兴运动，而后又通过

---

① Charles M. Tipton. Exercise Physiology: People and Ideas [M]. Oxford: Oxford University Press, 2003: 8.
② Charles M. Tipton. History of Exercise Physiology [M]. United States: Human Kinetics, 2014: 10.
③ 温家平. 世界运动医学史简介 [J]. 成都体育学院学报, 1982 (S1): 91-97.

宗教改革对基督教进行了改良，使其适应资产阶级发展的需求。启蒙思想家从思想和政治制度的角度对封建制度进行了批判，为欧洲各国进行资产阶级革命和建立自由、民主的资产阶级制度奠定了思想基础。在这一时期，体育健身成为培养新人的重要途径，宣传身体训练与教育改革始终相连①。从18世纪中期开始，关于人种退化的担忧也使得各个国家对于改善民众健康、增强人民体质具有了国家责任意识②。19世纪以后，欧洲各国纷纷进行了民族独立革命，建立了资产阶级政权。在民族意识的驱使下体育健身成了增强民族体质的重要手段。此时，欧洲城市化发展迅速，大城市中新兴阶级和办公室工作人群的增多，使体育健身成为他们增加身体活动和排解精神压力的重要途径③。总结来讲，在这一时期，西方体育健身的发展主要表现出三个显著特征：首先，体育健身具有了明显的资本主义时代特征，承担了培养资产阶级新人、推动资产阶级民族国家发展、满足城市化发展需求的社会责任；其次，体操发展出系统的身体锻炼体系，形成了西方近代体育健身的科学化发展模式；最后，体操与业余体育运动得到明确区分，逐步发展成为两种相对独立的体育健身方法，业余体育也逐步发展成为近现代体育健身的流行趋势。

1. 西方近代体育健身的时代特征

近代社会的变革使这一时期的西方体育健身具有了明显的资本主义时代特征：近代西方体育健身始终具有培养资产阶级新人、强健资本主义民族国家的人民体质、满足资本主义社会城市化发展需求的价值。

（1）培养新人：体育健身与学校教育

14—17世纪兴起于意大利而后席卷整个欧洲的文艺复兴运动，是一场提倡通过复兴古希腊、古罗马文化来反对中世纪基督教会权威的思想解放运动，其基本理念是提倡人学、反对神学，批判基督教的禁欲主义和教会对人的思想禁锢，肯定人的价值，追求人的个性解放。由于新兴资产阶级的崛起，体魄强健也成了资产阶级推崇的必备品质。"为了促进和保持健康，身体锻炼成为文艺复兴时期教育学中不可或缺的内容。各类运动如散步、射箭、特别是球类游戏都值得推荐"④。自此，西方体育健身始终与人的教育紧密相连，具有了广泛和深远的社会意义。

具体来讲，文艺复兴运动以后，资产阶级身体观念的转变导致了教育观念的转变，教育的改变首先体现在贵族教育之中。英国著名思想家、教育家洛克在《教育漫谈》中大力推崇绅士教育，认为"理想中的绅士应当是出生高贵、举止文雅、态度文静而又体魄强健的上流人"⑤。除了塑造强健有力的绅士形象，在学校中也开始推行身心全面的教

---

① 沃尔夫冈·贝林格. 运动通史 [M]. 丁娜，译. 北京：北京大学出版社，2015：233.
② 乔治·维加埃罗. 身体的历史：第1卷 [M]. 张竝，赵济鸿，吴娟，译. 上海：华东师范大学出版社，2013：220.
③ 阿兰·科尔班. 身体的历史：第2卷 [M]. 杨剑，译. 上海：华东师范大学出版社，2013：297-298.
④ 同①140.
⑤ 郝勤. 体育史 [M]. 北京：人民体育出版社，2006：69.

育。著名教育家捷克人夸美纽斯是"使学校教育冲破贵族的狭小天地，而奠定近代学校基础"①的杰出代表，他在学校推行了班级制和课间休息制，并且非常注重体育教育。18世纪启蒙思想家卢梭继承了这一教育理念，他主张在游戏中锻炼身体与学习运动技能，而他的目的是把学生"造就成一个有体力的人"②。

（2）国家责任：体育健身与民族发展

除了教育理念的改变，近代欧洲的另一个特点是人种意识的出现和国家观念的强化，民众的体质成了思想家和政治家们关心的问题，体育运动作为增强体质的重要手段，与民族发展形成了更加紧密的联系。

18世纪中期，出现了"体质教育""身体教育""医学教育"，这些闻所未闻的表达法和规划更新了陈旧的保健学传统："纠正虚弱者的体质乃是体质教育的胜利。"也恰是该世纪中期，出现了国家责任这一极为特殊的说法，要使人民的体质得到增强；延长寿命，"使臣民和家畜增多"，强调群策群力。……19世纪的革命者和国家都重新拾起了这个规划："保健学须力求在总体上完善人类的本质"。在这规划中，锻炼活动获得了明显可资调动的资源③。

18世纪的启蒙思想家已经开始意识到文明社会中人类体质退化的趋势，"自1730年—1740年起方向已逐渐发生了颠倒，即坚持认为身体虚弱呈增长之势"④。此时，工业的发展带给人们生活上的便利，却导致人们缺少运动，人们精神萎靡，生活奢靡。"文明可致怠惰，富足可致虚弱"⑤。除了精神懒散，退化的另一种表现体现在形态之上，身材被纳入体质评估的视野。为了防止衰退，人们试图对体质进行精确评估，对虚弱者和残疾人进行统计，并通过身高与体重之间的数量测定来评判一个人是否肥胖⑥。这些都反映出当时社会普遍民众对于体质健康的关注。

19世纪的欧洲正处于大国争霸和资产阶级民族国家建立的过程中，各国的体育教育也带有一定的军事色彩，一方面是为了增强民众体质，另一方面是为了民族战争储备军事力量。有"德国国民体育之父"之称的F. L. 杨（F. L. Jahnn），"他开始组织一部分人在郊外进行集体体操锻炼和教学，一部分是为了提高身体素质，一部分则是出于爱国主义，为了抵御外敌"⑦。后来德国的施皮斯进一步强化了德国体操中的爱国主义意识，更

---

①全国体育学院教材委员会. 体育史［M］. 北京：人民体育出版社，1989：93.
②同①95.
③乔治·维加埃罗. 身体的历史：第1卷［M］. 张竝，赵济鸿，吴娟，译. 上海：华东师范大学出版，2013：222-223.
④同③220.
⑤同③220.
⑥同③222.
⑦C. P. Gilmore. Exercise for Fitness［M］. Unite States：Time-Life Books，1981：52.

加强调纪律性和集体性,在学校教育中广泛使用。与德国相似,瑞典的 P. H. LING 也是在爱国主义的激发下创造了瑞典体操。此后,丹麦、法国、英国等国也开始在学校、军队和社会中推广体操,体操协会纷纷建立,体育馆日益增多,就连崇尚户外运动的英国也在军中推行体操,随后普及整个英国社会①。

(3) 社会需求:体育健身与城市发展

19世纪末期,欧洲大城市的数量不断增长,城市人口骤增。在消遣和放松之余,参加体育运动成为缓解办公室人群身体和精神压力的一剂良方:

办公室的诸种职务,从我们所赋予这个词的含义来看,他们出现于19世纪中期;人们需要有规律地、愉快地锻炼身体的心情也就随之高涨起来。……在办公室工作的既没有强壮的体质,也没有农民或外省绅士的那种刚强有力的气概。我们可以从这个观点对现代体育运动的蓬勃发展作出解释,因为它是今日我们所称的那种"高级管理人员的紧张情绪"所开的第一剂医治的药方②。

值得指出的是,20世纪初期,随着城市的发展,城市资产阶级对于自身的形象有了自觉意识,他们强调通过运动保持瘦削的体形。事实上,在19世纪时,通过运动保持体形已是资产阶级塑造其仪态的一种手段,著名诗人拜伦即通过体育运动和饮食的规划来减重,以改变自己的仪表和促进健康③。尽管人们对于硕大的体型还是充满敬意,认为那是某种力量和身份的象征④,但此时体重已经"前所未有地被强调为健康的指数"⑤,超重的身体与多种疾病密切相关,从而对生命造成威胁,甚至保险公司都开始对超重的投保者按照超重量进行特别收费⑥。同时,这一时期医学也关注女性随着年龄的增长逐渐肥胖、肌肉塌陷、脂肪堆积而导致的形体变形的现象⑦。由此,塑造健康的身形也成为城市资产阶级进行体育锻炼的一个自觉的目标,它既是健康的需要,也蕴含了一种审美追求。

2. 体操运动:西方近代体育健身的科学化与大众化

(1) 体操科学体系的构建

体操成为这一时期西方体育健身的重要手段,它与古希腊的军事和教育中的体操锻炼形式一脉相承,又有了很多方法上的改良和形式上的革新,较之以往的体操,体操在

---

① 郝勤. 体育史 [M]. 北京:人民体育出版社,2006:68-69.
② 阿兰·科尔班. 身体的历史:第2卷 [M]. 杨剑,译. 上海:华东师范大学出版社,2013:297.
③ 同②281.
④ 同②282.
⑤ 让-雅克·库尔第纳. 身体的历史:第3卷 [M]. 孙圣英,赵济鸿,吴娟,译. 上海:华东师范大学出版社,2013:123.
⑥ 同⑤124.
⑦ 同⑤124-125.

这一时期发展出科学的身体锻炼体系，推动了西方近代体育健身的科学化进程。具体体现在如下几个方面。

首先，系统化与独立化。18世纪，被称作"德意志近代体育之父"的顾茨穆茨将希腊的竞技运动与德、法两国的游戏以及自己的体操实践相结合，形成了较为完整的体操体系，在学校大力推行，其内容包括跑步、跳高、跳远、投掷、角力、悬垂、平衡、力量训练、序列运动等①。与顾茨穆茨不同，瑞士的裴斯泰洛齐设计了一套以人体基本动作为主的体操②。经过顾茨穆茨和裴斯泰洛齐对体操的系统化改造，形成了更加适合于学校教育的体操体系。19世纪初，德国、瑞典、丹麦、法国等国也先后建立了自己的体操体系，在学校广泛推广，也适用于群众性的集体锻炼③。

其次，医学化与科学化。体操的医疗功效在古代即被医生所重视。由于17—18世纪运动医学与运动生理学的发展，当时的体操家开始有意识地按照医学的原理来发展体操，使体操动作更符合人体的生理特征，更加科学化。顾茨穆茨即"十分重视医学、生理学和教育理论对体操的指导作用，认为缺乏这些知识的人是教不好体操的"④。瑞典的林氏体操即以生理和解剖学原理为基本指导，突出体操的医疗价值。施雷贝尔也于1855年出版了《室内医疗体育》一书，体操的医疗作用被广泛关注。此时，出现了矫形外科学体操，随之出现了一些健身房、医疗机械和机构⑤。

再次，机械化与精确化。这一特点主要表现在对锻炼效果的精确测量、体操动作的局部性开发及其序列化编排。这一时期，由于16世纪以来流行的机械主义以及启蒙运动以来所推崇的科学与理性主义的影响，对运动机制和效果的机械化分析成为一种主流。人们发明了测量力量、速度等运动效果的机械，对身体运动的效能进行计算，同时，对体操动作进行精确的分解和有序的排列——"把局部性的训练用号码标成系列性动作"⑥，这些动作被认为是最基本的动作，由于在近代工业生产中对工人重复性动作的需求，这些简单的动作也被用于针对提高工人工作能力而进行的训练⑦。而那些序列动作则可以根据不同的需要，进行各种编排。

最后，室内化与器械化。德国的施皮斯发展了更加适合于室内进行的体操运动，这一时期室内体育馆十分普遍，可以满足人们不同时间和季节的锻炼需求。德国体操以器械练习为主，这一时期体育馆内的器械则更加让人眼花缭乱：除了"大量昂贵的器械，即爬杆、吊挂器械的横架、障碍物、各种杠杆、弹力桥和斜面板"⑧，还包括各种测量锻

---

①郝勤. 体育史 [M]. 北京：人民体育出版社，2006：62-63.
②同①66.
③同①65.
④全国体育学院教材委员会. 体育史 [M]. 北京：人民体育出版社，1989：99.
⑤阿兰·科尔班. 身体的历史：第2卷 [M]. 杨剑，译. 上海：华东师范大学出版社，2013：288.
⑥同⑤286.
⑦同⑤287.
⑧同⑤290.

炼效果的复杂仪器①。

不难发现，在近代以前，人们对于体操的认识还只是各种身体锻炼行为的集体称呼，尚没有成为独立的活动，而近代以来的体操则开始逐渐独立化，并且作为一种身体的科学化锻炼方法的典范被人们所推崇并执行，此时的"体操被认为是涵盖了身体、卫生或教育的全部活动，它使那些应该要做的和要教授的东西都具体化了；它不是那些已经存在的东西的附加物，不是某种与舞蹈、跑步或游泳相邻的体育活动，而是一种总体性的全面的活动，因为它是唯一'合理的'。那些重新创造出体操的人曾说他们发现了一种科学：它是'以推论为基础的我们从事体育运动的一种科学'"②。可以说，科学健身的理念在近代体操体系的形成过程中发挥了重要的作用，这一理念一直延续至今。

（2）体操运动的大众普及

这一时期的体操运动主要以集体和私人两种方式开展，并分别具有不同的意义，体操在社会中得到广泛的普及，推动了近代西方体育健身的大众化发展。

首先，集体体操锻炼。主要表现在体操协会、学校、工厂和军队的集体性体操锻炼。此时的体操协会成为大众进行爱国主义活动的重要组织，它带有强烈的民族主义特征，由于体操在集体动员方面的重要作用，大众体操活动也被运用于社会各个方面："18世纪和19世纪的女性主义者、宗教领袖、教育家、工厂经理和军事首领都开始组织集体体操运动，为他们不同的目的服务。"③ 19世纪后期，体操教育在学校体育课中占有重要的地位，很多学校都配有设备齐全的体育馆，除了体育课程中的体操教学，学生也进行"课桌边的体操"，在短暂的课间休息时间活动一下因长期坐立而僵硬的肌肉④。此时，在工厂里也开始实行工间操制度，以保证工人的健康，提高工作效率，一些工厂也建有专门的健身房⑤。军队的身体锻炼则包括提高体能的各种体操和体育活动。同时，在工作间隙中也进行一些简单的集体身体操练⑥。在不同的环境，基于不同的需要，集体的体操可以不同的形式进行，特别是在学习或工作间隙的简单体操运动，适用于在工作环境中缺少身体活动的群体。

其次，个人体操锻炼。此时面向社会开放的、配有各种体操器械的体育馆成为私人进行健身活动的重要场所。由于体操在促进健康方面的医疗作用得到医学和科学的支撑，体操也成为个人卫生保健的重要手段。我们可以通过一段描述对体操在当时作为大众保健方法的面貌有所了解：

---

① 阿兰·科尔班. 身体的历史：第2卷 [M]. 杨剑，译. 上海：华东师范大学出版社，2013：290.
② 同①.
③ C. P. Gilmore. Exercise for Fitness [M]. Unite States: Time-Life Books, 1981: 52.
④ 同③58.
⑤ 同③60.
⑥ 同③62.

体操在19世纪也是以私人行为的方式得以传播的：1850年巴黎有3处体育馆，1860年有14处，1880年有32处。人们从事体操活动已成为显而易见的事，即便从今日的标准来看它仍然是很简单的。这种体操活动也是很专门化的：1860年，在所有这些机构中有4处宣称它们有卫生保健方面的目的，而到1880年时，这样的机构就增加到了14处。帕斯体育馆（朱尔·西蒙说过他在55岁之前曾到那里听过课）是那些最具特征的体育馆之一：1867年，一则把它称之为"大型医疗馆"的广告，说每年有600名学生经常去那里，并强调它能提供按摩或水疗方面的辅助性治疗。这就使得为学校、团体和集体性机构而设计的一种体操与那种为精英人士而设计的体操之间差别显得更为突出。前者的体操活动是集体性的，动作准确；后者则更具有个人的特点，并且它还要配备由束身带、弹簧拉力器和活动支架所构成的一些昂贵的器材，以便使人的形体轮廓得到更好的发育①。

此时，具有群体特征的体操协会逐渐消失，私人体操活动却已经发展成为普通大众的重要健身方法，近代体育馆也成为现代健身房的最早雏形。"体操在私人活动中，如健身馆或者家居环境下的运动中获得成功：1870年到1914年间，巴黎的健身馆从18家增加到48家，体操在自我保健中也成为常见的方式。"② 近代体操的系统化、科学化、机械化、精确化等特征也成为西方现代体育健身的重要特征。

总结来讲，体操成为这一时期西方社会的重要体育形式，它既是各个国家用于军事教育的手段，是学校体育教育的重要内容，同时也是在普通大众中广泛流行的体育健身方法，它不仅适用于集体锻炼，而且也为社会个体保健塑形和医疗活动所用。19世纪中期以后，人们对于体操教学中的军事目的开始淡化，英国的户外运动在学校体育中的地位逐渐提升，但体操依然被认为是一种有效的、系统的、科学的身体锻炼方法，在欧洲乃至美国的学校教育中被广泛推行。1775—1783年美国独立战争以后，美国与欧洲一样，也逐渐将体育纳入学校课程之中。19世纪初，德式体操传入美国，美国成立了大批体操俱乐部，19世纪中期美国将体操引入学校教育③。1827年美国雇用了第一个体育教师，19世纪50年代，波士顿第一个在公立学校中开展日常锻炼活动，到了20世纪初，大部分美国大城市的学校都规定学生每周进行至少50分钟的运动。1900年，芝加哥的15所高中有7所拥有设备齐全的体育馆④。

3. 业余体育运动：西方近代体育健身的流行

19世纪的大部分时期，体操在欧洲的体育活动中占有主导地位。户外体育活动一直

---

①阿兰·科尔班.身体的历史：第2卷[M].杨剑，译.上海：华东师范大学出版社，2013：317-318.
②让-雅克·库尔第纳.身体的历史：第3卷[M].孙圣英，赵济鸿，吴娟，译.上海：华东师范大学出版社，2013：116.
③郝勤.体育史[M].北京：人民体育出版社，2006：79.
④C. P. Gilmore. Exercise for Fitness [M]. Unite States: Time-Life Books, 1981: 58.

是英国的主要体育项目。19世纪中期,英国教育家阿诺德等将户外竞技运动引入学校,作为健身、娱乐和教育的手段。为反对当时英国社会中存在的将比赛作为谋生手段的竞技,英国社会逐渐制定了体育运动的"业余原则",与职业运动相区别。早在19世纪上半叶,英国的户外体育运动随着欧洲移民传到美国和加拿大,随后,棒球运动在美国产生,其他体育项目在美国也发展迅速,包括网球、高尔夫球、拳击、游泳、橄榄球、篮球、排球等,户外运动逐步取代体操在学校中的首要地位,各项协会相继建立[1]。在欧洲大陆,英国的业余体育活动在19世纪中期开始受到人们的喜爱和重视,到19世纪后半叶,业余体育活动逐渐取代体操的主导地位,成为欧洲体育发展的主流[2]。需要指出的是,19世纪后期,欧洲社会曾对"体操"和"体育运动"进行了长期的论争,最终体育运动获得了更多的青睐。其中的"体操"是指在近代已经逐渐体系化、科学化的针对身体各部分需要进行规划的锻炼模式;"体育运动"则指各种具有游戏性、竞技性、娱乐性的体育活动。

业余体育运动在欧洲的普及和流行与19世纪中后期欧洲的城市化发展密不可分,西方学者对此总结道:"工业时代紧张的生活节奏需要更富于游戏性和情感性的体育手段与方式,竞技运动将个人与社会、身体与情感、力量与技巧高度结合在一起,较之以人体解剖学为基础的形式单调枯燥的体操动作更能满足大机器工业时代人们的需要。"[3] 业余体育运动在西方社会的成功不仅是因为参与人数的绝对优势和社会各界的普遍重视,也体现在人们在进行自觉的体育健身活动时的选择上。一直到现代,当人们想要通过身体锻炼来实现健康目的的时候,业余体育活动也是西方乃至世界上最流行的健身(exercise)形式[4]。很多人为了提高竞技表现而进行相应的身体锻炼,这是训练为了竞技(exercise for sports),而不是竞技为了身体锻炼(sports for exercise)。但是"除了竞技能带来的愉悦之外,还不能忽视有意通过训练来达到强身健体目的的这一方面,参与者希冀此种实践活动能对身体产生效果:身体更健康、机体更强健。……没有什么能保古人是有意去这么实践的:古代的身体观可使训练的效果和其他许多效果之间存在很多种可能的替换方式"[5]。这一阐释古人参加竞技训练之意图的表述,同样适用于近代乃至现代的西方社会,不同的是,此时人们已经是有意而为之了。不管怎样,到20世纪中期,业余体育运动已经成为西方社会体育文化的主流,与之相伴随的是,参加业余体育运动也成为西方体育健身的一种流行趋势[6]。与此相对应的,体育俱乐部也逐步成为人们参加体育健身活动的重要组织形式。

---

[1] 郝勤. 体育史 [M]. 北京:人民体育出版社,2006:92.
[2] 同[1]92-93.
[3] 同[1]93.
[4] C. P. Gilmore. Exercise for Fitness [M]. United States:Time-Life Books,1981:114.
[5] 乔治·维加埃罗. 身体的历史:第1卷 [M]. 张竝,赵济鸿,译. 上海:华东师范大学出版,2013:213-214.
[6] 同[4]114.

(二) 西方近代体育健身的医学转向

近代也是西方医学走出传统、不断革新的历史,这种改变,不仅是基础理论的根本转变,也包括医学方法的变革。15—16世纪,以盖伦为代表的传统医学由全面兴盛逐渐消退,从16世纪上半期起,西方医学界出现了对盖伦医学的质疑,一直到1543年,维萨里发表的《人体构造》将质疑推向顶点①。此书直接建立在人体解剖的基础之上,在很多方面反驳了奠基于动物解剖实验之上的盖伦的解剖学,推动了西方近代解剖学的发展,被认为是西方现代解剖学和生理学的开端②。17世纪英国哲学的变革引发了科学革命,由此产生了不同于传统思辨科学的近代实验科学。"实验"二字成为近代科学的方法论核心③。与之相伴随的是,医学也开始科学化,最明显的特点是此时的医学开始自觉借助于自然科学的最新成果和科学仪器、运用实验的方法、追求精确性的量度等④。正如有中国学者所指出的,"近代医学一开始就与近代科学密切相关,所以,大部分自然科学上的新学说、新发现、新技术都曾用来为医学理论或实践服务"⑤。

1. 医学的变革与传统的延续: 15—17世纪西方体育健身的医学认知

(1) 近代医学的变革

1616年英国的哈维(William Harvey,1578—1657)基于纯粹的解剖实验成功地阐释了机体血液循环的机制和心脏的功能,由此推翻了盖伦关于血液循环的传统观念。在此基础上,哈维认为运动会使更多的血液流向四肢,加强脉搏,促进血液在静脉之间的流动和分布⑥。17世纪由伽利略、开普勒、牛顿等科学家所建立的力学大厦使机械力学成为科学界的主流,机械主义也成为一种认识世界的观念,机械和数学的原理被用来解释生理现象和机体功能,身体被看作一部机器,意大利的博雷利(Giovanni Borelli,1608—1697)用机械原理来研究肌肉收缩的机制以及肌肉的功能⑦。这一时期化学上的进步也推动了医学的发展,比利时的化学家海尔蒙特(Jan Baptist van Helmont,1580—1644)发现了空气是由多种气体所组成,英国化学家波义耳(Robert Boyle,1627—1691)证明空气是人维持生命的必需。英国的梅奥(John Mayow,1641—1679)指出呼吸时肺部跟随胸腔的运动而运动,并认为呼吸与燃烧过程类似⑧。在此基础上,他也分析了剧烈运动时需要

---

①Charles M. Tipton. History of Exercise Physiology [M]. United States: Human Kinetics, 2014: 10.
②Charles M. Tipton. Exercise Physiology: People and Ideas [M]. Oxford: Oxford University Press, 2003: 11-12.
③赵洪钧. 近代中西医论争史 [M]. 北京: 学苑出版社, 2012: 7.
④同②13.
⑤同③24.
⑥同②14.
⑦同①12.
⑧同①11.

调整呼吸的原因①。17世纪的很多科学家和医学家制造了各种测量仪器，如脉搏计、空气温度计、湿度计等，以精确和客观地测量身体的各种功能②。意大利的圣托里奥（Santorio，1561—1636）设计了一个椅称可以系统测量人体分别在坐、睡眠、吃饭、排泄、运动时体重的波动情况，他发现机体摄入量远比可见的排泄量大，认为这是不显著的出汗造成的。他指出不显汗会根据外在温度的变化而变化，运动可以帮助人改善排汗功能，但剧烈过量的运动出汗会导致早衰。这一研究被认为是西方最早的关于新陈代谢的研究③。总结来讲，这一时期的研究主要集中在以下几个方面：心脏活动、血管与血流、肌肉收缩、机体发热的缘由、肺和肝脏的功能等④。由此也奠定了近代心血管系统、呼吸系统、神经肌肉系统、新陈代谢系统等的生理学基础。

（2）传统医学的延续

显而易见，这一时期的医学和生理学观念较之传统医学有了很大的转变，但是，通过对西方有关研究的考察发现，这一时期传统的医学观念并没有得到彻底的颠覆，特别是在涉及运动与健康之关系的论述上：

论健康的古老文本在此首先延续了古代的标记方式，也就是希波克拉底或盖伦的标记方式：身体运动有助于排空身体，它能激发身体的各个部分，能使器官收缩，能将可引起心绪烦躁的凝滞的体液排出去。……管道可有效地排液，各部分得到强化，古代医学的这个重大原则恰好成了中心议题：由体液构成的身体的传统形象限定于身体得到更新、排除体液这一层面。……这个主题也在当时有关健康的论文中经常得到重述："锻炼使人类的身体免除疾病的痛苦，他能不知不觉间化解整个消化系统的多余物。"⑤

传统医学的关注点及其解释依旧具有主导性。沃尔夫刚·贝林格指出："盖伦积极肯定体育活动，所以近代的所有医生都认为它有益于健康。……他们的评价经常源于个人经验，所以当人们逐渐摈弃某些古代医学理论时，并没有改变对体育活动的评价。"⑥ 这一时期的医生都强调适度运动和运动时间的重要性，认为过度运动和不合时宜的运动会导致疾病⑦。医生思考的范围涉及运动的时间以及不同人群、不同年龄、不同身份的人分别适宜何种运动等问题。在他们的运动清单中，包括摔跤、拳击、跑、跳、球类、骑马、

---

① Charles M. Tipton. Exercise Physiology: People and Ideas [M]. Oxford: Oxford University Press, 2003: 18-19.
② Charles M. Tipton. History of Exercise Physiology [M]. United States: Human Kinetics, 2014: 12.
③ 同②.
④ 同①13.
⑤ 乔治·维加埃罗. 身体的历史：第1卷 [M]. 张竝，赵济鸿，关娟，译. 上海：华东师范大学出版，2013：214.
⑥ 沃尔夫冈·贝林格. 运动通史 [M]. 丁娜，译. 北京：北京大学出版社，2015：151.
⑦ 同⑥149-150.

击剑、跳舞、散步等各种项目①。这一时期的医生也普遍推崇球类运动的健身功效,其中网球的健身功效最受推崇,"因为在交替进行的传球和接球动作中身体的各部位都得到了均匀而有规律的活动,不像摔跤、跑步或骑马等田径运动总是相同的肌肉负重"②。

文艺复兴时期最重要的运动医学家是梅尔库力阿里斯,其在《论艺术体操》中,将体操分为三类:医学体操——有益于健康的身体训练,军事体操——所有与兵役有关的训练,运动体操——为取得竞技胜利而进行的身体训练。需要指出的是,他并不推崇基于竞技目的的运动体操,体操此时尚未成为独立的身体锻炼系统,而他所推崇的医疗体操则有很大的包容性,网球、甚至杂技都被他认为是有益健康的运动③。由此可见,在当时的医生看来,体育运动本身都具有健身功能的,而如何合理地运动,是人们应该注意的问题,医生应该对此有所区分,并给出具体的建议。

总的来讲,在运动健身的理念上,这一时期的医生依然沿袭着希波克拉底和盖伦的传统理念,增加身体的热度、促进消化、排除多余体液和杂质、净化身体管道、增加内在的摩擦、强化内脏等依然被认为是运动作用于健康的机理,促进新陈代谢和强化内脏功能成为运动作用于健康的最直接效用。基于这种传统,与古代一样,散步依然是医生们特别推崇的健身方法,"保健运动应该很简单,日常即可从事,即步行一定的距离"④。骑马也被推崇,因为它们都可以"使人不知不觉地流汗,其所引起的摩擦会对极其敏感的体液产生作用"⑤。

值得指出的是,由于排除多余体液对保持健康具有如此重要的作用,"放血术"也成为这一时期人们进行排除身体体液的流行手段。甚至"古代法国在如何保养身体方面,优先的实践活动并非锻炼,而是放血,排出体液的逻辑达到了它的目的:即刻流淌出来,体液可以看得见,数量几乎得到控制"⑥。这也从一个侧面反映出,平衡体液在这一时期的医学领域具有绝对的主导地位。

2. 18世纪西方体育健身的医学转向

随着18世纪启蒙运动对于科学与理性的推崇,科学的社会地位得到进一步提升,科学上的进步依旧对生理学产生着重要影响。18世纪上半叶医生开始着手对当时的生理学知识进行系统化整理,发表了一些关于运动、健康、长寿的专著,运动的原理也被应用于其他身体活动,如跑步、跳舞等,有些书中也推荐将运动作为治疗某些疾病的重要手段⑦。如当时在运动医学领域具有重要影响的德国医生霍夫曼(Friedrich Hoffmann,

---

① 沃尔夫冈·贝林格. 运动通史 [M]. 丁娜,译. 北京:北京大学出版社,2015:149.
② 同①141.
③ 同①148-149.
④ 乔治·维加埃罗. 身体的历史:第1卷 [M]. 张竝,赵济鸿,吴娟,译. 上海:华东师范大学出版,2013:217.
⑤ 同④218.
⑥ 同④215.
⑦ Charles M. Tipton. Exercise Physiology: People and Ideas [M]. Oxford: Oxford University Press, 2003:13.

1660—1742),"在其博士论文的标题中他就将运动定义为最佳药物"①。这一时期,医生通过各种实验,对运动的生理机制进行了研究,取得了很多成果,医生所研究的问题涉及脉搏、肌肉、神经、呼吸、流汗、循环等,同时,"着重关注的是氧化与能量燃烧、新陈代谢、呼吸、对肌肉收缩的深入认知以及机体的热度"②。18世纪生理学关注对象的转变直接导致了医学关注点的转向,由此,在论述体育运动对于健康的作用时,体液的净化与平衡不再是医学阐释的基础,取而代之的是对肌肉纤维以及能量转化的重视,与之相伴随的,是对运动量和运动效能的精确性的重视。

(1) 从体液到肌肉的转向

显微镜的发明和使用,使纤维"在18世纪成为最低限度的解剖学上的单元,是构成身体各部分的首要片段。……它也是运动的首要单元"③,强化纤维成了这一时期人们寻求健康的新途径,也是在这一时期,"液体的状态、其构成、其动力不再成为首要目的。身体的条件是否良好……延伸至纤维的结构、反应性力量、其策略和张力,所有这些特殊的原则均超越了古老的运动或纯净原则。……身体的体液形象首先让位给了张力与刺激这些远为复杂的形象"④。相应地,对运动效果的评价标准也由体液转移至肌肉力量、速度、耐力,以纤维为基础的肌肉的"活力、力量、柔韧性也成了身体的素质"⑤。肌肉由此在运动中具有了重要的地位。需要指出的是,从古希腊时期起,西方社会对于肌肉本身就有了一定的关注,16—17世纪也很推崇身体的力量、柔韧、灵活等特质,但传统的观念将这些都归于肌腱的作用,肌肉本身则更多地具有表现"形象"的象征意味而非直接与运动和健康的机制发生关联⑥。直到18世纪对于肌肉结构的深入发现,人们对于肌肉的功能开始有了新的认识,传统体操中对于肌肉力量的锻炼也具有了强壮与健康的双重功效。

(2) 能量转化的发现以及对体能的重视

18世纪的另一个转变是对运动中能量转化的发现。1777年,法国的拉瓦锡(Antoine Lavoisier, 1743—1794)发现了氧气,并证明了呼吸是一个缓慢的氧化过程,依赖氧气的供应。并且,氧气的消耗与运动中的做功在数量上是对等的。拉瓦锡的这一发现"深远地改变了人们对锻炼及其变化形式,尤其是锻炼强度的看法。……呼吸不再如传统医学所言,可使血液冷却或对动脉和心脏造成压力,而是指某种新型的氧化反应,使用某种

---

①沃尔夫冈·贝林格. 运动通史 [M]. 丁娜, 译. 北京:北京大学出版社, 2015:151.
②Charles M. Tipton. Exercise Physiology: People and Ideas [M]. Oxford: Oxford University Press, 2003:27.
③乔治·维加埃罗. 身体的历史:第1卷 [M]. 张竝, 赵济鸿, 吴娟, 译. 上海:华东师范大学出版, 2013:277.
④同③.
⑤同③224.
⑥同③191.

相当特殊的气体就成了开展锻炼活动的条件"①。他的一系列实验也被认为是"人类首次证明了受外在温度、消化和运动影响的能量转化现象"②。这一转变不仅提高了肺部呼吸在运动中的地位,也使人们对于运动效果的测量有了新的模式:通过测量运动时呼吸的耗氧量来测量运动所做的功,从而了解运动的实际消耗。到了19世纪,人们对肺部做功所造成的能量消耗的重视程度甚至超过了对肌肉运动的重视。这一时期,人们对跑步功效的描述表明了这一点:

它不仅对腿部肌肉而且还对肺腔有影响。由此便出现了这样一种对跑步之作用绝对是闻所未闻的表述:只有腿部做功、持续不断地跑步和反复进行这样的运动(不单纯涉及胸部的一成不变的伸展),才能使胸廓的形状和体形发生变化。正是这些运动还会使肺部独自伸展,正是这些运动在改变内在呼吸机制的同时,也在改变着它的外部解剖学上的位置。……这就打乱了体育锻炼的准则及其所预想的结果:肺部通常所做的全部的功或许会比人所需要的体育活动的形式和动作的准确更为重要。"体育运动的"消耗或许会比"体操的"外表形式更为重要③。

这一描述暗含了在前文所提到的19世纪中期以后,欧洲社会的体育运动与体操之争。除了我们已经指出的体育运动更能满足近代欧洲城市生活的需求与资产阶级的伦理精神更契合,还有一个原因是,"体育运动还能使人们想到对身体的一种新的描述,即人们对身体的描述已让位于对'能量'原理的阐述,并按照从解剖学的角度对体操运动员所持的种种固定不变的看法,赋予生理学上的能量交换以特殊的地位。长期以来,人们强调能量方面的依据这一做法,就可以使人体从一些较为自由的运动中所获得好处显露出来。例如,对呼吸的分析,即对氧气交换的强调,可阐明全身的肌肉活动对局部和特殊的肌肉活动所产生的好处"④。由此,"'体育运动员'在人们对'体操运动员'的较为机械的看法中加进了某种有关体能的观念"⑤。

(3) 对运动量及其效能的精确性测量

对运动量的规划和对运动效能进行预测与评估也成为18世纪体育健身的一个特点。"数字已成了18世纪对锻炼活动进行技术、对耐力进行比较、应对速度、通过各式各样范式来逐步提高'敏捷度'的新方法"⑥。比如,当时的人在运动时会在"房内计算步

---

①乔治·维加埃罗. 身体的历史:第1卷[M]. 张竝,赵济鸿,吴娟,译. 上海:华东师范大学出版社,2013:234.
②Charles M. Tipton. History of Exercise Physiology[M]. United States:Human Kinetics, 2014:13.
③阿兰·科尔班主编. 身体的历史:第2卷[M]. 杨剑,译. 上海:华东师范大学出版社,2013:327.
④同③326.
⑤同③327.
⑥同①229.

数""研究身体处于何种姿势,可获得最大的承重"等①。速度、耐力等身体素质也被进行精确地测量,通过对测量结果进行评估,从而调整运动量和运动方式,从而实现某种预期的运动或健身效果,由此"数字第一次构建了训练及其循序渐进的发展过程。它也是第一次引导了人们的评论,对锻炼的方式方法及其更新起到了指导作用"②。对精确性的强调在19世纪初得到更细致和广泛的运用,并一直延续至今。

3. 19世纪—20世纪初西方体育健身的现代医学阐释

在西方医学史中,19世纪被认为是现代医学的开端,运动科学史研究者也认为从19世纪开始,医生开始认识到运动在促进健康方面的价值③。事实上,西方医学从古希腊时期就对运动的健康价值有明确的认知,尽管18世纪的医学观念已经发生了转变,但直到19世纪,传统的体液观念才真正被取代。19世纪对西方体育健身的意义在于,从此时开始,西方医学开始真正从现代医学的角度对运动的健身价值进行了不同于传统的全新的阐释和评估。

19—20世纪初,西方医学研究者做了大量的实验,对于运动的机制和效果进行了测量和分析,基于这些研究成果,当时的医生和运动生理学研究者对运动的健身功效进行了多方面的描述:1807年,辛克莱(John Sinclair)在其著作中指出运动可以减少脂肪、增加肌肉、坚固骨骼、促进流汗、改善肺部功能、加快恢复④。1835年,邓利森(Robley Dundlison)写了首部供医学院学生使用的有关预防医学的著作。他提倡运动有益于健康,并认为缺少运动会导致神经、循环、肌肉、消化、分泌和排泄等生理系统的某些功能丧失,最终引发各种疾病或身体混乱。与此同时,他认为长跑可以改善消化和精神功能;他反对剧烈运动,认为这样会导致吸氧不足、二氧化碳产出过多,最终引发窒息;他推崇适度运动,认为这样可以促进血液流动、加强心脏活动、结实肌肉、减少肌肉周围的脂肪⑤。1836年,孔布(Andrew Combe)在其著作中强调了运动的健身益处,并说明了运动对身体各系统的作用,包括中枢神经系统;他提倡适度运动和有规划的休息,认为运动可以经由中枢神经的介导增加肌肉力量,而缺少运动则会引起肌肉衰弱和肺部疾病。⑥ 1855年,拜福德(William H. Byford)首次将运动生理学纳入其专著之中,他很推崇运动对于健康的益处,认为运动可以促进生长和发展、改善消化、增加血流在内脏和组织间的传输、增加皮肤、肝脏和肾脏的分泌⑦。1886年,哈特丰尔(Edward Hartwell)指出运动对获得健康至关重要,他认为运动可以促进肌肉和神经细胞的生长,如若废弃

---

①乔治·维加埃罗.身体的历史:第1卷[M].张竝,赵济鸿,译.上海:华东师范大学出版社,2013:228.
②同①229.
③Charles M. Tipton. History of Exercise Physiology [M]. United States: Human Kinetics, 2014:20.
④同③21.
⑤同③21.
⑥同③21.
⑦同③21.

不用,二者将会衰退;他认为不运动也会引起食物氧化不完全、消化紊乱、神经系统虚弱、肌肉松弛、分泌受损、诱发疾病;他认为一个人每天应该步行14.5千米以实现健康[1]。

很显然,此时西方主流医学已经彻底抛弃了诸如体液净化和坚固内脏的论述,关注的重点包括运动对肌肉、骨骼、神经、耗氧状况、血流状况、脂肪量、肝肾功能、分泌排泄等各个方面的影响,涉及人体的心血管循环系统、神经肌肉系统、呼吸系统、代谢系统等。这些因素包含了人体的身体形态、生理机能和运动素质等现代社会所提倡的健康体能所包含的基本内容。医学已然发生了现代性转变,但是一些传统的经验性认知依然具有普遍性:适度运动依然是医生强调的重点,只是对其功效和过量运动的危害性的解释发生了转变;走路和跑步也是他们推崇的健身方法,只不过由于对精确性的强调,走路和跑步也被量化了,耗氧量成为测量其健身效能的重要指标。值得补充的是,由于对肌肉和能量的强调,20世纪初人们对于体育锻炼效果的测量着重在肌肉体积的增加量和肺部的呼吸量的测量,其中"肺是计算的重点,能量是描述的重点"[2]。

总结来讲,近代以来西方经历了多种历史性变革,资本主义制度的建立及其伦理精神的确立,使西方体育健身的教育性、民族性、社会性特征更加凸显。与此同时,在古代社会就已存在的身体锻炼形式得到了更加系统化、科学化的发展:第一,体操发展成为独立的身体锻炼系统,服务于集体或个人,健身房成为人们进行锻炼的重要场所;第二,体育运动也以业余性为原则、以俱乐部为载体,成为大众体育健身的流行方式。由于资本主义国家大规模城市化发展的需求,体育锻炼对于改善身体健康状况、缓解精神压力的功效也受到前所未有的重视,这是近代西方体育健身发展的时代背景,奠定了西方现代体育健身的社会基础。与此同时,近代科学对医学的直接影响改变了传统以体液为主导的医学解释模式,肌肉功能和状态与能量代谢成为体育健身的重要医学参照。实验在医学研究中的重要地位也得以确立,奠定了现代体育健身的医学基础及其研究范式。除此之外,一些传统的观念依旧在延续,医生对适度运动的强调,对走步和跑步的推崇,体操和体育运动也依旧是体育健身的重要手段。

通过对西方近代体育健身的考察,可以清晰地看到它与西方现代体育健身之间的某种密切的联系。正是近代体育健身在社会、医学、体育等诸多领域划时代的发展,才促使西方现代体育健身呈现出现今的模样。

五、西方现代体育健身的发展

"二战"以后,许多国家纷纷独立,尽管以美国为首的资本主义国家和以苏联为首的

---

[1] Charles M. Tipton. History of Exercise Physiology [M]. United States: Human Kinetics, 2014: 22-23.
[2] 让-雅克·库尔第纳. 身体的历史:第3卷 [M]. 孙圣英,赵济鸿,吴娟,译. 上海:华东师范大学出版社,2013:119.

社会主义国家之间进行了将近半个世纪的冷战,但从整体上来看,世界是朝着和平稳定的方向在发展,这也为各国的社会经济发展提供了一个良好的环境。由于生存环境的稳定以及生活条件的空前提高,现代人对于健康的需求也日益高涨。同时,由于科学技术的巨大飞跃,信息化时代到来,人类文明的进程进一步加快,与之相伴随的是人们工作与生活方式的改变,现代社会的"文明病"由此产生,缺少运动成为危害现代人健康的重要因素。基于以上种种现代性变革,健康逐渐成为现代社会的时代主题,正如一位西方学者所描述的:"如果说18世纪的关键词是幸福,19世纪的关键词是自由,那么20世纪的关键词就是健康。"[①]"二战"以后,很多国家都将发展体育事业作为改善民众身体健康状况的重要手段,并采取了很多措施。由于健康已成为人类所关注的共同话题,国际间关于体育健身的合作也广泛展开。

(一) 西方现代体育健身的发展概况

1. 西方现代体育健身的战略化发展

(1) 青少年健康与学校体育的战略化发展

"二战"以后,西方国家普遍意识到青少年健康关乎国家的长远发展,政府对于学校体育发展也十分重视。1956年,美国建立了青少年健康总统委员会对青少年身体健康进行专门管理,并在各州建立了州委员会。与此同时,在各类学校兴建体育设施和场馆,鼓励和吸引青少年参加体育活动。欧洲各国也采取了类似的措施,大力推广青少年喜爱的各种体育活动。为了使体育教育更科学化与合理化,欧美很多国家都很重视制定青少年健康标准,对青少年的健康状况进行测试,并根据不同学生的体质状况进行分别教学[②]。

(2) 人类健康与大众体育的战略化发展

早在1919年,现代奥林匹克运动之父顾拜旦提出了"体育为大众"(Sports for all)的口号,提倡人人都享有参加体育运动的权利。1946年,世界卫生组织成立,并在其章程中提出健康是最基本的人权,并发起"国际健康为大众"运动,积极推动大众体育在促进人类健康方面发挥重要作用西方各国民众对于健身娱乐的需求也日益高涨,20世纪60年代以来,美国、德国、英国等欧美各国开始逐渐加大对大众体育的战略化投入,积极兴建各种公共健身场所,如社区公园、公共体育馆等,加强对大众体育的管理,如美国有专门的从联邦政府到各州的垂直的大众体育管理系统,并设有美国总统健康与运动理事会。1985年,国际奥委会成立了大众体育委员会,积极鼓励和支持大众体育运动。世界卫生组织也积极推动"健康为大众"运动,召开了多次国际会议,并与其他国际组

---

①让-雅克·库尔第纳. 身体的历史:第3卷 [M]. 孙圣英,赵济鸿,吴娟,译. 上海:华东师范大学出版社,2013:4.
②郝勤. 体育史 [M]. 北京:人民体育出版社,2006:154-156.

织进行合作，共同倡导通过体育锻炼促进健康，为发挥大众体育在促进人类健康方面的作用而努力。1969年，国际健身和大众体育协会成立，并发展成为在国际大众体育中具有重要影响的体育组织。总结来讲，大众体育的发展是时代发展的必然，它满足了现代人的健身、娱乐、休闲等多种需求，同时也为缓解社会矛盾，促进经济发展提供了助力。由此，大众体育成为欧美各国支持的一项战略性国策，而对于人类健康事业来说，发展大众体育也是一项全球性的战略性举措[①]。

(3) 西方国家的"全民健身"战略

20世纪70年代，美国通过一份国民健康状况调查发现，联邦政府每年的医疗花费占GDP总额的比例呈逐年上升的趋势，政府开始意识到预防疾病比治疗疾病更加重要。从1979年至2020年，美国卫生部相继出台了"健康公民1990"（Healthy People 1990）、"健康公民2000"（Healthy People 2000）、"健康公民2010"（Healthy People 2010）、"健康公民2020"（Healthy People 2020）等方案，着重强调了运动是改善公民健康状况的重要手段。为了更好地指导民众进行科学合理的健身锻炼，美国政府又于2008年推出"联邦体力活动指南"。由于常规的体力活动已被证实可以预防各种现代流行疾病，美国于2010年又推出了"全国体力活动计划"（National Physical Activity Plan），进一步强调身体锻炼的医疗意义[②]。美国的一系列旨在推动全民健身和促进大众健康的政策性举措均具有国家战略性意义，其目的是增强国民身体素质，减少政府医疗开支。加拿大也于1990年推出了"积极人生"计划。在欧洲，很多国家制定了"全民健身"战略性政策，如意大利于1994年推出了"面向2000年的体育目标"计划，英国于1998年推出了"大众参与计划"，德国于2000年推出了"体育促进计划"，瑞士于2003年推出了"《运动21》全民健身计划"等[③]。

2. 西方现代体育健身活动

近代以来欧洲的城市化发展极大地提高了体育健身在人们日常生活中的地位。"二战"以后，基于全球性的普遍共识，大众性的体育健身活动在欧洲得到空前推崇，由于西方各国地域和体育文化传统不同，各个国家所流行的体育健身方法也呈现出不同的特征，如北欧流行的滑雪、徒步走，美国流行的走步、慢跑以及各种需要一定体能基础的体育活动[④]。20世纪60年代，美国运动生理学家库珀（Kenneth H. Cooper）发明了有氧锻炼法（Aerobics），他认为人的体力大小与吸氧能力成正比，人与人之间体力不同的根本原因在于吸氧能力的不同。通过研究，他证明了中等强度的耐力运动最有利于刺激心肺，

[①] 郝勤. 体育史 [M]. 北京：人民体育出版社，2006：158-169.
[②] 王郓，李敏. 中、美全民健身服务体系的比较分析 [J]. 武汉体育学院学报，2015，49（12）：31-38.
[③] 唐宏贵. 体育健身原理与方法 [M]. 武汉：湖北长江出版集团，湖北人民出版社，1999：28.
[④] C. P. Gilmore. Exercise for Fitness [M]. United States：Time-Life Books，1981：28-32.

增强人体的吸氧能力，他将这一种锻炼方法定名为"有氧锻炼"法。同时，他指出步行、慢跑、游泳、骑自行车等是进行有氧运动的最好选择。此后，有氧运动在西方社会受到广泛推崇，步行、慢跑、游泳、骑自行车以及有氧健身操等成为西方现代体育健身中的流行运动项目。除此之外，由于业余性的体育运动在西方大众体育中一直受众广泛，因此很多人也通过参加各种体育俱乐部、参与业余体育运动来实现健身的目的，运动学研究者也对不同体育运动的健身效果进行评估，以帮助人们更好地选择体育运动以实现娱乐与健身的双重目的，如篮球即被认为是可以增强有氧能力的运动，而高尔夫球则被认为对提高有氧能力并没有多大效果[1]。此外，健身房内各种体能锻炼以及塑造形体的健身运动也广泛流行。

事实上，由于体育活动功能的多样性特征，人们出于多种需求而从事体育活动，健身、娱乐、休闲是现代人从事体育活动的三个主要目的。寓健身于娱乐与休闲活动之中，通过休闲和娱乐活动中的身体运动来促进健康，这成为现代人体育健身活动的重要特征。由此，各种休闲体育也成为现代西方体育健身的选择，如滑冰、野外活动、极限运动等。总结来讲，在现代社会，由于久坐少动成为引发各种现代疾病的诱因，因此适当的身体运动都是人们生活所必需，不管日常的体力活动，还是有规划的身体运动，或是业余性的体育活动，抑或是各种休闲体育，这些都构成了西方现代体育健身的重要内容。

（二）西方现代医学对体育健身的关注

19世纪以来，西方体育健身在现代医学的影响下逐渐走向科学化，20世纪以来西方医学继续向前发展，取得了很多新突破，如何更科学地指导人们进行体育健身活动成为医学所关心的热点问题。20世纪中期，西方运动医学研究者对运动促进健康的作用与机制、何种运动有利于健康、不同人群适合的运动项目与运动量等具体问题进行了很多细致的研究，取得了很多成果。"二战"以后，随着人们对于健康的重视程度的提高以及各种现代性疾病的频发，西方运动医学乃至西方社会对运动即良医与运动处方这两个观念重新重视。之所以说重新，是因为从古希腊时期开始，这两个观念已经存在于医生的运动医疗理念与实践之中，但一直到现代社会，这两个观念才被以如此正式的方式提出，并且对整个西方社会乃至全球造成巨大的影响。

1. 运动即良医（Exercise is Medicine）

现代社会，科技的进步、物质水平的提高以及城市化的发展极大地改变了人们的生活方式，人们的体力活动减少，饮食中的高脂肪和高蛋白摄入量增多，各种现代文明病增多，其中心血管疾病、糖尿病、癌症、肥胖症、心理疾病等多种慢性疾病成为危害现

---

[1] C. P. Gilmore. Exercise for Fitness [M]. United States: Time-Life Books, 1981.

代人健康的主要病症，而运动不足与生活安逸与这些疾病的产生密切相关。1994年，世界卫生组织就指出，静坐少动是当今慢性疾病发生的第一独立危险因素。1996年美国心脏学会指出："体力活动减少和静坐少动的生活方式是心血管疾病主要可以修正的危险因素。"基于人们对于现代流行性疾病与缺少运动之间关联性的认知，2007年11月，美国运动医学会和美国医学会正式提出运动是良医（Exercise is Medicine）的理念。2010年首次召开主题为"全世界的健康处方"的全球大会，这一理念也在世界范围内传播。

2. 运动处方（Exercise Prescription）

运动处方的概念最早是美国生理学家卡波维奇在20世纪50年代提出的。1960年日本猪饲道夫教授首先使用"运动处方"这一术语。1969年，世界卫生组织提出了处方练习或规定性练习，即人们通常所说的运动处方，也是从20世纪60年代开始，随着康复医学的发展，运动处方开始受到重视，"运动处方"这一术语也在国际上得到广泛认可[1][2][3]。中外学者对其概念进行过多次阐释。在此不做详述，总结来讲，运动处方是有专业从业资质的康复医师或健身指导者根据体育锻炼者的个人身体状况（包括性别、年龄、职业、健康状况、体力条件、疾病特征等）以及锻炼目的（如健身锻炼、健美塑形、疾病康复、提高竞技水平等），以处方的形式制订一套科学的、有针对性的锻炼计划，其内容涉及运动项目、运动时间、运动频率、运动强度及注意事项等。

（1）运动处方与体育健身的科学化

运动处方的最大特点是科学化，它遵循一套科学严格的程序和方法，主张用严格的科学方法对锻炼者进行身体指标检测和评估，并根据其身体和生活需要，制定有规划、有科学依据、可进行精确性评估的健身计划处方。具体来讲，运动处方分为多种类型，按照锻炼目的，可分为健身运动处方、健美运动处方、竞技运动处方、康复运动处方等[4][5]；按照所锻炼的功能，可分为发展心肺功能的运动处方（以有氧运动为主要处方项目）、发展力量的运动处方（以抗阻训练为主要处方项目）、发展柔韧性的运动处方（以拉伸运动为主要处方项目）、控制体重的运动处方（以有氧耐力运动为主要处方项目）等[6]。此外，还有针对不同人群而设计的以促进健康为目的的运动处方，如办公室人群运动处方、青少年运动处方、妇女运动处方、老年人运动处方等；针对不同疾病人群而设计的康复保健运动处方，分为心血管病人运动处方、2型糖尿病人运动处方等。

---

[1]黄玉山.运动处方理论与应用[M].桂林：广西师范大学出版社，2013：1-2.
[2]唐宏贵.体育健身原理与方法[M].武汉：湖北长江出版集团，湖北人民出版社，1999：68.
[3]刘纪清，李国强.实用运动处方[M].哈尔滨：黑龙江科学技术出版社，1993.
[4]同[2].
[5]同[3]74.
[6]王旭东.体育健身原理与方法[M].北京：北京体育大学出版社，2008：76-78.

（2）有氧锻炼及其在运动处方中的重要地位

由于近代医学对于人体肌肉功能的重视以及对机体运动时耗氧过程的发现，运动中的肌肉功能与有氧能力成为现代运动医学关注的重点，与二者相关联的神经肌肉系统、心血管系统、呼吸系统等生理系统的功能状态也成为衡量个人健康状况的关键，其中心肺功能的强弱更是医生关注的焦点。20世纪50年代，美国的生理学家提出"人体消耗氧气的能力可能是衡量其心血管循环系统和呼吸系统功能的可靠指标"[1]。在此基础上，1961年，美国运动医学研究者库珀在针对何种运动更加有利于健康的研究中得出结论，认为人体在运动时的"最大耗氧量是衡量人体基本体能的重要指标：最大耗氧量高的人健康，最大耗氧量低的人不健康"[2]。这一观点随后被广泛认可，从此，有氧能力成为衡量人体健康状况的重要指标。在运动处方中，也以提高有氧能力作为提高体能的基础性手段，只是在具体操作过程中，须根据不同的体质需求，对有氧运动项目及其运动负荷进行相应的调整。

总结来讲，由于全球性的健康危机，西方体育健身发展到现代，逐渐承担起促进西方国家民众身体健康的重任，具有国家层次的战略性意义。如果说18世纪西方国家产生的民族危机是体育健身承担民族使命的开始，那么到20世纪中期以后，体育健身所承担的已然是一种人类使命，大众健身的理念被世界各国所倡导，不仅仅局限于西方国家。西方现代体育健身的意义在于，它不仅用它丰富多元的体育项目主导着世界体育健身的市场，同时也用权威性的现代运动医学理念引领着世界体育健身的科学发展方向，有氧运动和肌肉锻炼成为当前世界体育健身的基本指南，运动处方的科学健身理念也引导着人们对体育健身做更加科学的规划。最后，值得指出的是，西方国家也逐渐对印度瑜伽、中国气功、武术等身体锻炼方法进行关注，并对其健身功效做了很多实证性的研究，由此，东西方体育健身方法之间在运动是良医的理论基础上展开了对话。

本章小结

中国传统体育养生直接奠基于中国传统医学之上，传统中医以《黄帝内经》为理论基础，尽管中医也经历过历史变革，但始终没有脱离《黄帝内经》中所建构的人体结构以及生命保养模式的阐释，更没有跳脱中国传统阴阳五行哲学建构的整体性框架。由此，中国传统体育养生在对人体的身体认知上保有理念的延续性，在方法上始终以传统医家所建构的医学导引方法为基础。直接关注生命延续的道教对导引术进行了方法和理论上的补充与深化，明清时期武术对导引养生方法和理论的借鉴也丰富了传统体育养生的方

[1] C. P. Gilmore. Exercise for Fitness [M]. United States：Time-Life Books, 1981：36.
[2] 同[1]36.

法内容。除了内容上的不断丰富，中国传统体育养生的历史发展过程也是一个在形式上不断完善的过程，如病例体式的丰富、套路体式的完善、四时导引体式的成熟等，这些都与人们日常的导引养生紧密结合，具有直接指导实践的意义。近现代以来，受到西方医学和体育文化的冲击，中国传统体育养生进行了很多顺应时代的改良，但是在实质上依然延续着传统的观念、方法，表现出明显的延续性、体系性与内聚性特征。

西方体育健身的发展也直接奠基于西方医学之上，与传统中医的历史延续性不同，西方医学经历了从传统到现代的巨大转变。传统的西方医学以古希腊时期的希波克拉底和古罗马时期的盖伦的医学理念为指导，体液平衡说为其基本观点。从16世纪到18世纪，尽管已经出现了对传统医学理论的质疑，但是此时期的西方体育健身依然以平衡体液为指导思想。18世纪中期以后，由于近代科学的进步，西方医学抛弃了经验性体液学说，转向实证性的模式，医学完成了从传统向现代的过渡，西方体育健身的关注点从平衡体液转向消耗能量与强化体能，由此指引了西方现代体育健身的理论方向。与医学观念上的历史转折不同，西方体育健身在方法上则相对呈现出一种历史延续性：从古希腊开始，各种体育运动形式以及专门的身体锻炼方法，统称为体操，都被纳入医生的体育健身，步行也被认为是一种良好的健身行为，随着后来各种体育运动项目的逐步增多，被医生纳入体育健身的运动形式也逐步增多，与此同时，近代体操与医学的紧密结合及其科学化发展模式，使体操发展成为系统且专门的西方体育健身身体锻炼方式。一直到现代社会，西方体育健身的方法都是以着重于体能锻炼的体操运动包括有氧耐力运动为主，其他多种多样的体育活动为辅助，这与古希腊时期的锻炼方法一脉相承。由此，从观念上讲，西方体育健身的方法经历了从传统到现代的巨大转折，与之不同的是，在方法上，西方体育健身则表现出一种历史延续性，并体现出逐步系统化、科学化、开放性的特征。

从近代开始，西方体育健身在一定意义上承载了相应的民族和社会责任。与之不同的是，在近代以前，中国社会并未出现明显的立足于促进国民身体健康的身体锻炼倡议，中国传统体育养生只在医学领域、宗教领域、士大夫阶层以及中上层的市民阶层中受到推崇。近现代以后，随着体育强国的观念日益凸显，特别是中华人民共和国成立后国家建设的需要，国际大众体育健身运动潮流趋势的推动，中国传统体育养生才逐步被纳入全民健身的体系之中，承担起提升国民健康的社会责任。

第三章
CHAPTER 03
中国传统体育养生与西方现代体育健身的运动目标比较

中国传统体育养生和西方现代体育健身都是通过具体的身体锻炼方法实现人体健康的操作性活动，尽管二者的最终目的——促进健康是一致的，但是其在操作方法和操作性目标上，仍存在差异。按照这一思路，本章将对中国传统体育养生和西方现代体育健身的目标进行比较，可以看出：中国传统体育养生和西方现代体育健身在健康理念上具有一致性，即二者都强调身体与心灵的健康和谐、道德的完善、人与自然的和谐、人的社会关系的和谐等健康观念。但是，在对人体生理健康的具体认知问题上，由于传统中医和现代西医之间的差异，二者对身体的直接性操作有着不同的价值导向。

第一节 根本目标比较

当前的很多研究都存在一种误解，认为中国传统体育养生所追求的是一种身心合一、形神兼养的全面的身心统一的健康状态，而西方的体育健身在身心二元论的哲学传统下，单纯注重身体的锻炼，而不注重精神的调养。这种认知在现今学术界相当的普遍性，以至于人们都认为中西方这两种健身方法在价值上也形成了巨大的差异。但事实上，尽管中西方在身心关系的认知上有所差异，中西方医学对于健康的认知却并不总是相互对立，在古希腊时期二者就存在相似性，在当代社会，二者也呈现逐渐一致的趋势。

一、中西方健康观的趋同性

（一）中国传统医学的整体观

整体观是中国古人认识自身、自然宇宙的基础方法，这一观念体现在中国古人对人体结构、身与心、人与自然、人与社会等关系的整体性认知。首先，在人体结构上，认为人体是一个小天地，四肢百骸、五脏六腑共同组成一个有机整体，局部与整体相关，内外相连。其次，在身与心的关系上，中国古人提倡身心合一。形（身）和神（心）是构成人体的两大要素：身是指人体物质的生理组织构成，包括一切有形的五脏六腑、四肢百骸等；神是指人的精神、意识、情感等思维和心理活动。在形与神的关系上，认为形是生命存在的屋舍，气是充实生命的源泉，神是生命的主宰。形在则神气存，神气灭则形完。尽管神为主宰，但形全也至关重要，二者相互依存，互相影响。再次，在人与自然之关系上，遵循"天人合一"的理念，认为人生于天地之间，是自然界的一部分，人的活动与自然环境相互关联，人的生命存在与其他自然万物一样，遵循宇宙运行的一般规律。最后，在人与社会的关系上，强调个人的修德、养性对社会的重要性，因为儒、释、道三家都强调道德、修养。整体观代表了中国古人认识世界的基本思路，这一思路直接影响了中国人对于健康的认知。

中国传统医学认为，人的健康包括形体和精神的健康以及人的社会关系的和谐，应该追求人体的身与心、人与自然、人与社会的全面的健康观。中医理论认为，人体致病的原因有两种：其一是人体外部自然环境的异常即六淫——风、寒、暑、热、燥、湿的侵袭；其二是内部精神的异常即七情——喜、怒、忧、思、悲、恐、惊的刺激，《管子》所谓"凡人之生也，必以正平；所以失之，必以喜怒忧患"即此意。由此，中国传统养生一方面很重视顺应自然，处理人与自然之间的和谐关系，同时在保养形体之余，特别重视养神的重要性，提出"恬淡虚无，真气从之，精神内守，病安从来"[①]；另一方面要避免产生过度的情感，要做到这一点，除了提高自身的精神修养，还要处理好人与社会之间的关系，儒家的修身养性、道家的性命双修、佛家的精神超脱都是通过精神的锻炼端正德行、控制情绪、端正行为，从而避免不良情绪的影响，于内可以颐养精神，于外则可以避免纷争，实现自身、人与自然、人与社会的和谐。

总的来说，在整体观的指导下，中国古人认为，人体的健康状态是由人体内外多方面因素共同作用而形成的，内在的精神和外部的环境都会对人体的健康产生重要的影响，因此只有实现身体、精神、自然、社会等多方面关系的和谐，才能保持健康。以上构成了中国传统养生的全面的健康观。

（二）西方现代医学模式的整体性

要了解西方医学关于人体健康观的理解，需要首先了解西方医学模式的历史演变。所谓医学模式（medical model），是"人们从总体上认识健康和疾病的哲学观点，包括健康观、疾病观、诊断观和治疗观等，影响着某一时期整个医学工作的思维及行为方式，从而使医学带有一定的倾向性、习惯性的风格和特征"[②]。一般认为，西方医学模式的发展经历了古代的神灵主义医学模式、古希腊-中世纪的自然哲学医学模式、近代的机械论

[①] 张仲景，吴鞠通. 中医四部经典 [M]. 太原：山西科学技术出版社，2017：6.
[②] 余金明. 健康行为与健康教育 [M]. 上海：复旦大学出版社，2013：3.

医学模式、现代的生物医学模式和当代的生物-心理-社会医学模式五个阶段。

古代的神灵医学模式用超自然作用力来解释疾病的出现和治愈,带有强烈的迷信色彩;古希腊—中世纪的医学摒弃了古代医学的神秘主义和巫术成分,将自然哲学理论与医学实践相结合,认为人体的健康取决于体内四体液的平衡,体液的状态受到环境、营养、体质、情绪等多方面因素的影响;文艺复兴以后的西方医学受到机械唯物主义和科学主义的影响,认为人体就是一部机器,生命运动都可以用机械原理来解释,开始崇尚实证研究,并促成了医学的分科。在这一医学模式下,疾病被认为只是纯粹某些部位的失灵,与心理和社会因素无关。19世纪,工业化进程促成了各种流行病的暴发,细菌学、免疫学、病理学等学科随之发展,人们对于疾病的认识也开始以生物学为指导,认为疾病的机制是人体细胞、组织、器官基于外界生物或理化因素的影响,在形态学或化学上的异常,这种变化是可以测量的。由此,现代西方生物医学模式十分重视疾病的生物学分析,把人看作一个单纯的生物,只注重人体的生物学的指标测量,而忽视心理和社会环境因素对人体健康的影响。

现代生物医学模式将人体看作一个物质的生物存在,忽视了精神和肉体的内在联系,尽管它解决了很多医学问题,但是对于现代社会出现的诸多慢性疾病却无能为力,原因在于:人们发现,这些慢性疾病,如肿瘤、心脑系统疾病、精神疾病等产生的主要原因生物学无法解释,而更多的是受心理和社会因素的影响。基于这种认识,1977年,美国罗彻斯特大学医学院精神病学和内科学教授恩格尔(George L. Engel)指出生物医学模式关注疾病的生物化学致病因素,而忽视社会和心理维度的因素,认为应该用生物-心理-社会医学模式取代生物医学单一模式,要充分考虑个体心理、生活方式、生物遗传、社会环境等各方面因素对于疾病和健康的影响①。

1948年,世界卫生组织(WHO)在《世界卫生组织宪章》中提出"健康是指生理、心理和社会适应的完好状态,而不仅仅是没有疾病或不虚弱"。1978年9月,WHO在《阿拉木图》宣言中重申"健康不仅是没有疾病或不虚弱,而是身心健康和社会幸福的完美状态"。1989年,WHO对健康做了新的定义,即"健康不仅是没有疾病,而且包括躯体健康、心理健康、社会适应良好和道德健康"。尽管经历了多次修订,世界卫生组织对于健康的定义基本限定在人体的生理健康、心理健康和社会关系健康三个部分。这一定义从社会学意义上肯定了全民健康观的价值。

总的来说,中国传统医学和西方现代医学在对健康的价值认知上具有一致性,不管是从医学的角度还是从社会学的角度,二者都明确了生理、心理和社会因素对人体健康的共同作用,这也代表了东西方对于健康的理解和共同追求。

---

① 余金明. 健康行为与健康教育 [M]. 上海:复旦大学出版社,2013:3.

二、中西方根本目标的一致性

基于中国传统医学和西方现代医学在健康观上的一致性，作为两种不同的身体锻炼模式，中国传统体育养生与西方现代体育健身在根本目标上，也具有一致性。值得指出的是，这种一致性不仅指向二者在促进人类生理、心理、社会健康的价值，同时也指向其发展的共同目标：二者的发展都承担了促进人类生理-心理-社会全面健康的重要使命。

在个体健康方面，二者的首要目标是促进身体健康，增强身体抵御疾病的功能，这是二者进行比较的基础，也是二者存在的最根本价值。当前，不管是中国还是西方，都将推广体育运动作为国家健康战略的重要举措，中国传统体育养生和西方现代体育健身不仅仅是个人的身体锻炼行为，而是提高国民身体健康水平、减少国家医疗开支的重要手段。二者促进人类生理健康的价值目标是显而易见的。同时，从古至今，中西方医生都意识到体育运动在治疗心理疾病上的功效，人们已经意识到，"体育运动不仅能振奋精神、降低焦虑反应、提高智力功能、建立良好的自我概念、培养坚强的意志品质、增加社会联系，而且也能有效地防治和治疗心理疾病"[1]。中国传统体育养生和西方现代体育健身都是身体锻炼行为，二者在推动人类生理健康的基础之上，也都承担起促进人类心理健康的职责。参加体育运动成为人们缓解心理压力、促进心理健康的有效手段，东西方在体育促进人类心理健康上的价值目标也是显而易见的。

在社会发展方面，中西方社会都意识到体育运动具有促进社会和谐发展的作用。"二战"以后，西方的大众体育运动就是对体育的社会功能的一种积极肯定。1978年《体育运动国际宪章》中指出："体育运动作为教育与文化的一个基本方面，必须培养每个人作为与社会完全结合的成员所具备的能力、意志力和自律能力。"[2] 由此可见，体育运动在某种程度上承担了公民教育的职责，通过培养每个公民的社会参与能力与道德自律来推动社会的稳定、健康发展。中华人民共和国成立以后，国家大力发展体育事业，其中重要举措就是提高社会体育的参与度，提升群众的健康水平。中国传统体育养生与西方现代体育健身作为两种不同的体育健身活动，在各自的全民健身战略中都发挥了重要的作用，在促进社会健康和承担的社会责任方面，价值都是毋庸置疑的。

综上所述，中国传统医学和西方现代医学都强调生理-心理-社会的全面健康观，在此一致的健康理念下，中国传统体育养生与西方现代体育健身的根本目标是相同的，都承担了促进人的全面健康的社会责任。

---

[1]徐本力. 健身之道与健身运动处方 [M]. 厦门：鹭江出版社，2000：123.
[2]转引自卢元镇. 体育社会学 [M]. 第3版. 北京：高等教育出版社，2010：227.

第二节 操作目标比较

中国传统体育养生与西方现代体育健身作为两种身体实践活动,尽管有共同的健康目标,但由于中国传统医学与西方现代医学在理论建构上的巨大差异,使二者对于实践的操作对象——身体的认知也存在较大的差异。概括而言,中西方医学对于人体的生理机能有着截然不同的认识。中国基于传统的哲学和医学基础,出于一种对身体的经验性的内向化的观照,将目光专注于精、气、血、经络、脏腑之间的相互作用与整体的协调性;而"现代西方医学建立在解剖学、生理学、病理学、药理学、免疫学等现代学科的基础之上"[1],对于生理健康的关注则涉及人体外在的身高、体重、姿态,内在的机能水平如脉搏、血压、肺活量等,以及身体的活动能力(体能)。二者在身体锻炼的目标上呈现出不同的价值取向,构成了中国传统体育养生与西方现代体育健身在操作目标上的差异。

一、补精气与耗能量

(一)中国传统体育养生对补益精气的重视

1. 精、气、血

在中医理论中,精、气、血是维持人体生命活动的物质基础。精是构成人体和维持生命活动的基本物质,分为先天之精(生殖之精)和后天之精(水谷之精)。精的盛衰直接影响了人的生老病死。血源于先天之精,再生于后天之精。血是人体重要的营养物质,人体的各种生理组织都需要血液的濡养,血液不足则会导致身体虚弱。气是指体内用于充养人体的精微之物,又有推动人体脏器活动的功能。气的运动有升、降、出、入四种形式,人体正常生命活动的维持都依赖气的激发和推动作用,气推动血液在身体各处的运行、输送营养,内濡五脏,强呼吸、促消化,外润皮毛筋肉,抵御虚邪。

2. 正邪之气

中国传统医学认为,疾病的发生由内外多种原因所致,归结起来,其根本原因在于正气与邪气的相互作用。正气是对人体内精气的一种功能性描述,具有维持生命基本运动的功能,又有防御疾病的功能。人体内之精气、脏腑经络之气和营卫之气,都是正气。邪气泛指各种致病的因素,如气候因素、情绪因素、饮食失宜、劳逸失度、病理产物如痰饮、瘀血、结石等以及其他病因如外伤、药邪、医过、先天因素等。正气与邪气相对

---

[1] 李约瑟. 中国科学技术史:第6卷 [M]. 刘巍, 译. 北京:科学出版社, 2013:58.

应,《黄帝内经·素问·刺法论》有"正气存内,邪不可干"①,此句指出了正气与邪气之间的"攻防"关系。正气有时也被称为"精气""真气",如《黄帝内经·素问·上古天真论》中有"虚邪贼风,避之有时,恬淡虚无,真气从之,精神内守,病安从来"②。中医认为,人体自身的正气不足是疾病发生的内在原因,邪气是疾病发生的诱发条件。保持正气充足是抵御疾病的前提。

3. 虚实之理

对于致病的机制,中医又有"虚实"之说,如《黄帝内经·素问·通评虚实论》言"邪气盛则实,精气夺则虚"③。这里的"虚"与"实"都是指病理上的,"虚"是指正气的亏空与不足,"实"则是指邪气的满溢,二者都是致病的诱因。《黄帝内经·灵枢·百病始生》中的表述更加详细:"风雨寒热,不得虚,邪不能独伤人"④。《黄帝内经·素问·评热病论》有"邪之所凑,其气必虚"⑤,指的就是正气的虚空给邪气以可乘之机。除此之外,正气的虚空还可能导致机体内部功能失调,产生"内邪",因此《黄帝内经·灵枢·口问》又有"邪之所在,皆为不足"⑥之说。因此,要保证正气的充足,避免内部的虚空,以防止邪气的充盛。对于这种虚—实关系,日本学者栗山茂久认为这是一种"战争的逻辑"——"'实'是身体遭外来入侵者占据的充溢,'虚'则是内在元气的丧失,以至于无力抵御外来的侵略"⑦。

4. 阴平阳秘

阴阳学说是中国传统哲学思想,是古人对自然世界运动发展的规律性认识。阴阳学说认为,宇宙万物都是由阴阳二气交感变化、相互作用而成的。同时,一切事物和现象都存在着相互依存、相互对立、相互制约、相互消长、相互转化的两个方面。阴阳平衡是事物发展的良性状态,阴阳失衡则会导致异常变化。这一思想成为中国古人解释自然和社会发展的哲学性指导思想,它渗透至中国古代文化的各个方面,具有普遍的认识论和方法论意义。

中医认为,人体是一个有机体,所有组织结构之间相互关联,又可分为相互对立的阴阳两部分。如以人体部位来说,上为阳、下为阴,背为阳、腹为阴;以脏腑来说,五脏为阴、六腑为阳。同时,每个脏也有阴阳之分。维持人体正常生理活动则需要各种阴阳关系的协调,疾病的发生是由于阴阳平衡的状态被打破。

---

①张仲景,吴鞠通. 中医四部经典[M]. 太原:山西科学技术出版社,2017:222.
②同①6.
③同①73-74.
④同①418.
⑤同①352.
⑥同①85.
⑦栗山茂久. 身体的语言:古希腊医学和中医之比较[M]. 陈信宏,张轩辞,译. 上海:上海书店出版社,2009:204.

基于阴阳学说思想，正气和邪气又有阴阳之分：正气的阴气有抑制、沉降的作用，阳气有温煦、升发的作用；邪气的阴气可以抵制阳邪，阳气可以抵制阴邪①。因此，要想抵御疾病的入侵，首先要养正气，并且实现正气的"阴平阳秘"，《黄帝内经·素问·生气通天论》记载："凡阴阳之要，阳密乃固。两者不和，若春无秋，若冬无夏。因而和之，是谓圣度。故阳强不能密，阴气乃绝；阴平阳秘，精神乃治；阴阳离决，精气乃绝。"② 所谓"阴平"，即阴气和顺，有收敛真阴、滋养真阳的作用；所谓"阳秘"，即阳气固守，有抵御外邪、不让真阴外泄之作用。

对人体的生命而言，精气的充足与否不仅关乎维持生命活力的物质储备是否足够，决定了生命的长短，同时精气的充盈与否还直接影响了人体抵御疾病的能力的强弱。基于这两方面的认知，中国传统医学非常重视精气的保养，认为精气不足会造成内在的虚空，生命的耗散，而养生之道的关键则是要保养精气，防止气血亏虚。在具体的操作中，首要是尽量避免过量的消耗，以防止精气的耗散，如传统导引对"适度"和"小劳"的再三强调；此外，不仅尽量减少消耗，而且还试图通过某些方法补益精气，如很多静态的功法都有养神、集气的作用，气沉丹田也有此效；更有甚者，如"内丹术"之炼养先天之精，逆修成仙的方法，其直接目的更是为了保养元精，长生不死。

（二）西方现代体育健身对消耗能量的重视

1. 消耗能量的传统模式

（1）排除体液

在前文中已经指出，在古希腊时期，医学家希波克拉底指出运动对于健康的价值很大一部分在于帮助人们消耗体内多余的物质，排出体内多余的体液，防止体液失衡。希波克拉底认为："运动的性质是为了消耗物质，而食物和饮料则补充了不足。"③ 此后，盖伦也提出运动可以促进出汗、增强排泄、平衡体液④。由于"体液"学说在西方医学中的主体地位一直延续到18世纪中期，这种通过运动消耗身体废物、排除多余体液的观念也一直存续，其中蕴含了新陈代谢的现代医学概念。

（2）放血术

"放血术"是在古希腊时期比较流行的一种治疗疾病的方法，这一方法在中国古代医学中也存在，一般被认为是针灸的一部分。放血疗法在古希腊时期十分流行，医学家希波克拉底多次提及放血疗法，古罗马时期的盖伦有三部长篇著作专门探讨放血术。具体

---

①孙广仁. 中医基础理论［M］. 北京：中国中医药出版社，2007：216-248.
②张仲景，吴鞠通. 中医四部经典［M］. 太原：山西科学技术出版社，2017：12.
③Charles M. Tipton. Exercise Physiology: People and Ideas［M］. Oxford: Oxford University Press, 2003: 3.
④Charles M. Tipton. History of Exercise Physiology［M］. United States: Human Kinetics, 2014: 10.

来讲，古希腊时期的放血术主要有两种形式：一种是根据具体的病症对与之相应的身体部位进行局部放血，另一种则是通过对身体进行放血来预防疾病。施行放血术的原因在于：人们认为身体疾病的产生主要是由于血液过剩，正如盖伦所指出的："一切疾病的内在成因都有两种解释，若非血液过剩就是消化不良"①，由此，通过放血治疗疾病甚至通过定期放血预防疾病成为一种流行的医疗保健手段。尽管17世纪近代医学的发展使得放血术遭到质疑，但是这一医疗方法在医学领域和民间都受到广泛的推崇。一直到18世纪中期，体液学说渐渐退出西方主流医学，放血疗法也逐渐被现代医学所摈弃，作为一种补充医疗手段一直存在着，直到今天，其在西方医学领域中依然占有一席之地。

日本学者栗山茂久指出，这种防止血液过剩的思想与传统中医对于气血不足的担忧完全相反。他也意识到中国人的针刺之法也有泄有余的目的，如《黄帝内经·灵枢·九针十二原》中有："凡用针者，虚则实之，满则泄之；宛陈则除之，邪胜则虚之。"② 但同时，他认为针刺也有补不足的功效，与西方放血法之单纯的泄有所区别。他总结道："放血与针灸疗法的区分在于不同的恐惧：一者恐惧腐败，另一者恐惧耗竭；一者恐惧囤积，另一者恐惧流失。"③ 同时，他也指出："中国的医生绝对知道过剩之问题的存在，希腊的医生也并未忽略耗竭之病。不过，整体而言，这两个传统对于人类脆弱性的看法奠基于相反的恐惧之上。"④ 这一结论为我们提供了一种有意义的参考，我们似乎可以认为，古希腊医生对于运动有助于排除体液的认识与施行放血术是出于相同的认知，即疾病的产生来源于身体内部多余的储存，这与中国人将疾病的产生归于内部气血的亏虚刚好相反。

2. 消耗能量的现代表达：燃烧卡路里

18世纪中期以后，尽管体液学说逐渐隐退，放血术也逐渐被主流医学所质疑，但是人们对于运动促进消耗的观念却没有改变。正如前一章已经提及的，由于氧气的发现，人们发现，"在呼吸过程中积聚的氧气转入了另一种方向，这一方向会使其发生意想不到的'能量化'的现象，并能将其所做功之结果计算出来；肺部发达能够大大提高它的工作效率"⑤。由此出现了对运动中机体能量代谢的测定原理："只要测定人体在一定时间内的耗氧量和二氧化碳的产生量，即可推算出整个机体的能量代谢率。"⑥ 人体在运动时机体耗氧量增加，消耗能量增多，产热量也增加，因而能量代谢率也高。

卡路里（Calorie）的概念产生于19世纪中期，是一种国际标准的能量计量单位，一般被用在营养物质的能量和健身运动的消耗计量上。人体每日所需的热量来源于食物供

---

① 转引自栗山茂久. 身体的语言：古希腊医学和中医之比较 [M]. 陈信宏，张轩辞，译. 上海：上海书店出版社，2009：198.
② 张仲景，吴鞠通. 中医四部经典 [M]. 太原：山西科学技术出版社，2017：271.
③ 栗山茂久. 身体的语言：古希腊医学和中医之比较 [M]. 陈信宏，张轩辞，译. 上海：上海书店出版社，2009：211.
④ 同③212.
⑤ 阿兰·科尔班. 身体的历史：第2卷 [M]. 杨剑，译. 上海：华东师范大学出版社，2013：326.
⑥ 全国体育院校教材委员会. 运动生理学 [M]. 北京：人民体育出版社，2005：159.

给，这些热量主要用来供应人体的基础代谢、体力活动以及食物消化。如果从食物中摄取的热量不能及时被消耗，就会在体内堆积，形成脂肪，脂肪过多则会形成肥胖。当前，肥胖已经成为导致人类死亡的第五大因素，是糖尿病、高血压、心血管疾病等多种疾病的直接诱因，现代医学认为，通过控制能量的摄入并配合适当的健身运动，可以帮助机体消耗过多的脂肪，达到减肥的效果，从而减少肥胖及其并发症的发生风险。由此，消耗能量成为现代西方体育健身的一大目标。这一思路与古希腊时期的排除体液的观念有很大的相似性——二者都认为从食物中获取的营养过剩是导致身体储存过多的主要原因，并且都意识到运动锻炼的方式可以排除身体的多余储备。尽管前者可以理解为体液过剩，后者为能量过剩，但二者对于运动促进身体消耗、提高身体新陈代谢的认识是一脉相承的，代表了西方体育健身的一种一以贯之的目的性认知。也正因为这一点，西方现代体育健身运动对于运动的强度有一定的要求，因为强度越大，能量消耗也越大，但这并不代表强度越大越好，而是在适度的范围内，这一点在后文会做更具体的阐述。

二、通经络与强体能

(一) 中国传统体育养生对通的重视

传统中医认为，人体要保持健康，除了需要精气血充足，经络的疏通、脏腑功能的完善也非常重要，正如有学者总结的："只有人体内精气血津液充沛，脏腑经络等组织器官的功能正常，人体的正气才能充盈。"① 经络遍布人体全身各处，把人体的五脏六腑、四肢百骸等组织器官连接成一个有机的整体，是运行气血、沟通内外、信息感应传导、调节人体功能的网络系统。《黄帝内经·灵枢·经脉》篇中载："经脉者，所以决生死，处百病，调虚实，不可不通。"② 经络不通，则气血运行不畅，五脏不得濡养，外邪易侵，导致疾病。因此，经络是否疏通和顺畅成为传统中医评判人体健康的重要指标。

与经络紧密相关的是脏腑，中医对于人体内脏的认识并非单纯的解剖学意义上的认知，具体表现在其藏象学说之上。藏象学说将人体内脏分为五脏（心、肝、脾、肺、肾）和六腑（胆、胃、小肠、大肠、膀胱、三焦）。五脏主"藏"，生理机能是化生和贮藏精气，以五行生克理论为基础，将五脏归于五行，认为五脏之间相互关联、相互制约、相互促进，五脏各有所司，如心主血脉、肺主呼吸、脾主运化、肝主疏泄与藏血、肾主藏精。六腑主"泻"，生理机能是传化物。人体生命活动以精气血为物质基础，以气的升、降、出、入为动力，以经络为传导，推动血液在身体内外的运行，内濡五脏、外润皮毛筋骨，促进五脏六腑的功能正常运行，维持人体正常的营养供应与新陈代谢。

中医根据人体内气分布位置、功能特点、来源的不同，将人体之气分为元气、宗气、

---

① 顾一煌. 中医健身学 [M]. 北京：中国中医药出版社，2009：3.
② 张仲景，吴鞠通. 中医四部经典 [M]. 太原：山西出版传媒集团·山西科学技术出版社，2017：306.

营气、卫气等，其中营气行于脉道，将精气运营至全身各处，营养表里器官，卫气行于皮肤腠理之间，具有保卫肌表，抵御外邪的作用，若卫气不固，外邪就会乘虚而入。人身之气的运行主要靠经络的作用，经络通则气行顺畅，如此才能发挥其相应的功能，卫气的运转也是如此，正如《黄帝内经·灵枢·本脏》有言："卫气和则分肉解利，皮肤调柔，腠理致密矣。"① 由此，精气充足是抵御疾病的基础，卫气和畅是抵御疾病的保障。

基于以上认知，中国传统体育养生在具体方法上以疏通经络为直接操作目标，正如李颐对《庄子·刻意》中"导引"二字所注："导气令和，引体令柔"，阐明了导引术的操作目的：让体内气血行走和畅，身体关节灵活帮助气息流动顺畅。从先秦时期《吕氏春秋》中的"流水不腐，户枢不蠹"，到《黄帝内经·灵枢·官能》中的"理血气而调诸逆顺，察阴阳而兼诸方，缓节柔筋而心调和者，可使导引行气"②，从晋代葛洪的"行气不懈，朝夕导引，以宣动荣卫，使无辍阂"③，到唐代司马承祯的"夫肢体关节，本资于动用。经脉荣卫，在于宣通。今既闲居，乃无运役事，须导引以致和畅"④，从宋代《圣济总录》中的"导引之法，所以行气血，利关节，辟除邪气，使不能入也"⑤，到明代《遵生八笺》中的"人体欲得摇动，则谷气易消，血脉疏利"⑥，这些论述基本都表达同一个意思，即行导引之术的直接目的在于使关节灵活、经络疏通，促进气血顺利运行，有利于全身营养物质沿经络顺利传运，外濡筋骨、内养五脏，使人体各器官功能正常运行，同时，使卫气和畅，腠理致密，抵御外部邪气的侵袭。总的来说，"疏通经络、通利关节、畅达气血"是中国传统体育养生最直接的操作性目标，"通"为其核心观念。

（二）西方现代体育健身对强的重视

尽管西方现代体育健身的方法众多，但根本上讲，除了消耗身体多余的能量，其锻炼目的还包括强化两方面的功能，一是肌肉能力，二是有氧能力，二者都属于体能的范畴。体能是指人体各器官系统的功能在肌肉活动中所表现出来的能力，主要包括身体素质（如耐力、力量、速度、柔韧等）和身体基本活动能力（如走、跑、跳、投等）。美国运动医学学院将体能定义为："机体在不过度疲劳状态下，能以最大活力愉快地从事休闲活动的能力以及应付不可测的经济情况的能力和从事日常工作的能力。"⑦ 由此可见，体

---

①张仲景，吴鞠通. 中医四部经典 [M]. 太原：山西科学技术出版社，2017：381.
②同①433.
③葛洪·抱朴子内篇 [M]. 张松辉，译注. 北京：中华书局，2011：488.
④司马承祯. 司马承祯集 [M]. 北京：社会科学文献出版社，2013：79.
⑤转引自周伟良. 中华民族传统体育高级教程 [M]. 北京：高等教育出版社，2003：174.
⑥同⑤.
⑦徐玉明. 体能评定与发展 [M]. 北京：人民体育出版社，2007：1.

能水平代表了身体的活动能力,直接与肌肉功能和心肺功能相关联。这一指标的确立反映了现代西方医学对于肌肉能力和有氧能力的重视。

1. 强化肌肉能力

西方人对于肌肉的重视,是从古希腊时期就存在的一个事实,在很多留存下来的古希腊雕塑和绘画中,我们可以发现古希腊人对于肌肉健硕、轮廓分明的身体非常崇拜,表面来看,这是古希腊人对于人体肌肉的一种审美追求。根据日本学者栗山茂久的研究,认为在古希腊,"'肌肉发达'的体格所具有的吸引力,在认知肌肉之前即早已存在"[1]。他指出,古希腊人并没有关于肌肉的明确的认知,当时医学上常见的表达方式是骨头、肌腱和皮肉,而肌腱则被认为与力量直接相关。到了古罗马时期,盖伦的医学作品中则大量提及肌肉与肉,此时医学已对二者进行了明确的区分,并且盖伦还用《论肌肉解剖》整本著作对肌肉进行了详尽的分析。同时,他意识到古希腊的很多雕塑与绘画中的肌肉分明形象,一些线条的划分与人体肌肉本身的分布情况并不完全相符,他在研究专著中通过大量有价值的材料证明,古希腊人对于肌肉发达的形象的推崇,并非源于对肌肉本身的价值认知,而是源于对身体分节之美的推崇[2]。

笔者认为这种推崇分节良好的身体观背后蕴含了对肥胖多肉、潮湿松弛的身体的摈弃。随着解剖学的发展,到盖伦的时代,人们对于肌肉的功能性认知已经很明确了。基于严格的生理解剖,盖伦认为,"四肢得以运动是因为肌肉的作用,而肌肉之所以会产生作用,是因为它接受了神经的指示"[3]。肌肉的运动是受大脑控制且受自由意志支配的运动,与心脏的不受大脑控制的自发性跳动相区别,由此,后世的生理学家都将肌肉定义为意志之工具[4]。肌肉所代表的是人的自主行动能力以及自我决定权力,其在生理学上的意义由此得到确立。概括来讲,从古希腊到 18 世纪,人们对于肌肉的审美需求背后蕴含着对健康身体的审美性认知以及对自由意志的功能性肯定——肌肉一方面代表了健康身体的外在表征,另一方面是执行人体自由意志的直接工具。但现代意义上的肌肉与健康之间的直接性联系尚没有建立。

我们在论述西方近代体育健身的历史时,已经提及了 18 世纪中期显微镜的发明使得人们对于肉体的观察深入肌肉纤维的层面,由此将肌肉纤维的长度与韧性作为衡量人体健康与否的重要指标,取代了传统的体液衡量标准。与之相对应的是,肌肉的力量、柔韧与耐力也成为健康的重要指标,通过运动来强化肌肉功能的观念也逐渐成为主流。现代医学将肌肉的活动能力纳入体质测量体系,作为身体素质的重要表现,代表了身体参与日常活动的能力。同时,现代医学认为,人体随着年龄的增长,肌肉会呈逐渐萎缩的

---

[1] 栗山茂久. 身体的语言:古希腊医学和中医之比较 [M]. 陈信宏,张轩辞,译. 上海:上海书店出版社,2009:115.
[2] 同[1]130.
[3] 张轩辞. 灵魂与身体:盖伦的医学与哲学 [M]. 上海:同济大学出版社,2016:183.
[4] 同[1]134.

趋势，肌肉是人体碳水化合物的储备仓，充足的肌肉可以帮助人体储存必备的能量，有利于抵御疾病的侵袭。因此，保持适量的肌肉一方面可以帮助人体抵御疾病；另一方面可以使人们正常地从事日常活动，提高生命质量。由此，对于肌肉力量、柔韧等功能的强化成为西方现代体育健身的重要操作性目标，现代西方体育健身中的各种力量、柔韧等专项锻炼的流行即表明了这一点。

值得补充的是，从古希腊时期即存在的对于肌肉的审美性追求一直延续到现代社会，现代健美运动的兴起与流行将这种风潮推向了巅峰。但是，从医学的角度上讲，健美运动中对大块肌肉的过度追求在某种程度上是有害身体健康的，健美运动员的过度训练方法也为医生所诟病。现代医学对于健康身体形态的认知体现在其对体格的认知上，所谓体格是指人体形态、结构的发育水平，主要包括人体的生长发育水平、体型和身体姿态，具体评价标准包括生长发育评价、身体成分评价、体型评价等。其中生长发育的评价可用几种指数来评价，如身高体重指数、身高胸围指数、身高肺活量指数等。身体成分的评价是通过皮褶厚度测量所推算出的体脂重和瘦体重来评定身体成分，人体的体重由脂肪重量和非脂肪重量组成，通常用体脂和体脂的占比来表示身体成分，正常成人的体脂含量为10%~30%。对体型的评价主要为对直立姿势、脊柱形状、腿足形状等身体形态的考察。由此可见，身高、体重、胸围、体脂率、姿势等各项身体外在形态的特征是西方评价身体健康形态的综合性指标，由肌肉的形态所表现出来的美感并不能单独决定身体的健康状态。

2. 强化有氧能力

从古希腊时期起，医生就开始关注运动中人体的呼吸和心跳的变化，古罗马时期的盖伦甚至直接用是否改变呼吸来定义一项身体活动是否叫作运动[1]。随着西方医学对于人体心血管系统和呼吸机制的研究深入，特别是氧气的发现，人们开始认识到，人的生命活动是一个不断获得能量和消耗能量的"新陈代谢"的过程，维持人体生命活动的能量来源为食物和氧气。1961年，美国学者库珀在研究中发现人体体力的强弱与心肺功能密切相关，进行长时间的中等强度的耐力运动有利于充分刺激心肺，提高人体体力，由于这种运动是以有氧代谢供能为主的运动形式，因此他将其命名为"有氧运动"（aerobics）。他对有氧运动的定义是：

有氧运动是指需要对身体长时间供氧以提高机体的供氧能力的活动。有氧运动可使肺部、心脏和血管系统发生有益的变化。尤其是，定期进行此类运动可增强肺部吸入和排出空气的能力，使总血容量增加、血液更好地输送氧气[2]。

---

[1] Charles M. Tipton. Exercise Physiology: People and Ideas [M]. Oxford: Oxford University Press, 2003: 6.
[2] Kenneth H. Cooper. The Aerobics Program for Total Well-Being [M]. United States: Bantam Books, 1982: 13.

有氧能力代表了人体的吸氧能力，直接反映的是人体心肺功能的健康状态。在日常生活中，有氧能力强的人吸氧量大，从事日常活动的耐力较强，不容易出现疲劳。有氧能力弱的人则较易产生疲劳感。现代运动医学认为，有氧耐力是反应人体体力状态的最根本性指标，同时，它也是与人体健康最为相关的一种身体能力，是人的生命活动中一种重要的运动能力。以有氧运动为主要形式的锻炼是增强体质、提高健康水平最有效、最常用的方法[1]。由于有氧运动的直接目标是对心肺进行刺激训练，因此，库珀推崇的有氧运动包括中等强度的快走、慢跑、游泳、自行车运动等，其对运动负荷的要求是运动时间至少30分钟、运动时心率达到人体最大心率的60%~80%，如此才能对心脏进行有效的刺激。这种锻炼以增强心血管系统和呼吸系统功能为目的，提高有氧能力也成为西方现代体育健身的主导理念。

综上所述，西方现代体育健身对于体能的重视与从古希腊时期起一直延续至今、对于肌肉能力和呼吸强度的重视一脉相承，如果说早期的体能观念更多的只是一种经验性的认知，那么基于现代运动医学的体能锻炼则将体能状态与健康状态进行科学意义上的对等。强化体能既是抵御疾病的保障，也是完成日常活动的必要条件，其中蕴含了一种强化身体功能，以更好地进行自主活动、投入生活的积极态度。不管是肌肉锻炼还是有氧耐力锻炼，强为其核心观念。

本章小结

中国传统体育养生与西方现代体育健身都是通过身体运动的形式促进健康的有效方法，二者都认为影响人体健康的因素不仅在于生理上的疾病，也来源于心理和社会环境等多方面因素的影响，在此基础上，基于中西方医学在健康观上的趋同性，二者在根本目标上，也具有一致性，即二者都承担了促进人类生理-心理-社会全面健康的重要使命。

由于中西方医学范式的巨大差异，使其在健身运动的操作性目标上呈现出两种不同的价值认知：一方面，中国传统体育养生希望通过身体锻炼保养精气，甚至自觉地补益精气，防止精气的亏虚，西方现代体育健身则试图通过身体锻炼消耗身体多余的能量，防止营养过剩；另一方面，中国传统体育养生希望借由身体运动的形式培养正气、疏通经络、坚固营卫、避免外邪的入侵，西方现代体育健身则试图通过身体锻炼强化体能、避免机体功能的衰弱，抵制疾病的侵袭，增强日常活动能力。由此，二者在操作目标上呈现出补益与消耗、疏通与强化两组有所差异的价值认知。这种差异并不是一种非此即彼的对立，而是代表了两种不同的具有相同主导意义的路径。事实上，正如我们在前文已经提及的，西方人也不赞成过度地消耗，同样，在中国武术中也存在通过超负荷的负

---

[1]唐宏贵.体育健身原理与方法[M].武汉：湖北长江出版集团，湖北人民出版社，1999：203.

重训练提高力量的做法，但其目的只是提高武术技击功效。由此，尽管中国与西方共享了很多身体锻炼的观念与方法，但二者选择了不同的锻炼目标，正如中村元引马克斯·韦伯之语所言："就像扳道工人把火车导向某一条轨道似的，某种观念把人们趋利避害的原动力导向某一条轨道，决定了世事的进程。"[1]由此，中西方在体育健身方面形成了各自的典型形态——中国传统体育养生与西方现代体育健身。

---

[1]中村元. 东方民族的思维方法 [M]. 林太，马小鹤，译. 杭州：浙江人民出版社，1989：47.

第四章
CHAPTER 04
中国传统体育养生与西方现代体育健身的运动方法比较

基于不同的操作目标，中国传统体育养生与西方现代体育健身所采取的方法手段也呈现出显著的差异。本章试图分析中国传统体育养生与西方现代体育健身分别以怎样的形式锻炼身体，同时在具体操作中对运动负荷和运动时空有何要求。

第一节 方法构成比较

通过前文对中国传统体育养生和西方现代体育健身的历史追溯，已经对中国传统体育养生和西方现代体育健身的基本方法初步阐明，本节对二者在基本方法构成及其特征上的差异进行深入探讨。

一、中国传统体育养生的基本方法

从锻炼方法上讲，中国传统体育养生的基本方法包括导引术和武术两大类，二者共同构成中国传统体育养生的基本内容。

（一）导引

导引术是从原始人类的生活经验中产生，后经过传统医学的归纳、总结与发展，结合道家修炼理论的深化，最终发展而来的一种以促进身体健康为目的的身体锻炼方法。广义上的"导引"包括有明显肢体动作的导引术，没有明显肢体动作的专注于呼吸和意念调节的锻炼方法，自我按摩方法等。事实上，一个导引动作中往往包含了肢体、呼吸、意念、自我按摩等多方面的活动。对于导引术的种类，当前学者对其进行了划分，总结来讲，基本可以从下三个层面对这些分类进行归纳。

1. 形态分类

所谓形态分类，是指从外在形态上对导引术进行的分类，主要包括对导引术的动静状态分类和身体姿势分类两种分类方法。

（1）动静状态分类

从锻炼时形体的动静状态上讲，当前学术界往往将传统体育养生分为静功和动功两种类型，以其是否有明显的肢体上的活动或位移为主要划分依据，这也是当前学术界对导引的最常见的分类方法。

所谓"静功"，通俗地讲，"凡是练功时，肢体不进行运动的功法都属于静功"[1]。尽管静功没有明显的肢体动作，但是其一般采取坐势、卧势、站势。姿势是练功的基础，在保持一定姿势的基础上，静功专注于呼吸和意念的调节。在实践中应用较多的静功包括放松功、内养功、六字诀、站桩功等，其中放松功主要通过有步骤地依次注意身体的各个部位，结合默念"松"字，逐步松弛全身骨骼肌肉，消除杂念和紧张情绪以疏通经络、调节脏腑，以意念的引导为主；六字诀则以"嘘、呵、呼、呬、吹、嘻"六字吐音为方法进行相应的呼吸锻炼；站桩功以站式为主，在武术中比较常见，是武术基本功的一种，很多武术拳种都有站桩练习，如太极拳的马步桩、形意拳的三体式桩等。

所谓"动功"，马济人认为是"采取和意气相结合的各种肢体运动及自我按摩、拍击等法，以锻炼内脏、筋骨、肌肤"[2]。在方法上，其结合有肢体动作、呼吸锻炼和意念引导。具体来讲，在肢体活动上，基本采取对肢体进行屈伸、扭转、俯仰或自我按摩（如拍击、按压等）方法进行锻炼，主要目的在于灵活关节、通利筋骨、疏通经络、调节气血；在呼吸锻炼上，一般动功的呼吸都是与肢体动作相配合的自然呼吸，也有一些功法采取特别的呼吸方法，或者加强某些呼吸力度以实现特殊的锻炼功效；在意念上，意念的作用在于引导肢体动作的进行以及呼吸与动作的配合。传统的动功包括前文提到的五禽戏、八段锦等导引方法，武术中的各式套路或包含肢体运动的功法锻炼形式都可以纳入动功的范畴。

（2）身体姿势分类

从身体姿势上讲，钱存泽在《气功原理与应用》一书中将其分为卧功、坐功、站功和行功四大类，并分别进行了介绍。范铜钢对传统养生典籍中出现的导引功法技术的体式进行了统计归纳，其研究表明，传统导引的练功姿势包含站势、坐势、卧势、跪势、蹲势、悬挂势等，其中站式包括端立、直立、侧立等，坐势包括危坐、端坐、踞坐等；卧势包括偃卧、仰卧等。据其统计，坐势为采用最频繁的姿势，其次为站势和卧势。[3] 由此可见，导引术的功法体式之丰富。

---

[1] 钱存泽. 气功原理与应用 [M]. 上海：上海交通大学出版社，1989：181.
[2] 马济人. 中国气功学 [M]. 西安：陕西科学技术出版社，1983：140.
[3] 范铜钢. 养生典籍功法技术挖掘整理研究 [D]. 上海：上海体育学院，2016：86-88.

2. 手段分类

所谓手段分类，是指从练功手段上对导引进行的分类。当前这种分类主要按照三调进行划分，同时也存在专门针对器械导引与仿生导引等特殊手段的分类。

（1）三调手段的划分

调身、调息、调心是导引术锻炼方法的三要素，三者在每个功法中都必不可少，但同时又有所侧重，如有些功法侧重于肢体锻炼，有些功法专注于呼吸锻炼，有些功法则集中于意识锻炼。基于这种区别，研究者也将导引术分成调身型、调息型、调心型三大类型。刘天君主编的《中医气功学》即指出，"从三调操作划分，可分为以调心为主的功法，即以意守、存想、入静等操作为主的功法，例如禅定、坐忘等；以调息为主的功法，即以吐纳、服气、行气等操作为主的功法，如新气功疗法、内养功等；以调身为主的功法，即以姿势、动作、按摩等操作为主的功法，如八段锦、保健功等。当然，每种功法均为三调合一，各种功法三调操作的差别只是侧重有所不同而已"①。

（2）其他手段的划分

由于导引术中存在一些借用器械的锻炼方法，同时，导引术中也有很多模仿动物的动作或呼吸方式并直接以动物命名的动作，因此学界也存在一些对这两类导引单独进行归类的现象，由此出现器械导引类和徒手导引类之分，同时也出现仿生导引类之称，等等，如高大伦在《张家山汉简〈引书〉研究》中也将其中的导引运动分为徒手导引、器械导引、仿生运动等②。按照范铜钢的统计，器械导引类所使用的器械包括杖、棍、木柱、吊板、木鞠、绳、枕、梳、厚帛③等多种物品，仿生导引类则包括五禽戏、龙引、龟引、麟盘、枭沃、龙登④等，这种分类视角突出了导引术在手段运用上的独特性。

3. 功能分类

所谓功能分类，是指从日常保养和辨证施治等方面对导引术进行的分类。传统导引术方法的发展始终与日常保养和疗疾密不可分。

（1）日常保养

导引术的基本功能是日常保养，预防疾病的发生。范铜钢的研究也对某些有较强针对性的锻炼方法进行了归类总结，具体可分为脏腑导引类别，即针对不同的脏腑设计的不同导引方法；节气导引类别，即在不同的节气进行保养的导引方法；分行导引方法，即针对不同的身体器官所进行的导引方法；等等。从中我们可以了解到导引术在保养身

---

① 刘天君. 中医气功学 [M]. 北京：人民卫生出版社，1994：82.
② 高大伦. 张家山汉简《引书》研究 [M]. 成都：巴蜀书社，1995：14-17.
③ 范铜钢. 养生典籍功法技术挖掘整理研究 [D]. 上海：上海体育学院，2016：156-158.
④ 同③.

体上的针对性和全面性功能。

（2）辨证施治

基于前文的分析，一病一例和一病多例是传统导引术发展的重要医学成果，传统导引医书中对此有系统的归类与整理。具体来讲，涉及风病、虚劳、腰背痛、伤寒病、血病、目病、牙齿病①等多种疾病。

以上主要是对当前较为常见的导引术分类方法进行的归纳与汇总，从中我们可以对导引术的外在形态、内在功能、方法手段等基本特征进行一定的了解。需要指出的是，尽管方法各异，但其技术手段不外乎三调——调身、调息、调心。

（二）武术

中国传统武术首先是一门技击术，明清时期，由于武术对导引术中炼养方法和理论的借鉴，使中国武术逐步发展出一套独特的内功修炼方法，同时内家拳的出现更是直接以养生为目的，其在锻炼上具有了明确的养生旨向，在内养方面与传统导引术共享同一套理论与方法体系。前文在对导引术的动功与静功的分类中已初步提及了武术中静势的桩功以及动势的套路与功法锻炼形式，这些基本涵盖了武术养生锻炼方法的主要内容。其中，静势的桩功（如太极桩、三体式）与动势的功法锻炼（如八段锦、易筋经）都属于武术功法的范畴，其目的是调形养气、培本固基、内壮外强；动势的套路运动则以内家拳套路为代表，较为常见的有太极拳、形意拳、八卦掌等，这些拳术套路在身形上大多讲究含胸拔背、松静自然，注重呼吸与意念的作用，与导引术在养生理念和形式上具有极大的共通性，在此不一一说明。

二、西方现代体育健身的基本方法

通过前文对西方体育健身的历史溯源，我们已经发现，西方现代体育健身方法包括有氧锻炼方法，肌肉力量、柔韧锻炼等专门性的锻炼方法，另外日常的步行等身体活动也被纳入锻炼的范畴。唐宏贵主编的《体育健身原理与方法》一书将体育健身的内容分为健身运动、健美运动、医疗体育、矫正体育、娱乐体育、防卫体育等几大类，其中"健身运动主要指一般健康者为强健身体而从事的身体锻炼。通过练习，增强身体各器官、系统的机能，发展身体素质，提高基本运动能力。可根据个人特点和爱好，选用各种锻炼手段，既可采用各种竞技运动项目，也可采用日常生活中一些有价值的动作，如走、跑、骑自行车等"②。本研究所论的西方现代体育健身即为此类。不难看出，西方现代体育健身将一切身体活动形式都纳入其方法范畴，但是会对不同方法的锻炼效果进行

---

①范铜钢．养生典籍功法技术挖掘整理研究［D］．上海：上海体育学院，2016：157．
②唐宏贵．体育健身原理与方法［M］．武汉：湖北人民出版社，1999：76．

评估，评估的依据在于是否有利于体能的提高，体能的评价指标主要涉及有氧能力和肌肉功能，具体包括心血管耐力、肌肉力量、柔韧性、灵敏性、身体成分等，根据不同的锻炼目标形成了有氧锻炼和肌肉锻炼两类主要专门性锻炼方法，同时其他的锻炼方法也在有氧能力和肌肉能力方面各有侧重。以这些基本的锻炼方法为基础也出现了专门针对塑形或减肥的需求而形成的具体锻炼方案，如塑形运动侧重于肌肉的锻炼，而减肥运动则侧重于能量消耗大的有氧耐力运动。

（一）专门锻炼方法

由于西方现代体育健身的直接锻炼目标主要在于提高身体有氧能力和肌肉功能，形成了专门锻炼有氧能力和肌肉功能的具有针对性的锻炼方法。锻炼有氧能力的方法也叫有氧运动，是指专门为提高有氧耐力而进行的健身方法。一般来讲，典型的有氧锻炼方法包括快走、慢跑、游泳、骑自行车、滑雪等，以长时间的中等运动强度进行。锻炼肌肉功能的方法包括对肌肉力量、柔韧等的锻炼，具体来讲，力量锻炼是指为提高肌肉力量而进行的健身方法，包括各种克服外部阻力或自身体重的负荷性锻炼，如引体向上、俯卧撑、负重跑步或跳跃等。柔韧锻炼是指专门为提高人体各关节活动幅度或范围，以及肌肉、韧带的伸展能力的锻炼方法，包括各种主动和被动的拉伸运动，涉及人体各部位的肌肉拉伸运动。除了有氧锻炼和肌肉力量、柔韧的锻炼，还有为提高人体综合性活动能力的灵敏性、平衡性等能力的锻炼。

（二）体育运动锻炼方法

所谓体育运动锻炼方法，是指通过参加各种体育运动来实现健身目的的方法，即寓健身于游戏与娱乐之中。从古到今，西方医学家就明确指出参加体育运动有利于身体健康，并且对不同的人参加何种运动提出了建议。希波克拉底就提出练习摔跤有利于提高柔韧性，盖伦则指出网球运动是最利于人体健康的运动，射箭、划船等活动也被认为是有利于健康的。现代社会，随着体育活动的日益丰富，健身的选择也越来越多，除了参加各项球类运动、舞蹈运动等，还可以参加各类户外休闲运动，如登山、攀岩、轮滑等。这些运动的锻炼作用也各有侧重，如篮球有利于锻炼有氧能力和四肢肌肉力量。[①]

三、中西方方法构成比较

（一）两组对比状态的呈现

1. 内聚性与开放性的对比

从方法构成上讲，中国传统体育养生的方法构成体现出强烈的内聚化特征，它的方

---

① C. P. Gilmore. Exercise for Fitness [M]. United States: Time-Life Books, 1981: 47, 113, 126.

法范畴完全在导引和武术的框架之内。与之对应的是，西方现代体育健身的方法构成则表现出完全的开放性，在一些专门的体能锻炼方法之外，其他一切的身体活动行为都被纳入其方法范畴，除了各类已经发展成熟的体育运动项目或不断涌现的新兴运动形式，还包括人类的日常活动，如步行、爬台阶等。东西方差异的原因在于，中国传统体育养生方法是一个严格按照《黄帝内经》的医疗体系所建构的身体观，是有目的性地编创的身体锻炼方式，自成一套完整的体系；西方体育健身在近代才开始明确地按照人体的生理结构，依据科学的卫生知识对体操动作进行有针对性的编排，并开始逐步确立肌肉锻炼的科学意义，对于有氧能力的锻炼价值则是到了现代才最终确立。随着这些理论和观念的确立，一切能够锻炼肌肉功能和有氧能力的身体活动形式就都被纳入西方现代体育健身的范畴。这种现象似乎反映了两种不同的思维模式——演绎和归纳，一种是在已有价值观念指导下的自觉性创造，另一种是对已有运动形式进行价值上的重新估定。

2. 民族性与普遍性的对比

在相对封闭的内聚性和开放性之对比的基础上，我们也不难发现，中国传统体育养生方法在一定程度上具有明显的民族性特征。尽管我们不能排除有些民族对身体拉伸和呼吸锻炼同样关注，如印度瑜伽，但在其他国家民族很难找到与中国导引法和武术养生方法一致的健身方法。同时，其他民族的武技仅仅是单纯的技击术，并没有明确的健身价值指向。与之不同的是，西方现代体育健身方法包括日常生活中的走、跑、跳等基本动作，游泳、骑行、滑雪等身体活动，足球、篮球、羽毛球等体育活动，以及专门的耐力训练（如长跑）和肌肉训练（如拉伸、负重），这些基于身体活动、游戏娱乐、增强活动能力的需要而产生的各种身体活动在很多民族国家都存在，在中国也不例外，如古代的蹴鞠就与西方的足球很相似，中国武术中也存在很多通过负重和拉伸来锻炼肌肉力量和柔韧的方法。我们似乎可以认为，西方现代体育健身的方法在世界范围内具有普遍性，它的贡献在于以一种系统的科学的方法对身体锻炼进行了健康意义上的价值评估，并进行了科学的实践指导。也正是因为这种方法上的普遍性，西方现代体育健身方法在全球范围内的实施和推广也变得简单易行：一切都是人们早已熟知的身体行为，不同的只是需要了解如何选择并实践这些身体行为才更加有利于健康。从某种意义上讲，中国传统体育养生方法有其民族特殊性，这种特殊性的背后，是中国人对身体锻炼的一种独特性理解。正如我们在前文已经提及的，中国人对于身体的独特性认知使其身体锻炼另辟蹊径地走了一条特殊的路，但这并不代表其在具体操作上与具有普遍性的西方体育健身方法完全不同。不论怎样，只要不跳脱身体活动的范畴，二者在身体上的表现总会有相似甚至相同之处。

（二）多组对立状态的消解

以往的研究往往存在一种倾向，人们试图对中国传统体育养生方法和西方现代体育健身方法的动作特征进行单纯差异性的形态归纳,在这一思维模式下呈现的研究结论往往是,中国传统体育养生与西方现代体育健身在动作特征上表现出静与动、松与紧、柔与刚、慢与快等多组相互对立的形态。但是,事实上,在前文的叙述中我们已经了解到,中国传统体育养生和西方现代体育健身在方法构成上并不是单一的,西方现代体育健身的方法更是具有多样性,因此,这种简单的机械化描述并不能如实地反映二者在动作形态上的差异。

笔者认为,之所以形成这几种对立思维模式,是基于两点原因:首先,中国传统文化中对静、松、柔、慢等状态的推崇——老庄哲学即这种思想的代表;其次,中国传统体育养生对静、松、柔、慢等的强调——导引术和太极拳都有明显的表现。与之同时存在的是对于西方现代体育健身的种种误解:其一,将西方竞技体育的更快、更高、更强的目标当作西方现代体育健身的特征;其二,将西方现代体育健身方法局限在某种力量、速度性的活动之中,忽视了很多同样缓和的运动形式如一些柔软性的体操运动。笔者认为,身体运动形态上的比较对本研究来说并没有实质性的意义,比较在运动形态下蕴含的技术原理才是揭示中国传统体育养生与西方现代体育健身方法之区别的关键。

第二节 运动负荷比较

掌握基本的身体锻炼手段之后,在具体的锻炼过程中,运动负荷、运动时域、运动环境等因素也是中国传统体育养生与西方现代体育健身在具体的实践操作中必须考虑的问题,对锻炼效果的实现具有直接且重要的影响。运动负荷又叫运动量,其反映运动多少的问题。本部分的研究是基于这样一种预设:在运动量的认知上,中西方都遵循负荷适度的原则,但是二者在负荷量的具体问题上存在差异。

一、中西方对负荷适度的共同重视

中国传统体育养生与西方现代体育健身都强调运动负荷的适度原则,从古到今,不论是中国还是西方,都认为过量的运动有害于健康。

(一)中国传统体育养生对负荷适度的强调

关于养生,《黄帝内经·素问·上古天真论》中有一段具有总括性指导意义的论述,其中所强调的养生延寿的最关键的一点,即有节与适度:

上古之人,其知道者,法于阴阳,和于术数,食饮有节,起居有常,不妄劳作,故能形与神俱,而尽终其天年,度百岁乃去。今时之人不然也,以酒为浆,以妄为常,醉以入房,以欲竭其精,以耗散其真,不知持满,不时御神,务快其心,逆于生乐,起居无节,故半百而衰也①。

《黄帝内经·素问·经脉别论》有云:"故饮食饱甚,汗出于胃;惊而夺精,汗出于心;持重远行,汗出于肾;摇体劳苦,汗出于脾。故春秋冬夏,四时阴阳,生病起于过用,此为常也"②。涉及运动方面,华佗有言:"人体欲得劳动,但不当使极尔。动摇则谷气得消,血脉流通,病不得生,譬犹户枢终不朽是也"③。孙思邈则指出:"养性之道,常欲小劳,但莫大疲及强所不能堪耳。④"其中都传达出对适度运动的重视。

关于过度运动的后果,《黄帝内经·素问·宣明五气》提道:"五劳所伤":"久视伤血,久卧伤气,久坐伤肉,久立伤骨,久行伤筋,是谓五劳之伤"⑤。具体来讲,过度运动会造成两方面的损害:其一,肢体的过度运动会伤及形体,具体表现为对筋骨肌肉的伤害;其二,过度运动引起的大汗会导致气虚,中医认为出汗是人体排出病邪的有效手段,但大汗则会引起身体的虚弱,中医有"津随汗脱""气随汗泄"之说,所谓"津随汗脱",即津液出于腠理,出汗过多会损伤人的津液。如《黄帝内经·灵枢·决气篇》有言:"津脱者,腠理开,汗大泄"⑥,即出汗过多,人体之气也会随之而外泄。《黄帝内经·素问·举痛论》有言:"炅则腠理开,荣卫通,汗大泄,故气泄矣"⑦,"劳则喘息汗出,内外皆越,故气耗也"⑧。由此可见,中国传统体育养生对过度的危害性的认知主要为,过用会导致筋骨的损伤、精气的耗竭、气血的亏损,这与其保养精气的操作目标是相违背的,因此其极力强调适度的重要性。

(二) 西方现代体育健身对负荷适度的强调

从古到今,西方体育健身的方法都与竞技体育紧密相连,同一运动,既可以作为健身手段,同时也可以作为竞技体育的比赛项目,而二者直接的差异表现在运动负荷上。古代医学家如希波克拉底、盖伦和阿维森纳,都明确指出运动员的高负荷训练模式对身体伤害极大,认为适度的运动才是保证健康的关键,这一观念在西方现代体育健身中依然为基本原则。通过对西方体育健身的历史考察发现,这一原则在近现代的西方运动医学观念中都反复得到强调。事实上,不仅仅是在体育健身方面,从古至今的西方养生家都强调适度对身体的重要性。

西方同样非常强调过度运动的危害,也可称为"运动过量",即过量的运动。西方现

---

①张仲景,吴鞠通. 中医四部经典 [M]. 太原:山西科学技术出版社,2017:6.
②同①59.
③陈寿. 三国志 [M]. 裴松之,注. 上海:上海古籍出版社,2016:715.
④孙思邈. 四库全书·第七三五册·备急千金要方 [M]. 上海:上海古籍出版社,1989:831.
⑤同①65.
⑥同①356.
⑦同①100.
⑧同①100.

代医学已经证明，过量运动会导致机体免疫功能、神经官能、运动机能等多方面功能水平的下降，严重过量者甚至可能危及生命。排汗量同样是西方现代体育健身衡量运动负荷的重要指标。现代医学认为，出汗具有排除毒素、减脂瘦身等功效，但是出汗过度则会造成身体缺水，由此引发一系列的不良症状，如肌肉无力、尿少、疲劳、肌肉抽筋甚至因严重脱水危机生命。

二、中西方对运动负荷的差异认知

（一）形劳不倦与超量恢复

出于保养精气的价值目标，中国传统体育养生强调"小劳""形劳不倦"，以小负荷量和小负荷强度适宜，不提倡大负荷以避免消耗，在具体的锻炼过程中，也呈现出储能而非耗能的特征。

西方现代体育健身则遵循超量恢复的原理，认为人体在运动中所消耗的能量物质，在运动后不仅可以恢复到原有水平，而且可以超过原有水平。因此，为了达到健身效果，机体必须承受一定的负荷刺激，造成一定的疲劳，经过合理的恢复与休息，机体的各系统的功能才能得到增强。因此，为了实现强化体能与机体功能的作用，西方现代体育健身认为需要一定量的超负荷的运动，这是一个耗能的过程，但这种超负荷必须限定在不影响人体机能的适度范围之内。

刘风震分析了在肢体痹治疗中导引术的优势："中医导引术不同于其他锻炼形式，如体操、跑步、游泳等活动，体操、跑步等运动动作较快，频率高，其开泄皮肤的速度较快，汗出较多，在肢体痹这种慢性疾病的康复治疗中并不是特别适用，肢体痹本身正气不足，肝脾肾功能不足，若剧烈的活动导致大量汗出，阳气、津液消耗较多，不利于脏腑功能的恢复。"[①] 由此可见，尽管中国传统体育养生和西方现代体育健身都有促进健康的作用，但是在中医看来，在应对某些基于正气不足而产生的疾病时，微微出汗的导引术较之汗出较多的西方现代体育健身有其独特优势。

（二）模糊与精确

1. 中国传统体育养生对运动负荷的模糊性描述

（1）对运动强度的经验性描述

通过对文献的考察不难发现，中国传统体育养生要求小负荷量，但对具体的负荷量却没有精确的标准，仅仅只是用诸如"小劳""微微出汗"等词语进行界定，具有模糊性和经验性特征。

---

①刘风震. 中医导引术用于肢体痹治疗的可行性探讨 [D]. 广州：广州中医药大学，2014：58.

（2）对动作次数的重视

尽管对运动的负荷强度的描述存在经验性特征，但是在从具体动作的操作量来讲，中国传统体育养生往往强调动作习练的次数，以此作为运动量的参照，范铜钢博士在其论文中总结出的，传统功法中对动作的次数要求较多是3遍、7遍、14遍、5遍、21遍、10遍、12遍、9遍等，另有"数遍"或"不拘数遍"的表述，更有以"出汗为度"的说法。当前推广的健身气功也多以动作的次数来界定运动量，依实际的锻炼需要，可以增加对某些动作的锻炼次数，这种实际的需要也以个人的身体状况和自我感觉为根据。

2. 西方现代体育健身对运动负荷的精确性界定

（1）对运动负荷的多维描述

西方现代体育健身往往追求精确的量化分析，在健身运动负荷的问题上同样如此。西方现代体育健身对运动负荷进行了多维度的界定，以此制定运动处方。具体来说，对运动负荷的描述包括运动强度、运动时长、运动频率等多个维度。西方现代体育健身有一种监控负荷量的FIT原则，FIT即次数（frequency）、强度（intensity）、时间（time）的缩写，要想获得良好的锻炼效果，就必须科学监控每周锻炼的次数、每次锻炼的强度以及每次锻炼的时间。

（2）对运动负荷价值域的精确性界定

西方现代体育健身认为，对人体健康有益的运动应该保持在适度的负荷范围内，在对这一负荷范围进行研究的过程中，出现了有氧运动负荷价值阈理论。这一理论同样遵循超量恢复的基本原则，认为过小的运动量无法对身体机能形成有效刺激，过大的运动量会危害健康。只有将运动强度控制在值阈内，才能起到良好的健身效果。当前西方运动医学研究表明，最适宜的运动强度是最大强度的60%~80%，其通过一定的心率区间来确定运动负荷。当前关于最佳运动心率的计算方法包括年龄减算法、净增心率计算法、运动量百分比分级法、运动最佳心率参照值等方法，较为常见的计算公式是：

（220-年龄）×0.8＝最大运动心率
（220-年龄）×0.6＝最小运动心率

将运动时的心率控制在这一范围之内，是有效性锻炼。在具体的锻炼中，可根据身体状况和锻炼的实际需要，通过监测心率适当地调整运动强度，如老年人可将运动负荷控制在最大心率的50%~60%，中年人可控制在60%~70%，青年人则可控制在70%~80%；对于有心脏病的人而言，则需要适当控制负荷强度。

总结来讲，中国传统体育养生与西方现代体育健身都强调负荷适度的重要性，但在具体的操作过程中对运动负荷量的要求差异显著：其一，中国传统体育养生强调运动小负荷，而西方现代体育健身则追求中等以上运动负荷；其二，中国传统体育养生在对负荷量和强度的具体描述上存在模糊性特征，用运动次数来界定运动量。西方现代体育健身则对不同运动的负荷要求进行了多维的和精确的界定，特别是提出了通过心率对运动负荷价值阈进行界定的方法，给不同人群在确定运动负荷上提供了重要的参照，由此也为其制定运动处方提供了科学依据。

第三节　运动时空比较

所谓运动时空，主要是指运动的时域和运动空间，其涉及在何时运动和在何种空间中运动有利于实现健身效果的方法性问题。

一、中西方运动时域比较

（一）中西方对自然节律的共同遵守

1. 中国对自然节律的遵守

"天人合一"的整体观是中国传统哲学对人与自然之关系的系统性认知，认为人与自然、社会之间是和谐统一、互相影响的关系，人的生命活动与自然界的发展变化紧密相关。基于这种认识，在身体锻炼的问题上，中国传统体育养生提出顺乎自然、顺应四时的变化规律，根据时间的变化调整运动的方式和强度。具体来讲，体现在阴阳节律理论和子午流注理论对运动时域的指导性。

（1）阴阳节律理论的指导性

中医对于自然四时之规律的具体认识以阴阳学说为主要依据。阴阳学说是中国传统哲学的重要内容，是中国古人阐释自然界和人体生命发展规律的重要理论依据。阴阳学说认为任何一种事物都包含对立统一的阴阳两个方面，事物的发展即基于阴阳的消长。以此为依据，传统中医认为，一年四季、一天之内都有其特定的阴阳转化规律，如四季有"春至夏，阴消阳长；秋至冬，阴长阳消"之规律，一天有"阳主昼、阴主夜"之规律。同时，阳有助长的作用，阴有抑制的作用，因此，一年之中有"春生、夏长、秋收、冬藏"之保养法，强调"春、夏养阳，秋、冬养阴"[①]，根据以上规律春夏两季宜练养阳生发的功法，秋冬两季则宜练养阴敛气的功法。同理，一日之中，白昼宜练养阳的功法，夜晚宜练养阴的功法。

（2）子午流注理论的指导性

在阴阳学说的基础上，子午流注学说进一步阐释了人体生命活动随时间变化的运行

---

① 马济人. 中国气功学 [M]. 西安：陕西科学技术出版社，1983：49.

规律。中国古代将一天分为十二个时辰，每个时辰对应现在的两小时。中医认为，人体气血流注的兴衰和经络穴位的开闭随着时间的变化有其周期性规律，基于不同经络穴位开合盛衰的特征，人体十二经络与十二时辰相对应，如子时对应胆经、卯时对应大肠经、午时对应心经等，在每一经络开启兴盛之时进行练功、按摩等，能对相应经络主管的脏腑与相关机能形成显著的影响效果。"子午流注"不仅体现人体经络穴位在每日的运行规律，也涉及每月、每季、每年的运行规律，成为古人练功养生的重要依据。

(3) 脏腑与四季的关联性

中医认为，四季的阴阳变化与脏腑相关联，因此也提出在不同的季节养护不同的器官，具体来讲，即春天养肝、夏天养心、秋天养肺、冬天养肾、四季养脾。由此也强调在不同的季节锻炼不同的脏腑，出现了专门结合季节而锻炼的脏腑导引法。

2. 西方对自然节律的遵守

与中国的阴阳节律、子午流注、五运六气理论相类似，西方也认识到大自然中存在的各种周期性变化规律，如日节律、潮汐节律、月节律、年节律等，人体也存在受环境影响而形成的周期性变化规律，这种规律被叫作"生物节律"，也叫"生物钟"。研究证明，每个生命体的运行过程都存在着很多生物节律，如体力、智力、血压、情绪等都有其特定的周期性变化规律。具体来讲，人体的生物节律主要表现在体力、智力、情绪三个方面的状态周期，因此又称"生物三节律"，这三个方面的表现水平有高潮期、低潮期与临界期三种状态。其中，高潮期时人的体力充沛、思维敏捷、情绪高涨；低潮期时体力下降、思维迟钝、情绪低落；临界期时判断力较差，容易出错。人体在进行健身锻炼时也应该遵循自身生物节律的周期性特征，在生物节律处于高潮期时参加体育锻炼会感到体力充足、注意力集中、情绪兴奋，锻炼效果明显；低潮期和临界期进行锻炼则会感到耐力不够、易疲劳、精神低迷、注意力很难集中，锻炼效果较差且容易受伤。

(二) 中西方对运动时域的差异认知

以上分析表明，尽管中西方在运动时间上都认为身体锻炼与自然之间的存在某种关联性规律，但是，由于阴阳节律、子午流注理论与生物节律理论存在明显的差异，同时，运动时间与空间的不可分割性，基于对不同时间锻炼的其他条件如环境、气候、地理等的综合考量，由此二者在实际的操作中也存在显著的差异。

1. 中国运动时域的独特性

(1) 按四季节气进行锻炼

中医认为，四季阴阳变化与脏腑相关联，因此也提出在不同的季节养护不同脏腑器官，如春天养肝、夏天养心、秋天养肺、冬天养肾、四季养脾，出现了专门结合季节而锻炼的脏腑导引法。如明代养生典籍《修龄要指》中即列有四时调摄法，其中说明了每个季节中的每月分别应如何养生与导引锻炼。另有按照二十四节气进行编排的节气导引法，其在四季调摄的基础上更加细化，结合四季、月份、节气与经络、脏腑之间的相关性，按照二十四节气的变化特征编排有针对性的导引动作，以调节相应的脏腑经络。

（2）对锻炼时辰的独特认知

马济人指出："古人强调练功时间，要安排在六阳时，即子、丑、寅、卯、辰、巳的六个时辰。而反对六阴时，即午、未、申、酉、戌、亥六个时辰进行练功。认为，六阳时外界是生气，六阴时外界是死气。还认为由于子时一阳生，开始练功最能收效，所以有古人另设活子时，以便灵活掌握。"① 范铜钢通过对传统养生典籍中功法技术的整理发现，古人练功的时间主要有（按出现频率排序）丑时（1~3时）、寅时（3~5时）、卯时（5~7时）、子时（23~1时）、午时（11~13时）、酉时（17~19时）、辰时（7~9时）、巳时（9~11时）、戌时（19~21时）、亥时（21~23时）②，由此可见，古人锻炼的时间主要集中在1~7时这个时间段。但范铜钢也指出"古时人们行功较多选择夜间，现代社会人们在时间选择上则有所不同，主要以卯时、午时、酉时等时辰为主"③。

2. 西方运动时域的独特性

（1）对生物节律的灵活运用

科学研究证明，人在一天中的各种机能与运动能力也存在变化周期，在不同的时间有高潮期和低潮期之间的变化。一般来讲，"人的总体运动能力在一天的白天中呈现三高峰三低峰的规律，第一个高峰是上午8~12点以前，这是一天中的运动技能的高峰，适宜运动技术的学习和训练；第二个高峰是下午15~18点以前，这是一天中体力的最高峰，是最容易破纪录的时间；第三个高峰是晚上19~21点，这是一个灵活性、协调能力最好的时间，体操、篮球、排球等比赛多安排在这个时间，这个高峰实际是第二个高峰的延续"④。尽管这是与运动员技能训练相关联的生物节律分析，但是其也在一定程度上适用于群众性的体育健身运动。

以上是对健身运动最佳时间的一般性指导，由于不同的人基于遗传条件、生活习惯、工作性质等因素的特殊性，在具体的健身运动中也可以根据自身的特点来安排锻炼时间，如有些人早上思维活动比较活跃，这类人可以利用清晨进行锻炼；有些人早上精神低迷，晚上思维活跃，则可以选择白天上午、下午甚至晚上进行锻炼；而有些人因为工作等特殊原因不能在最佳时间进行锻炼的，也可以选择在可行的时间内进行锻炼，持续一段时

---

①马济人．中国气功学［M］．西安：陕西科学技术出版社，1983：49．
②范铜钢．养生典籍功法技术挖掘整理研究［D］．上海：上海体育学院，2016：99-100．
③同②118．
④徐本力．环境与健身运动［M］．厦门：鹭江出版社，2000：160．

间后可培养新的生物节律①。

（2）对晨练的认知

当前有很大一部分人都选择在早上进行锻炼，尤其是中老年人，锻炼地点多集中在户外的公园与空旷地区，由此在社会上形成了晨练的现象，晨练既是人们锻炼身体的一种有效手段，同时也有利于发展社会人际关系、增进群体交流、促进社会和谐发展。基于这种社会化的体育健身趋势，如何更科学地进行晨练活动也成为人们关心的问题。

一般认为，晨练的时间不宜过早，早上4~7点之间并不适宜锻炼，原因在于：首先，这一时段属于人体生物节律的低潮期，锻炼效果不佳；其次，这一时期由于阳光初露，植物还未进行光合作用，空气中较多二氧化碳，氧气含量并不充足，因此在绿化较好的公园、森林等地进行运动容易造成二氧化碳中毒；再次，这一时期的空气污染指数较高，尽管在清晨汽车排放的污染物少，但是清晨大气压较低，前一天留在空气中的污染物并不能很好地升空扩散，有研究证明，一天中早上6点是空气污染的高峰。基于以上原因，最好的晨练时间应该是在7~10点。

以上是一种普遍性的建议，在具体的操作中，也必须根据实际情况来具体安排晨练时间，比如，在有雾的天气就不适宜晨练；另外，不同季节早晨的空气质量也是不同的，如有研究表明，一年中夏秋两季早晨空气较冬春两季空气清洁，这些都可以作为安排晨练时间的具体依据②。

二、中西方运动空间比较

运动空间主要涉及运动时的环境、运动所在的具体方位、运动的场所等多个方面，合适的运动空间有利于健身效果的实现。中国传统体育养生和西方现代体育健身都意识到运动空间的重要性，同时在具体的操作活动中，也各自有其独特性。

（一）中西方对自然环境的共同重视

1. 中国对自然环境的重视

基于"天人合一"的观念，中国古人认为人体是宇宙自然的一部分，是天地之气的产物，与自然之气息息相通，自然在中国传统体育养生锻炼中具有重要的作用：一方面，中国传统体育养生特别强调吸收自然之精气以补己，并出现了吸收日精月华的纳气观念和方法；另一方面，自然环境代表了中国古人特别是道家信仰者对于畅游于自然、回归山林的自由人生状态之向往。

---

①徐本力．环境与健身运动［M］．厦门：鹭江出版社，2000：165-166.
②同①183-189.

2. 西方对自然环境的重视

由于西方现代体育健身对有氧运动的重视，因此，一般认为，在空气清新的公园、树林、水域边进行有氧运动将有助于充足的氧气摄入，这些地方的空气中负离子较多，研究表明，"空气负离子具有调节神经系统、促进血液循环的功能，能镇痛、镇静、止咳、止痉挛、利汗和利尿，并能降血压，治疗神经衰弱"①。同时，树林具有强大的吸尘功能，并能增加空气湿度，这些都是有利于人体健康的运动环境。

（二）中西方对运动空间的差异认知

1. 中国运动空间的独特性

（1）对运动方位的关注

对运动方位的重视是中国传统体育养生的一大特色，其以五运六气理论为直接指导。五运六气简称"运气"。它是中国古代研究天时、气候变化规律，以及天时、气候变化对生物尤其是对人体生命活动影响的一门学说。它是"以《黄帝内经》天人感应整体观为指导思想，以阴阳五行为理论基础，以古代天文历法气象知识为科学依据，以天干地支为推演方法，来研究六十年为一个甲子周期的气候变化与人体疾病发生相关性的理论"②。其中，"五运"与五行相对应，是古人对于地球运行的空间定位，"六气"则属于时间的范畴，一年可分为风、热、暑、寒、燥、湿六个季节，一天之中不同的时辰也对应不同的气，因此，五运六气是古人对时、空定量的一种方法③。以此为基础，中医的脏腑功能除了与时间相关联外，也与方位相关联，如天之五运与人之五运相对应，所以有"前南心、后北肾、左东肝、右西肺、中央脾之说"④，在具体的锻炼中，不同的脏腑锻炼也有不同的方位要求。

依据范铜钢对养生典籍中功法动作的方位所进行的统计，结论认为：古代导引功法的动作方位主要集中在东向、南向、西向、北向四个方位（按出现频率由大到小排序），其中东向占比66.7%，南向占比16.7%。⑤ 一般而言，向东、向南与向日、向月、向阳明相一致，主要目的是吸日精、补阳气，也有北向行气以吸月精补阴虚的做法。具体操作以锻炼者实际情况而定。其指出，"一般而言，应向日向阳明行功为妙"⑥。

总结来讲，基于"天人合一"的整体观，中国传统体育养生认为时间与空间之间是

---

① 徐本力. 环境与健身运动 [M]. 厦门：鹭江出版社，2000：82.
② 苏颖. 五运六气探微 [M]. 北京：人民卫生出版社，2014：1.
③ 林中鹏. 中华气功学 [M]. 北京：北京体育学院出版社，1988：206.
④ 同③207.
⑤ 范铜钢. 养生典籍功法技术挖掘整理研究 [D]. 上海：上海体育学院，2016：98.
⑥ 同⑤118.

互相联系的，古人在实际的操作过程中往往也是依据具体的锻炼目的将二者结合起来考虑，如《素问·刺法论》中有："所有自来肾有久病者，可以寅时面向南，净神不乱思，闭气不息七遍，引颈引咽气顺之……"[1]

（2）对安静环境的重视

由于中国传统体育养生关注内向化的意念引导，讲究身心的入静，因此其往往需要在安静的氛围内进行锻炼。古人往往在安静的室内、庭院或远离人群的空旷自然环境中习练，现代人也延续了这一锻炼模式。同时，为营造和谐的入静环境，隔绝外界影响，很多习练者也会配合播放一些轻柔舒缓的音乐帮助入静。

2. 西方对健身房的独特追捧

健身房是当今西方现代体育健身的流行场所，健康房提供了人们进行有氧锻炼和肌肉锻炼的相应器械，以及健身者在锻炼之余的休息、清洁设施，此外，其还配备了专业性的健身教练对锻炼者进行指导。尽管健身房为人们健身提供了很多便利条件，但是其环境也有很多弊端：首先，健身房一般是封闭的室内环境，缺少阳光照射，锻炼人多，空气往往较室外混浊。在这种环境进行一定负荷强度的运动时，容易出现供氧不足；其次，健身房人群密集，机器较多，很多健身房也会播放一些鼓舞情绪的音乐以提高锻炼者积极性，因此往往噪声较多，环境比较嘈杂。尽管存在很多不利因素，但健身房依然是当前人们进行身体锻炼的热门场所，究其原因，有一部分要归于商业广告的大量宣传。

总结来讲，中国传统体育养生与西方现代体育健身在运动时空上的认知存在一些差异：中国传统体育养生基于"天人合一"的理念，将人体机能与外界自然时空的变化紧密相连，对身体锻炼动作进行了季节、时辰、空间、方位的整体性要求。西方现代体育健身则根据人体的生物节律来指导每天、每月、每季甚至每年的身体锻炼活动，强调在空气质量好的环境中进行锻炼，但基本不强调锻炼的具体方位。尽管存在着差异，但是，这些差异背后存在着某种契合性，即都是根据人体与自然界之间的某种规律性关系来安排身体锻炼活动时域，都强调在自然环境中锻炼的重要性，这些都反映出中国传统体育养生与西方现代体育健身在运动时空方面对自然规律的共同遵守。当前，由于现代人生活方式的趋同性，正是因为这种契合性，中西方对于运动时空的认知也共享了很多普遍的准则，比如根据个人身体状态和天气状态合理安排锻炼时间和地点，尽量选择在自然环境中进行锻炼，避免在嘈杂的环境中进行锻炼等。

本章小结

在方法构成上，中国传统体育养生与西方现代体育健身各有其方法系统，中国传统

---

[1] 张仲景，吴鞠通. 中医四部经典[M]. 太原：山西科学技术出版社，2017：220.

体育养生包括导引和武术两种形式，西方现代体育健身则包括专门的体能锻炼方法和各种体育运动形式，二者在方法构成上体现出内聚性和开放性、民族性和普遍性两种差异状态。

在运动负荷上，中国传统体育养生与西方现代体育健身都强调负荷适度的重要性，但在具体的操作过程中对运动负荷的要求也差异显著。中国传统体育养生强调以养为主的小劳，而西方现代体育健身则强调中等以上的负荷强度；同时，在对负荷的具体要求上，二者呈现出模糊与精确两种不同的特征。

在运动时空上，中国传统体育养生与西方现代体育健身在运动时空上的认知存在一些差异，但差异背后也存在着某种契合性，即都是根据人体与自然界之间的某种规律性关系来安排身体锻炼活动时空，尽量选择在自然环境中进行锻炼、避免在嘈杂的环境中进行锻炼等。

第五章
CHAPTER 05
中国传统体育养生与西方现代体育健身的技术原理比较

所谓"技术原理",就是从具体操作方法的微观层面对健身活动进行的规律性总结,其所反映的是方法之所以能够实现目标的作用原理,它区别于以项目为依托的方法构成,而是涉及微观的身体锻炼的技术层面。从这个层面讲,中国传统体育养生和西方现代体育健身尽管方法构成不同,但都是身体锻炼行为,二者对身体的实际操作实践都离不开肢体、呼吸与意念三个方面的作用,这些操作手段具有明确的技术指向性,且有其内在规律可循。由此,健身运动中调身、调息、调心三个方面的技术活动对健康的作用规律构成了中国传统体育养生与西方现代体育健身在技术原理上的比较基点;同时,从这三个方面进行比较,也将有助于我们从中国的视角出发更清楚地看到中国传统体育养生身体锻炼技术的独特性。

鉴于对以往研究的反思,本章的研究是基于这样一种预设:中国传统体育养生与西方现代体育健身在调身、调息、调心技术上的差异,不是有无的差异,而是认知与运用的差异——作为身体锻炼形式,中国传统体育养生与西方现代体育健身对于肢体、呼吸、意念的作用都有所强调,但是对三者的功能认知与实际运用则有所差异。

本章将从调身、调息、调心三个方面对中国传统体育养生与西方现代体育健身的技术原理进行比较,探寻二者在身体锻炼技术上的根本性差异。换言之,本章所要解决的基本问题是:中国传统体育养生与西方现代体育健身在身、息、心上的锻炼分别是基于怎样的技术原理进行操作并影响身体健康。这种原理的分析首先严格限定在中西医各自的医学语言范畴之内分别进行阐释,然后再基于对中国传统体育养生的三调技术原理的现代科学阐释,分析其与西方现代体育健身在身体锻炼上产生的普遍性意义,并对其基于不同医学范式而隐含的差异性进行揭示,由此提出在不同医学范式下对其进行差异性探索的必要性,是对当前偏于西化的研究范式的一种反思。

第一节 调身技术原理比较

肢体运动构成了中国传统体育养生与西方现代体育健身可比性的首要基点。如何通过肢体的活动来寻求健康？或言之，肢体的活动是如何影响人体健康的？对于这个问题，中西方有着不同的理解。中国传统体育养生与西方现代体育健身都强调动的必要性，但是，中国传统体育养生对不动的身体锻炼形式也同样重视。由此，二者对肢体运动本身的理解就存在差异。

一、中国传统体育养生的调身技术原理

不论是导引术还是武术，中国传统体育养生在"肢体"上的运动都以头颈、躯干、四肢、手足等肢体部位为载体。以下以导引术为例，对中国传统体育养生在肢体锻炼上的技术构成进行分类说明，在此基础上对其基本技术原理进行分析。

（一）中国传统体育养生的调身技术构成

1. 从以往研究中获得的启示

导引术是在肢体、呼吸、意念协同配合下完成的，导引术中的肢体动作涉及肢体各部分的活动以及主动的自我按摩，从某种意义上讲，在导引术中，肢体活动本身即自我按摩的一种形式。通过对古代文献的考察，不难发现，从古到今，各类养生论著中记载的导引术势数量庞大，很多成套的导引法在多种养生汇编中反复出现，但是，具体的功法动作也多有改编，使各类导引术势呈现纷繁之态。由于时代发展的需要以及不同的人对于导引术势的不同理解与创新，中华人民共和国成立以后，各种新的导引形式也不断涌现，功法种类也更加丰富。从学术研究的角度讲，这些纷繁多样的导引功法在基础性的技术构成上是否具有相似性，而这些功法的创编是否也遵循了某些共同的规律与原理？这是我们必须思考的问题。

对于以上问题，尽管当前相关学术研究较少，但是已有学者进行了研究尝试。如钱存泽主编的《气功原理与应用》（1989）、马济人主编的《实用中医气功学》（1992）、宋天彬、刘元亮主编的《中医气功学》（1994）、刘天君主编的《中医气功学》（1999）这四本著作都从调身、调息、调心三个方面对气功锻炼的基本操作进行了分析，但其专注点在肢体、呼吸和意识的技术层面的归纳，而较少涉这些技术背后的操作原理进行系统阐释，且大多是从西方医学的角度对其生理机制进行描述，而较少从中国传统医学的角度对各个技术的操作原理进行阐释。

较有代表性的相关研究是北京体育大学的田麦久等的《论中华绵缓健身运动》，其中

指出："导引、太极、武舞等各类绵缓健身运动的基本结构有着共同的规律，其主要表现为运动状态的绵缓性以及运动轨迹的圆活性。"① 在此基础上，此文进一步分析了"导引运动技术的基本结构"，指出"导引技术的要点可概括为用意、导气、引形"②，其中"引形"是在"意识引导下，通过肢体的各种活动达到强筋壮骨、平调气血、疏通经络的方法。它包括上肢技术、下肢技术、躯干技术、运动技术和整套功法"③。具体来讲，"上肢技术包括旋、绕、摇、点等"，"下肢技术包括盘、屈、抓、跷等"，"躯干技术包括转、叠、展、俯等"④。在这种分类的基础上，此文分别对各个技术的原理功效进行了说明，指出这些技术都具有刺激穴位、疏通经络的作用。这一研究的积极意义在于，它突破了其他研究中普遍采用的对技术进行三调上的笼统性阐释模式，而是将三调本身更加细化，并做出了相应的归纳总结与原理分析。这是一种有必要的尝试，但其中也存在着一些不足，最明显的一点在于其归纳得不够全面，原因在于：其一，导引术在肢体上的动作并不仅仅局限于四肢躯干，而是涉及全身从头到脚各个部位；其二，除了外在的肢体活动，导引术也包含很多隐性的技术，如"闭目""瞪目""叩齿""卷舌""咽津"等活动，这些活动构成了导引术的重要组成部分，不能被忽略；其三，以桩功为代表的静功本身在正形顺气方面的重要作用也应该得到凸显。

范铜钢博士在其博士论文《养生典籍功法技术挖掘整理研究》中做了更加细致的技术整理工作，该研究"在查阅上千种养生功法文献资料的基础上……对养生典籍功法动作姿势、次数、结构、方位、时辰、类型、方法、部位、技法、穴位、施治等进行了梳理"⑤。这一研究思路对功法技术的分析更加深入且细致，它为我们了解导引功法的技术内容提供了一个较详细的参考；但是，从中我们也看到了其在功法技术的分类上依然存在一些值得商榷与改进之处。本研究尝试用一种更加完善的方法对导引的三调技术进行分析，并对其中所遵循的具有普遍性指导意义的技术原理进行提炼总结。

这种三调的健身原理的解读会严格限定在中国传统的医学范畴之类，因为这些技术的产生直接奠基于中国传统的医学逻辑，而当前在西方医学的范畴内探究导引术的技术原理的努力与尝试，依然还是隔着一层面纱，并不能真正触摸到中国传统身体锻炼行为的内在逻辑，这逻辑背后蕴藏的是中国古人对身体的独特理解和认知。

2. 对导引术调身技术总结的一种尝试

基于以往的研究成果，我们发现，导引术是一项涉及全身的身体锻炼体系，宏观来

---

① 田麦久，徐伟军，胡小飞. 论中华绵缓健身运动［C］∥田麦久，李志勇. 东方健身术论集. 北京：北京体育大学出版社，1998：75.
② 同①.
③ 同①75-76.
④ 同①76-77.
⑤ 范铜钢. 养生典籍功法技术挖掘整理研究［D］. 上海：上海体育学院，2016：48.

讲，涉及头项、躯干、四肢；微观来讲，涉及头部的鬓发、面颊、目、鼻、口、舌、齿、耳、颏、颈、咽喉，躯干的身、胸、胁肋、腹、腰、脊、背，上肢的肩、臂、腋、腕、手、指，下肢的臀、髀、股、膝、胫、足。本研究尝试以身体各部位的技术动作为分类标准，对导引术的肢体锻炼技术进行归纳，包括自主的肢体运动与自我按摩行为都反映在具体身体部位的锻炼技巧之上。表5-1是基于这种分类思路，按照养生典籍中出现的具体功法技术进行的总结。需要说明的是：首先，如表5-1中所归纳的是有实际动作体现的技术方法，而对于保持某种固定姿势的静功的技术方法，由于其是对身体的整体性调整，暂不列入表中，其技术原理则在后文单列一条进行说明；其次，此表着重要表现的是导引术对身体各部位锻炼的全面性以及技术方法的丰富性，而针对仅具体技术则每一部位的列举较为常见的方法。

表 5-1　导引术调身技术总结

部位		动作
头颈	头	摇天柱、抱头、托头、摩顶、振头、摇头、拓头等
	鬓发	摩发、解发、沐发等
	面颊	浴面、摩面、拓颊、拓颐、搓涂等
	目	闭目、瞑目、怒目、目瞪、虎视、摩眼、按目等
	鼻	捻鼻、按鼻、捏鼻等
	口	撮口、漱津、鼓漱等
	舌	搅津、舌卷、舌伸、舌抵颚、赤龙搅海等
	齿	叩齿、琢齿等
	耳	掩耳、按耳、鸣天鼓等
	颏	捉颏、拓颏、挽颏等
	颈项	抱项、挽项等
	咽喉	咽津、咳嗽等
躯干	身	俯、仰、旋转、侧扭、曲、伸、摇身、挽身等
	胸	开胸、鼓胸、按胸等
	胁肋	按胁、捻摩胁等
	腹	振腹、鼓腹、摩腹等
	腰	伸腰、扭腰、摇腰、举腰、拓腰、摩肾俞、努腰等
	脊	掘脊、直脊、按脊、挽脊、伸脊等
	背	捶背、摩背等

续表

部位		动作
上肢	肩	摇肩、举肩等
	臂	摇膊、摇臂、摇肱、伸臂等
	腋	抚腋等
	肘	举肘、摇肘、挽肘、拓肘等
	腕	摇腕、旋腕等
	手	摩手、错手、握固、叉手、挽弓、按掌等
	指	翘指、摩扭指、弹指等
下肢	臀	摆尾、掉尾、振臀、举臀等
	髀	按髀、捻髀、转髀、振髀、摇髀等
	股	举股、交股、伸股、弓股、引股等
	膝	托膝、摇膝、拓膝、屈膝等
	胫	按胫、举胻等
	足	手攀足、钩脚、震脚、挽足、引踵、摇足、按足、举足、伸脚、扳脚、钩趾、蹩足、仰趾、足外踵等

（二）中国传统体育养生的调身技术原理

中国传统体育养生的操作目标主要在于保养和补益精气血、疏通经络，从而实现身体内环境的阴平阳秘，保持身体的生命力，抵御外邪入侵。事实上，以往的研究已经达成一种共识，尽管中国传统体育养生的功法技术种类繁多、方法各异，但都遵循一个宗旨，即通过肢体、呼吸和意念的调节实现保养精气、疏通经络的目的。从肢体上的具体操作上讲，这些技术主要是通过"吞唾以保津养精""动摇以疏经活络"以及基于静功所表现出来的"静势以顺气集气"三个原理所实现的。

1. 吞唾以保津养精

传统中医认为，精气的充足决定了寿命的长短，因此如何保存和补益人体内的精气及其他有益物质是导引养生法所关注的问题。这些有益的物质，除了精、气、血，还包括人体的口舌之津甚至尿液。正如李约瑟在《中国科学技术史》中所总结的："起特别重要作用的是保存某些分泌物，如唾液。'吞唾'（或"吞涎"）还有一套仪式化的方式，包括叩齿。"[①] 除了唾液，人体的生殖之精也是养生家们谨慎保存的人体分泌物，由此，导引术中的房中术很大程度上就是教人避免耗损生殖之精的方法。另外，静态的呼吸锻

[①] 李约瑟. 中国科学技术史：第5卷[M]. 皱海波，译. 北京：科学出版社，2011：27.

炼（如闭气）也在某种程度上是为了尽可能多地保存吸入之气。

李约瑟提及的有关"吞唾"的"一套仪式化的方式"，具体包括叩齿、搅舌、漱津、吞咽等一系列的动作，这些方法为保存津液服务，同时也兼具其他功能：叩齿可以生津，同时可以坚固牙齿；搅舌可以帮助津液的生成；漱津可以更大程度地产生津液，同时帮助口腔健康；吞津则是为了保存津液，避免流失，吞津的方法往往是分数口徐徐下咽，而津液中的有利物质将濡养全身脏腑关节。这一方法广泛存在于各类导引养生功法中，也成为中国古人日常养护的重要方法，其传统一直延续至今。李约瑟也提到，现代医学通过化学性的分析已经验证了唾液对于人的消化功能的有益作用，但这显然不是中国医学推崇吞唾的初衷，中国传统医学中保津养精的价值观念才是这一技术得以形成且长久存在的关键。

2. 动摇以疏经活络

传统中医认为，经络通则百病不生，人体经络遍布全身，是人体精、气血、各类营养物质运行的通道，外连肌肤，内络脏腑。通过动摇肢体来疏通经络是传统体育养生的重要操作原理，其技术涉及前文中已经总结的对身体各部分实行的自我活动与自我按摩方法。这些动作的实施都是基于同样的技术原理，即通过这些动作可以对身体各部位形成刺激，以帮助其气血沿经络运行，这种刺激一般有两种形式。

①点的刺激。这种刺激一般是通过对小范围部位的点、按、摩、拧、旋等来对身体局部进行刺激，如摩头、摩眼、摩发、摩面、按鼻、捻鼻、按耳、鸣天鼓、捶背、振腹、摩腹、揉腿、蹬脚等，通过对这些部位的摩按与活动可以有效刺激穴位及经络，从而推动气血在这些部位沿经络运行，优化各器官功能。如摩发可以防白发，摩眼可以明目，摩面可以润颜，按鼻可以保养鼻子，按耳和鸣天鼓可以醒脑、聪耳，捶背可以刺激背部腧穴，振腹、摩腹可以增强内脏功能，等等。

②线的刺激。这种刺激并不专注于某一部位，而是有意识地对肢体局部或整体进行某种线性的拉伸，类似于西方的肌肉拉伸锻炼，但其原理与之完全不一样，比较常见的是四肢的伸缩开合、身体的前后左右俯、仰、展、叠、旋转等。由于人体经络走向为线性，这类方法通过身体各部位的拉伸与放松的交替性运动，可以推动这些部位所涉穴位的起闭开阖，帮助气机的出入，促进气机沿这些部位所巡行的经络有效运行，使经络得到有效锻炼。

通过以上两种肢体活动模式，可以有效且直接地对身体的经络穴位进行刺激，这正符合"流水不腐、户枢不蠹"的动以养形的道理。

3. 静势以顺气集气

从方法形态上讲，较之有明确肢体活动的技术手段，中国传统体育养生中的静功是区别于西方现代体育健身方法的一个显著的特例。中国传统养生家对于静态的炼养方法特别推崇，如各种坐式、立式、卧式的静功，这些功法在外在形态上来看，只保持某种固定的姿势，没有外在的肢体活动。但是，其对内在意念和呼吸活动的要求却很高，正所谓"静中有动"，这种表面的静中实际暗含着动。以站桩功为例，其在外形上只是单纯地保持某种形态进行一定时间的站立，但是很多站桩功都包括含胸拔背、松腰坐胯、沉肩坠肘、舌抵上腭、气沉丹田、心静体松、精神内守等涉及身、息、心多方面的要求。在此基础上，很多静态的功法直接依赖各种呼吸上的锻炼，如内丹术的修炼，即是以身体为丹炉，通过意念对呼吸的调节来炼养内在的精气神。传统六字诀的锻炼方法也基本以静态的肢体形态为主，进行相应的呼吸和发声锻炼。从某种程度上讲，这种静态的锻炼方法较之肢体的动更加重要：一方面，传统中医认为"形不正，气不顺"，很多静态的站桩训练，其目的就是形成一种最适合于身心合一的身体形态，使身体的间架结构整体性还原成最为中正合理的形态，这是一个正形的过程，形正则气顺，这一状态下身体内气运行的通道得以顺畅，由此激发气机的自主调和功能；另一方面，传统中医十分注重保养精气，讲究适度的动以宣导气机，同时，更讲究静态的身心休养以及呼吸炼养以养精集气，如传统养生家对长寿之龟的静态生存状态的推崇以及各种服气、行气之法的运用。这种肢体上的静锻炼构成了中国传统体育养生的一大特色，它代表一种有别于一般意义上的西方现代体育健身方法的特殊身体锻炼方法，而其背后所包含的闭气、服气、运气、呼吸、意念活动及其作用机制将会在下一节进行专门的阐述。

二、西方现代体育健身的调身技术原理

"生命在于运动"是法国思想家伏尔泰的一句著名的格言，其意思是生命体的存在离不开运动。与之相应的，法国生物学家拉马克也提出了一个著名的人类进化法则——"用进废退"，其认为生物体的器官只有经常被使用才会更发达，其功能才能更强大，反之，如果不经常使用，就会逐渐退化。西方社会长久以来存在着一种共识：生命的存在与发展都离不开运动，运动可以帮助人类强化生命机能、增强行为能力。纵观西方体育健身的历史，所有的健身锻炼方法都离不开肢体的运动，绝对的肢体上的动是身体锻炼的首要技术构成。这与中国传统体育养生对静功的重视形成了鲜明的对比。

较之中国传统体育养生方法在某种程度的内聚性特征，西方现代体育健身的方法则因其开放性而呈现出多样性特征。事实上，西方现代体育健身几乎可以囊括人体所有可以进行的肢体活动，由此也造成了其技术构成上的多样性。尽管如此，这些动作在健身原理上同样遵循了共同的规律。

（一）西方现代体育健身的调身技术构成

由于西方现代体育健身的主要操作目标是提高有氧代谢能力、肌肉力量、柔韧等体能素质，其已形成各项专门的锻炼方法，我们可以这些专门的锻炼技术手段为例，对西方现代体育健身的肢体运动技术进行归纳。

1. 有氧锻炼的基本调身技术

有氧锻炼的基本项目一般包括快走、慢跑、游泳、自行车等,从技术手段上讲,其在动作形式上没有固定的模式,一般是大肌肉群参与主要活动,如胸、背、腿等,这些大肌肉群耗能较大,同时以中小强度且保持半小时以上的持续性锻炼为宜。篮球、排球、网球等球类运动,由于其中经常会存在一定时间的持续性奔跑,也会对心率造成刺激,因此,其在某种程度上也可以锻炼有氧能力。

2. 力量锻炼的基本调身技术

力量锻炼是为提高肌肉收缩时产生的张力所进行的锻炼,力量锻炼的方法一般是抗阻运动,即人为地加大肌肉收缩时所必须克服的阻力,由此对肌肉形成负荷刺激。一般发展力量的手段包括克服自身体重所带来的阻力、克服外部阻力、同时克服内外部阻力三种锻炼形式,克服自身体重的锻炼如引体向上、俯卧撑、台阶运动、蹲起、提踵等;克服外部阻力的锻炼如弹力带拉伸、哑铃等;同时克服内外部阻力的运动如穿沙衣、绑沙袋进行跳跃、跑步等。从动力学的角度讲,力量锻炼对肌肉的锻炼一般包括动力性力量练习和静力性力量练习两种,在此不做赘述。一般来讲,力量锻炼主要针对的是身体的大肌肉群,如上背部、胸部、肩部、上肢(肱二头肌和肱三头肌)、下肢(腘绳肌和股四头肌)和小腿肌肉等。

3. 柔韧锻炼的基本调身技术

柔韧锻炼是为提高人体各关节的幅度或活动范围、提升肌肉、韧带等的伸展能力的锻炼。发展柔韧性的方法以肌肉的拉伸锻炼为主,具体方法一般包括静力拉伸法和动力拉伸法两类。一般来讲,对于肌肉的拉伸锻炼主要集中在肩部、手臂、腿、腰等部位的肌肉群进行,如发展肩部、腿部、臂部柔韧性的方法有压、搬、劈、摆、踢、崩、绕环等练习;发展腰部柔韧性的方法有站立体前屈、俯卧背伸、转体、甩腰等[1]。对肌肉的拉伸锻炼涉及全身各个部位的骨骼肌。

(二) 西方现代体育健身的调身技术原理

1. 能量守恒原理

前文中已经提到,西方现代体育健身非常重视通过运动以消耗身体能量,这正是西方体育健身从古至今一直坚持的原理,正如王旭东在《体育健身原理与方法》中指出的,"运动加强了物质代谢、分解脂肪并增加能量消耗,有利于调整能量平衡,适宜体重和体内成分"[2]。

---

[1] 唐宏贵. 体育健身原理与方法 [M]. 武汉:湖北人民出版社,1999:207.
[2] 王旭东. 体育健身原理与方法 [M]. 北京:北京体育大学出版社,2008.

西方运动生理学认为，物质和能量代谢是维持人体各种生理机能的基本保证，也是维持人体运动能力的重要前提。人体与外界环境进行物质交换（吸收营养与排出废物）的过程即物质代谢（material metabolism），在机体内物质代谢过程中，所伴随的能量即营养物质所蕴藏的化学能释放、转移和利用，称为能量代谢（energy metabolism）[1]。影响能量代谢的因素包括肌肉活动、情绪影响、食物的特殊动力作用、环境温度。其中"肌肉活动对能量代谢的影响最为显著。任何轻微的活动均可提高代谢率。运动中机体耗氧量增加，产热量增加，因而能量代谢率高"[2]。由此，基于骨骼肌活动的身体运动是消耗身体能量的重要手段，其基本原理是热力学第一原理，即热量可以从一个物体传递到另一个物体，也可以与机械能或其他能量互相转换，但是在转换过程中，能量的总值保持不变，通俗来讲，即能量守恒。

2. 超量恢复原理

全国体育院校通用教材《体操》中对体操健身的生理性原理进行阐述时，指出："生物体最基本的生理特征之一是可对任何内外刺激发生应答性反应，刺激强度越大，所引起的机体反应也相应越强。"[3] 其中所描述的刺激与应答性反应即刺激—反应—强化的超量恢复原理。唐宏贵主编的《体育健身原理与方法》中做了如下阐释：

根据运动生理学原理，人体在运动中所消耗的能量物质，在运动后不仅可以恢复到原有水平，而且可以超过原有水平。与此相适应，人体各器官和系统的机能能力也可以超过原有水平，这就是超量恢复。……人体健身运动就是这样沿着"消耗—恢复—超量恢复"链而不断循环往复，逐步适应，而达到增强体质的效果[4]。

西方现代体育健身正是基于这一原理，通过对身体进行一定负荷的刺激，实现体能的加强。如锻炼力量的抗阻训练即是通过加大肌肉活动承受的负荷量进行一定时间的刺激性锻炼，从而实现肌肉力量的增强；锻炼柔韧性的拉伸训练即通过对身体某个部位进行一定负荷的伸展，拉长这一部位的肌肉长度，从而提高其延展性；锻炼心肺功能的有氧运动则是通过身体大肌肉群的持续运动使心跳和呼吸频率受到一定强度的刺激，从而提高其有氧耐力水平。需要指出的是，这种对机体进行的刺激是一种机械性的刺激，其所要达到的目的，也是机械性的活动能力，正如王旭东在《体育健身原理与方法》中指出，"运动时肌肉和骨骼的机械刺激，使他们更加强壮"[5]。

---

[1]全国体育院校教材委员会. 运动生理学[M]. 北京：人民体育出版社，2005：142.
[2]同[1]161-162.
[3]全国体育院校教材委员会. 体操[M]. 北京：人民体育出版社，2011：61.
[4]唐宏贵. 体育健身原理与方法[M]. 武汉：湖北人民出版社，1999：61-62.
[5]王旭东. 体育健身原理与方法[M]. 北京：北京体育大学出版社，2008：62.

三、中西方调身技术原理比较

从单纯的肢体运动的技术上讲，中国传统体育养生与西方现代体育健身在肢体运动技术上存在一定的差异。同时，由于二者都以肢体运动为技术基础，因此在肢体运动（主要指肌肉运动）的效果上又存在某种共通性，当前的研究者发现了这种共通性，并基于这种共通性从西方现代运动医学的角度对中国传统导引术的技术原理进行了阐述，但对所产生的效能上的差异没有进行过多的反思。本部分将对这些问题进行阐述。

（一）肢体锻炼的不同旨向

1. 锻炼对象的差异：经筋与肌肉

基于不同的操作目标，尽管中国传统体育养生与西方现代体育健身的肢体运动都以骨骼肌肉的运动为载体，但其锻炼对象却有着明显的差异，一为经筋，一为肌肉。由此导致了二者在拉伸运动和力量锻炼上的技术原理存在显著差异。

（1）从拉伸运动上讲，尽管二者都存在拉伸运动，且都以肌肉的拉伸为载体，但其拉伸的对象不一样，中国拉伸的目的是刺激经络，因此往往表现为经筋拉伸，即导引的牵伸对象是经筋系统[①]。具体来讲，经筋是经络的连属部分，经络无形，经筋有形，其涉及全身四肢及各部分软组织，包括肌肉、韧带、筋膜、关节及其周围神经等。刘风震指出"导引是以经筋为主要牵伸对象，人体十二经筋的循行和经络的循行基本相同，但只存在于四肢、躯干、不入脏腑，全依赖经筋的滋养。然而，经络无形，经筋有质，通过经筋的牵伸可以带动经络的畅通，气血通畅，使其运行周身、关节"[②]。由此，在具体的锻炼中，其往往表现为循经拉伸，即拉伸的路线都与经络走向相一致。同时，不仅涉及大肌肉群的拉伸，更是关注于筋膜、肌腱、韧带、关节囊等结缔组织的内向化的押拉，即所谓"押筋拔骨"。

与之不同的是，西方拉伸的目的则是刺激肌肉，因此基于严格的肌肉解剖结构，形成了肌肉拉伸的模式，其锻炼目的是增加肌纤维的长度和延展性。值得指出的是，西方现代解剖学对于肌肉的研究已经由肌肉孤立论向肌肉整体论的方向发展，即由过去孤立地看待骨骼上的单块肌肉转变为与肌肉与周围组织甚至全身整体的功能相联系，具体表现为对筋膜的重视，筋膜又称肌筋膜，具体指"肌肉组织和伴随它的结缔组织之间的成束而又不可分割的特性"[③]。在此基础上形成了筋膜学说。当前，中外研究者都建立了一

[①] 吴金鹏. 中医导引术的经筋理论研究 [D]. 北京：北京中医药大学，2007：47.
[②] 刘风震. 中医导引术用于肢体痹治疗的可行性探讨 [D]. 广州：广州中医药大学，2014：60.
[③] 托马斯·梅尔斯. 解剖列车：徒手与动作治疗的肌筋膜经线 [M]. 关玲，周维金，瓮长水，译. 北京：北京科学技术出版社，2014：4.

种认识，即经筋理论与筋膜学说存在很多相似性，最明显的一点是对肌筋膜经线的发现，这些经线的走向与中医人体经络走向具有很大的重合性，由此二者在拉伸运动上的理念也走向了某种趋同①②。但是，从拉伸运动的具体操作上来讲，筋膜理论依然是以可以见到的肌肉及其周围结缔组织为载体，与中医关联于不可见之经络的经筋学说还是存在一定的差异，后者在意与气的运用上独具一格。同时，由于筋膜学说在西方依然处于医学的边缘地位，因此，在常规的体育健身锻炼中，依然是以针对局部肌肉或肌肉群的拉伸锻炼为主。

（2）在力量锻炼上讲，西方由于对力量的重视，有着明确的锻炼肌肉力量的目的指向，其方式为加大负荷的抗阻运动；而中国对机体力量的认知并不指向肌肉本身，而在于全身的气血储备，因此其描述多为力气，而非力量，因为有气才有力。

2. 锻炼部位的差异：全身各处与大肌肉群

从锻炼部位上讲，不难发现，中国传统体育养生的肢体运动技术构成涉及从头到脚各个肢体部位，且很多部位都有多种锻炼方法，包括点、按、揉、拉等，目的就是要刺激经络穴位，原因在于人体经络穴位遍及全身各处，且各有用处，因此必须全面兼顾，对日常生活中活动不到的地方也有所锻炼；而西方现代体育健身则更多的只是集中于对身体大肌肉群的锻炼，全面的肌肉拉伸锻炼涉及全身各处肌肉，但在一般的锻炼中，所拉伸的还是在日常使用较多的大肌肉群，力量锻炼也更加集中于大肌肉群，原因在于，西方现代体育健身所要实现的直接操作目标是提升人体体能，即参与日常生活的活动能力，而日常生活所需要的体能大部分决定于人体的大肌肉群的机能水平。

3. 动作轨迹的差异：圆活与线性

从动作轨迹上讲，尽管中国传统体育养生与西方现代体育健身方法多样，不能以某些动作对其一概而论，但是以一种比较性的视角来看，二者在动作完成的轨迹上也呈现出圆活与线性的差异特征。具体来讲，中国传统导引术身体各处的运动都以圆活性的动作为主，如四肢的旋、绕、盘、屈，躯干的旋、转、屈、伸。同时，在动作的具体运行路线上，也带有弧线，不起棱角，由于人体各关节的连接处是圆活的构造，且关节是自然弯曲的状态，因此这种运动路线更符合人体的生理结构特征。相较起来，西方现代体育健身则基于身体肌肉的线性特征，在动作上多直来直去，体现为线性特征。

4. 动作节奏的差异：缓慢绵延与停顿

从动作节奏来讲，中国传统体育养生的动作往往呈现出缓慢绵延不断的特征，在套路性的功法中体现尤为明显，原因在于，缓慢绵延不断的动作可保证呼吸的节律性与连

---

①托马斯·梅尔斯. 解剖列车：徒手与动作治疗的肌筋膜经线 [M]. 关玲，周维金，瓮长水，译. 北京：北京科学技术出版社，2014：311-319.
②吴金鹏. 中医导引术的经筋理论研究 [D]. 北京：北京中医药大学，2007：15.

续性,从而保持气息在体内运行的连贯性,推动气息的升、降、出、入,达到疏通全身经络、培养真气的目的。西方现代体育健身的动作则表现为动作与动作之间停顿多,原因在于,其对机体的锻炼是基于对肌肉的机械性刺激,刺激越大,效果越显著,动作的完成多为同一动作的重复性操作,且每次操作之间可停顿,并不要求其连贯性。

（二）基于普遍意义的差异性思考

1. 肌肉锻炼的普遍意义与差异性

按照西方现代体育健身的基本思路,只要是动,而不管是什么形式的运动,其对肌肉的锻炼都是绝对的,不同的只是锻炼量上的差异。因此,基于肢体运动时肌肉活动的绝对性,在肌肉运动的层面上,中国传统体育养生与西方现代体育健身在运动效果上体现了某种共通性。以往的研究普遍认可了中国传统体育养生在锻炼人体肌肉素质上的作用,在此不对相关研究一一列举,仅以健身气功新功法中的易筋经的推广丛书为参照,通过对此套功法在各个动作的功理与作用的阐述中,我们将发现,同一个动作,在传统中医和西方现代运动医学的角度看,分别基于不同的原理达到了不同的目的,但又在肌肉锻炼上实现了某种共同的效果,从中我们也可以清晰地看到中国传统体育养生能够实现锻炼肌肉柔韧、力量、平衡、灵敏等多种体能的目的,这正是源于肌肉活动的绝对性。

以下是笔者对健身气功·易筋经中的三个动作的功理与作用部分所做的总结,如表5-2所示。

表5-2 健身气功·易筋经部分动作功理与作用总结对照表[①]

动作名称	功理与作用（传统中医角度）	功理与作用（现代西医角度）
韦陀献杵第三势	通过上肢撑举和下肢提踵的动作导引,可调理上、中、下三焦之气,并且将三焦及手足三阴五脏之气全部发动。	可改善肩关节活动功能及提高上下肢的肌肉力量,促进全身血液循环。
九鬼拔马刀势	通过身体的扭曲、伸展等运动,使全身真气开、合、起、闭,脾胃得到摩动,肾得以强健;并具有疏通玉枕关、夹脊关等穴的作用。	可提高肩颈部、腰背部肌肉力量,有助于改善人体各关节的活动功能。
卧虎扑食势	中医认为"任脉为阴脉之海",统领全身阴经之气。通过虎扑之势,身体的后仰,胸腹的伸展,可使任脉得以舒伸和调养,同时可以调和手足三阴之气。	改善腰腿肌肉活动功能,起到强健腰腿的作用。

由上表可见,单纯地从骨骼肌肉锻炼的角度对中国传统体育养生的机理进行阐释,只能反映出其基于身体运动而产生的提升肌肉功能的普遍性作用,而无法反映其作为中国传统体育养生的独特操作目标——保养精气与疏通经络。因此,单纯从锻炼肌肉的角

[①] 国家体育总局健身气功管理中心编. 健身气功·易筋经[M]. 北京:人民体育出版社,2003.

度来阐释中国传统体育养生的技术原理将无法完全揭示其本质特征。

2. 能耗的普遍意义与差异性

（1）能耗的普遍意义

肌肉锻炼的另一个直接效果是消耗身体能量，因此，中西方的肢体锻炼行为都必然会产生能量消耗。研究表明，受试人群"经过6个月的健身气功·马王堆导引术锻炼后，与实验前相比体重出现显著性差异……和3个月后相比，体重、体脂率都出现了非常显著的差异，且均数显示整体呈良性下降趋势"①。肖斌等通过实验研究也表明："坚持以健身气功八段锦为主的锻炼对单纯性减肥具有一定的减肥作用，并能较好地缩小腰围、减少腰部脂肪、有利于局部减肥塑造形体。"②

（2）能耗的差异性

东西方两种健身活动在能量消耗的量上是有所差异的，如田阁的研究表明："八段锦属于低强度运动，广播体操属于中等强度运动；八段锦和第九套广播体操运动时均能提高机体能量消耗和脂肪功能比例，第九套广播体操运动机体的能量消耗和脂肪功能比例均显著高于八段锦运动时。"③事实上，西方现代体育健身基于消耗热量的直接需要，其专注于一定强度的大肌肉群锻炼。不同的是，中国传统体育养生基于绵延舒缓的运动模式，其能量代谢水平相较起来并不高。学术界长久以来存在着一种观点：中国传统体育养生运动是一种低能耗的储能式运动。日本学者松井秀治即指出："在'欧美型'健身方法中，除了矫正医疗体操、拉伸运动和心理训练外，其他方法的能量代谢水平均达到最大强度的50%~60%……与此相对照，'东方型'健身方法的能量代谢水平为最大强度的30%~50%，与其说促进代谢，不如说把重点放在呼吸运动上。"④

由此可见，单纯地从耗能的角度来阐释中国传统体育养生的机理，只能反映出其基于身体运动而产生的在减脂功效上的普遍性作用，而无法反映中国传统体育养生的独特的操作目标——储能。因此，单纯从耗能的角度来阐释中国传统体育养生的技术原理将无法完全揭示其本质特征。

3. 相关思考

第一，基于对中国传统体育养生的科学化研究需要，学界当前对于中国传统体育养生的技术原理的探讨多以西方医学的范式进行，由此形成的研究模式是将经络锻炼的手段进行肌肉意义上的价值衡量。由于上文中提及的肌肉锻炼的普遍意义，因此以肌肉活

---

①穆长帅. 健身气功·马王堆导引术锻炼对中老年女性体质影响的实验研究［D］. 上海：上海体育学院，2010：35.
②肖斌，赵丹，倪青根. 20例健身气功习练者减肥效果研究报告［J］. 世界医学气功学会第九届学术会议：104-107.
③田阁. 八段锦、第九套广播体操能量消耗特征比较研究［D］. 武汉：武汉体育学院，2015：1.
④松井秀治. 促进健康与运动：它的发展性与科学性［C］//田麦久，李志勇. 东方健身术论集. 北京体育大学出版社，1998：89.

动为载体的经络锻炼也具有肌肉锻炼的类似效果，由此，中国传统体育养生在提高肌肉素质上的效能毋庸置疑。但是，当前的研究者较少去思考：传统导引术对于肌肉的作用能够在多大程度上提高肌肉素质？正如前文的比较研究中所指出的，中国传统体育养生在柔韧性锻炼上具有显著的功效，但是由于其对肌肉力量的锻炼上并没有明确的强调，其能在多大程度上提高肌肉力量水平，这一点有待研究。又或言，练习传统导引术是否能够完全替代西方现代体育健身中的肌肉锻炼，是否可以达到人们参与日常体力活动所需要的体能需要？关于这一点，穆长帅的研究结论在某种程度上回答了这一质疑，认为健身气功·马王堆导引术属于低强度运动，"到锻炼初期机体受到运动刺激，力量素质会明显提高，当机体适应这个强度的时候，而锻炼强度不变，则会出现适当地下降，但整体高于实验前"[①]。

第二，中国传统体育养生在锻炼部位上的全面性、运动轨迹上的圆活性两方面特征似乎更加符合人体的实际生理结构。但这点是否在实际运用中具有独特的价值有待论证。笔者曾经与一位经验丰富的外科医生就此问题进行过交谈，其认为由于人体的关节都是圆形构建，因此较之西方的线性式的拉伸，中国传统导引术和太极拳的圆活性锻炼可以触及的身体部位会更多。这是他的一种思考，也给了笔者很大的启发，而具体如何将这种思路通过科学的实验设计进行详细说明，是值得思考的问题。

第三，尽管西方现代医学对经络学说依然存在种种疑惑，但是，不能否认经络感传现象切实存在。由此而生发的问题是，如果跳出西方现代运动医学的研究范式，经络锻炼的思路较之肌肉锻炼是否有其不可取代的疗疾价值，当前的研究似乎并没有触及这点。需要指出的是，当前西方较为流行的筋膜锻炼研究已经在很大程度上与中国的经络锻炼或经筋锻炼进行了接轨。这一点需要深入研究。

第四，由于中国传统体育养生具有储能的特征，因此在减重减脂的效能上或许不明显。但是，考虑到中国传统医学将身形肥胖的人分为膏型、脂型和肉型，并有"肥人湿多，瘦人火多"之说，认为导致肥胖的根本原因是气机的阴阳失衡，其具体治疗方法是通过调理肝、脾、心脏、三焦等脏腑功能，通过气、血、津液的共同作用来实现减肥的目的。因此，若能在运动减肥的问题指向下，对中国传统体育养生和西方现代体育健身的减肥功效及其深层机理进行实验性探索研究，将是一种有意义的尝试。

第二节 调息技术原理比较

呼吸在运动中的作用是中国传统体育养生和西方现代体育健身都有所关注的问题。但由于二者对于呼吸的方式、功能与作用等方面的认知上存在诸多差异，因此，二者在

---

① 穆长帅. 健身气功·马王堆导引术锻炼对中老年女性体质影响的实验研究 [D]. 上海：上海体育学院，2010：37.

运动中的呼吸技术构成也不一样，与之相应，呼吸技术的作用原理也差异明显。

一、中国传统体育养生的调息技术原理

（一）中国传统医学对呼吸的认知

1. 呼吸的名称

呼吸在古代又称"吐纳"，古人对于呼吸功能的最基本认识是"吐故纳新"，即通过呼吸的方式实现人体内外气息的交换，吸入自然之精气，呼出体内之浊气。古人又称呼吸为"息"，古人云："一呼一吸为一息，不呼不吸亦为息。"以此为基础，出现了很多调息的方法，如凝息、胎息、运息、踵息等。此外，由于调节呼吸的直接作用对象是人体内外之气，因此又出现了很多与气相关的名称，其中包括很多调节呼吸的方法，如"服气、食气、进气、淘气、调气、咽气、行气、炼气……"①。尽管名称各异，但这些以不同名称命名的呼吸方法都是关于呼与吸的调节，不同仅在于对呼与吸的侧重、所采用的部位、时长、深度与重度、引导气息运行的方式和部位等。

2. 呼吸的形态

关于呼吸的形态，古人有"风、喘、气、息"四相之说。风相是指呼吸比较急促，但可以听到自己的呼吸声；喘相是指虽然听不到呼吸声，但呼吸出入尚感结滞不通畅；气相是指呼吸虽然无声，也不结滞，但出入还不够细匀；息相是指在高度安静时，出现的深、长、匀的呼吸。一般来说，呼吸锻炼的要求，就是如何从风、喘、气相逐步练成息相②。练功所要求的呼吸气息形态大都为息相，前三者为不调相，都应避免，因为守风则散，守喘则结，守气则劳，守息则定。但有些功法也会运用前三种气息进行锻炼，如新气功疗法郭林气功中的风呼吸法、有些武术中的气呼吸法等③。

3. 呼吸的性质

关于呼吸的属性，古人认为，呼吸有阴阳之分，呼为阳，吸为阴。《圣济总录》上说："凡入气为阴，出气为阳。"据马济人所述，在临床实践中，"阳亢火旺的病人，练功时注意呼气，感到心胸舒松，头脑清晰，这是有余之阳，向外散出之故。而阳虚气陷的人，注意练呼，则可感到胸腹空虚，头眩心慌，而加强吸气，则感到舒松，这是因为阳既不足，自不能再外散。所以《景岳全书》中指出：'阳微者不能呼，阴微者不能吸'"④。

---

①马济人. 中国气功学 [M]. 西安：陕西科学技术出版社，1983：98.
②同①102.
③刘天君. 中医气功学 [M]. 北京：人民卫生出版社，1994：90.
④同①.

（二）中国传统体育养生的调息技术构成

1. 从前人研究中得到的启示

"气功调息的方法很多，概括起来不外口鼻的运用，呼吸肌的运用，意念的配合，动作的配合，读字的配合，呼吸时相和呼吸速度的调节，应用时可根据功法和练功者的具体情况而选择。"① 关于调息方法的分类，学者已经做过很多相对系统的分类，总结起来，提及较多的呼吸方法涉及以下几种。

①自然呼吸：人体自然的呼吸状态，不加意念的刻意调节。马济人总结了自然呼吸的三种形式：自然胸式呼吸，即呼吸时胸部随呼吸起伏；自然腹式呼吸，即呼吸时腹部随呼吸起伏；自然混合呼吸，即呼吸时胸腹部都随呼吸起伏，且起伏较为明显②。

②腹式呼吸：呼吸时腹部随呼吸起伏。一般分为以下两种：顺腹式呼吸，即一般的腹式呼吸，吸气时腹部隆起，呼气时腹部收进；逆腹式呼吸，即呼气时腹部隆起，吸气时腹部收进。

③潜呼吸、丹田呼吸、脐呼吸、胎息：这些是腹式呼吸锻炼到一定程度后自然出现的呼吸方法，事实上都属于腹式呼吸，但需在腹式呼吸高度柔和的情况下出现。潜呼吸是呼吸时小腹部微微起伏；丹田呼吸是在外表上看呼吸似乎停止，而丹田一开一合，与口鼻一呼一吸配合，犹如丹田在控制口鼻呼吸；脐呼吸是指腹部几乎不动，想象脐部在呼吸，也叫胎息③④。

④体呼吸：指在丹田呼吸的基础上结合以意引气，或配合一些动作形成的一种开合呼吸、毫毛呼吸。在丹田呼吸成熟时，口鼻呼吸逐渐细微，此时稍加意念引导，想象吸气时气从体外向丹田收合，毛孔渐合，呼气时想象气从丹田向外扩散，毛孔渐开。如此一开一合，则有气从体表出入的感觉，皮肤有云蒸雾散之感⑤。

⑤提肛呼吸：吸气时稍提起会阴部，使会阴部肌肉收缩，呼气时放下会阴部，放松会阴部。

⑥鼻吸鼻呼法、鼻吸口呼法：这些是根据呼吸时口鼻应用的不同所进行的分类。一般练功时多采用鼻吸鼻呼或鼻吸口呼法，另有口呼口吸和口吸鼻呼法一般不提倡⑥⑦。

⑦发音呼吸法：呼气或吸气时配合吐字发音的呼吸方法。如配合呼气时发音的"六字诀"，配合吸气时发音的"山根纳气"法。

---

① 宋天彬，刘元亮．中医气功学［M］．北京：人民卫生出版社，1994：54.
② 马济人．中国气功学［M］．西安：陕西科学技术出版社，1983：99.
③ 同②100.
④ 宋天彬，刘元亮．中医气功学［M］．北京：人民卫生出版社，1994：55.
⑤ 同④.
⑥ 同④54-55.
⑦ 同②.

⑧练呼练吸法、单相呼吸控制法、停闭呼吸法：由于呼与吸各有作用，导引术中有专门针对呼与吸的练习方法，即通过对呼与吸的节奏、强度、速度、时相等的不同调节配合所形成的呼吸方法。马济人称其为"练呼练吸法"，并总结出常见练呼的有延长呼气、呼—停—息、呼后念字以加强呼气；常见练吸的有长吸气、吸—停—呼、吸后念字以加强吸气①。钱存泽称其为"单相控制呼吸法"，总结有长呼随吸法、长吸随呼法、长呼短吸法、长吸短呼法、防治癌症的行步功中的吸—吸—呼调息法等②。尽管方法各异，但都是为了单方面地加强呼或吸的效果而形成的。另外，钱存泽也总结出"停闭呼吸法"，即在吸与呼之间停留片刻的方法，随后再呼或吸，具体包括吸—停—呼和吸—呼—停两种。不难发现，这实际也是马济人练呼练吸法中的一类。

⑨大呼大吸法：指用鼻使劲地大呼大吸，或以鼻使劲地吸气，用口呼气，每一呼一吸要求尽量延长时间，并且还要求发出呼吸声，以达到"出入有声"③。这主要是强调呼吸的强度。

⑩周天呼吸法：是通过意念以呼吸之气作为内气运行的推动力量，引导内气在体内沿经络运行的方法，也叫真气运行法，分为小周天和大周天两种。小周天呼吸法是指以意引气，让气自动沿任督两脉运行一周，由此疏通任督两脉。大周天是指以意引气，让气自动沿全身经络运行一周，由此疏通全身经络。

⑪运气法：即通过意念引导气息在体内运行。马济人在《中国气功学》中总结了两种运气的模式。其一是通过意念将气引至身体有疾患之处，微微闭气，调节呼吸以除之；其二是道教的大小周天法，以意念引导气息沿全身经络循环。李约瑟也有过同样的总结，并称前者为"行气"，后者为"炼气"④。

不难看出，以上呼吸方法种类的划分实际上并没有统一的标准，各种呼吸方法之间也有互相包含的关系，如很多呼吸方法中都采用腹式呼吸，大多以鼻吸鼻呼为主，发音呼吸法实际也是鼻吸口呼的一种，而大呼大吸法强调的是呼吸的强度。从养生或治病的角度讲，这些方法各有其用途，但是如果从技术的角度讲，这种分类方式不能帮助我们对导引术中的调息原理进行系统的认识。学者较多的是从西方医学的角度对不同呼吸方法，主要是腹式呼吸和自主性的呼吸调节模式的生理机制进行分析，较少从中国传统医学的视角对其进行系统的归纳总结。这种分析往往只是零星地分布在各处。所以，我们需要分析的是，在中国医学的逻辑框架中，导引术是通过哪些呼吸方式并基于何种技术原理达到养生和治疗功效。

范铜钢总结的古代养生典籍中出现的呼吸方法统称为行气法，具体分为行气、调息、

①马济人. 中国气功学 [M]. 西安：陕西科学技术出版社，1983：100-101.
②钱存泽. 气功原理与应用 [M]. 上海：上海交通大学出版社，1989：218-221.
③宋天彬，刘元亮. 中医气功学 [M]. 北京：人民卫生出版社，1994：55.
④李约瑟. 中国科学技术史：第5卷. [M]. 北京：科学出版社，2011：132.

吐纳三种类型，其思路是从呼吸时气息的运行（行气）、气息的控制（调息）、气息的出入（吐纳）三个方面对导引的呼吸方法进行划分，但并未对这三者的技术原理进行系统的说明。

另外，李约瑟在《中国科学技术史》中对于传统导引中的呼吸方法的描述也值得一提，对于呼吸技术及其原理之关系的探索思路尤其值得借鉴。具体来讲，他对存在于中国养生术中的呼吸控制的方法的关注主要集中在闭气、服气、运气上。闭气技术"无疑明显地对应于那样一种信念，即深信身体某些分泌物中包含着生命力，所以应绝对避免其损失"①。服气则"确是进行名副其实的吞气——将空气有意地吞入肠道"②。运气则有两种方法：一是"集中意念将气引到某一特定的部位，如脑，或引到某种局部疾病的位置，称为'行气'"③；二是"让气正常的循环，它叫作'炼气'"④。关于中国古人对这些方法的实际运用情况，李约瑟沿用了马伯乐的基本见解，从中我们可以看到呼吸技术转变的一种趋势：

在将近唐代中期时呼吸技术（如果我们可以这样叫的话）发生的一个巨大变化。方士不是服食空气中的外气并使之循环，而是要循环和操纵自身器官的"内气"，由此改造内气，即炼气，以便再造婴儿期以后失去的"元气"⑤。

以前认为吸入的气兼有滋养和呼吸的作用；后来则发展了一种特殊的"内气"观念；内气的循环与变化必须靠想象力的默思来实现和促进⑥。

显而易见，马伯乐和李约瑟都是以外国人的身份，站在中国医学的视角对中国传统养生术中的呼吸技术进行观照，尽管存在文化隔阂下的种种怀疑与不解，但他们对其中的原理分别进行了尝试性解读。笔者认为，在中国传统医学的范式之内，从具体技术的功能性角度入手，对导引术中的呼吸技术及其原理进行系统的分类解读，是一种很有意义的尝试。

2. 对导引术呼吸锻炼技术总结的一种尝试

基于以上分析，本研究试图对中国传统导引术中的呼吸技术进行分类，分类思路主要体现在如下三点：

第一，传统导引术的呼吸技术主要有两大形式：其一，一般形式。主要指与动作自

---

①李约瑟．中国科学技术史：第5卷[M]．北京：科学出版社，上海：上海古籍出版社，2011：128．
②同①131．
③同①132．
④同①132．
⑤同①131．
⑥同①159．

然配合的自然呼吸模式，这种形式的特点在于，以肢体锻炼为主导，呼吸为动作的辅助性配合，并不构成实质性的技术与功能指向，但一般采用腹式呼吸。其二，特殊形式。主要指有明确功能指向的呼吸形式，这种形式的特点在于，将呼吸本身当做锻炼的对象，通过有意识地呼吸锻炼实现特定的养生或疗疾目的。

第二，对于以上所说的特殊形式，在传统导引术中方法众多，名称各异，且同样的呼吸方法也会出现多种称谓如"行气"与"运气"，实难悉悉分辨。基于前人已作出的种种分类模式，我们发现，传统导引术中对于这类呼吸技术的运用基本可以分为两大类，其一是控制气息出入的调节模式，其二是控制气息在体内运行的调节模式。具体来讲，前者所针对的是气息的出入问题（吐纳），因此集中于对呼与吸的调节，具体技术涉及闭气、胎息、服气、练呼练吸法，包括前文中提及的发音呼吸法、单相控制呼吸法、停闭呼吸法等；后者针对的是气息的运行问题（运气），因此集中于对气息"运行"的调节，具体技术主要指马济人和李约瑟均提及的"运气法"，包括行气法和炼气法两种方法。

第三，对于以往研究中出现的自然呼吸、胸式呼吸、腹式呼吸、鼻吸鼻呼、鼻吸口呼、大呼大吸、提肛呼吸等多种呼吸方法，笔者认为这些并不是呼吸技术，仅仅是表明了呼吸器官和呼吸肌的运用部位以及呼吸的强度等，这些是构成具体技术的必备条件。因此，这些方法不纳入呼吸技术方法的范畴，是作为对呼吸技术的辅助性描述列出。在很多功法中多采用自然的腹式呼吸，且多用鼻吸鼻呼，仅在特别需要时用口呼，在此不做特别归类。

基于以上分类思路，现对导引术呼吸锻炼技术进行一种尝试性的总结，具体分类及相关内容见表5-3。

表5-3 导引术调息技术总结

呼吸技术类型	具体方法			呼吸部位				呼吸类型		代表功法
				呼		吸		胸式	腹式	
				口	鼻	口	鼻			
一般形式	配合动作的自然节律呼吸 起吸落呼\合吸开呼\适当闭气			多数为鼻吸鼻呼 有些为鼻吸口呼				腹式呼吸为主		多数套路成熟的动功功法
特殊形式	吐纳类	服气		依实际需要进行操作						
		闭气								
		胎息	脐呼吸							
			体呼吸							
		练呼练吸法	发音呼吸法							六字诀
			单相控制呼吸法	长呼随吸法						
				长吸随呼法						

续表

呼吸技术类型	具体方法			呼吸部位				呼吸类型		代表功法
				呼		吸		胸式	腹式	
				口	鼻	口	鼻			
特殊形式	吐纳类	练呼练吸法	单相控制呼吸法	长呼短吸法						
				长吸短呼法						
				吸—吸—呼法						郭林新气功
			停闭呼吸法	吸—停—呼式	依实际需要进行操作					内养功
				吸—呼—停式						
	运气类	行气								
		炼气	小周天法							因是子静坐法①
			大周天法							

(三) 中国传统体育养生的调息技术原理

尽管中国传统体育养生的呼吸技术方法各异，但是其操作目标不外乎保养精气、平衡阴阳、畅通经络。概括来讲，一般形式主要是通过动作导引所伴随的呼吸变化而形成节律性呼吸模式从而间接对体内真气进行培养；特殊形式则是通过主动的呼吸锻炼对气血经络产生直接的影响，其中吐纳类的呼吸技术主要是通过对呼与吸的调节实现排浊纳清、保养精气、补虚泻实的目的；而运气类的呼吸技术主要是通过意念引导气息在体内运行来实现疏通经络、畅气血的目的。

1. 导引以培育真气

导引术中的肢体运动不仅通过动摇肢体对经络进行了直接的刺激和疏通，它还间接引起了呼吸的变化，调动体内气息进行有节律的活动，外通经络，内濡五脏，对体内真气进行培育，这也是导引术作用于呼吸的重要原理。正如有学者指出的："动功是以姿势导引作为育气的主要手段来培育真气的。"② 其方法一般是通过保持某种特定的姿势如站桩或打坐或通过某些肢体动作如四肢节律性的起落开合、躯体节律性的俯仰屈伸，形成一种有节律性的细、匀、深、长的呼吸模式，引导气息周流全身，疏通经络，培育真气。

具体来讲，导引术的所有动作都适当地配合呼吸，大部分为自然呼吸，但也不乏特殊呼吸要求的例子，如有些动作需要配合闭气或加强呼或吸。导引术的这些自然呼吸并不仅影响到局部经络的疏通，而且会影响全身的气息活动状态。最明显的一个例子是，

---

① 马济人. 中国气功学 [M]. 西安：陕西科学技术出版社, 1983：137.
② 钱存泽. 气功原理与应用 [M]. 上海：上海交通大学出版社, 1989：197.

导引术中的呼吸有起吸落呼，合吸开呼之规律，具体是指：一般属上升的动作配合吸气；属下落的动作呼气；属打开的动作呼气、属闭合的动作吸气。这一规律性的特点其实来源于呼吸与动作相配合的本能反应，节律性的呼与吸的调节将引导体内气息做升、降、出、入的运行。钱存泽对导引动功中规律性的呼吸作用进行了阐释：

> 动功通过一系列的动作，促使真气自动循经运行，促使经络穴位有规律地开阖，以利于体内之病气、废气排出体外，把人体所需要的体外之气吸入体内，从而加速了人体与环境的物质、能量和信息的交换①。

2. 服闭胎息以养精

所谓"服气"，是指吸入外部自然之气，用"服"字，有食用之义，因此古代功法中又有"食气""咽气""吞气"之称，意思基本一致。古代养生家特别强调吸纳天气，并通过吞气、闭气等行为让吸入之精气尽可能地留在体内，流布周身，滋养五脏，并对此多有论述，其中最有代表性的是梁代陶弘景《养性延命录》中的《服气疗病》篇。此篇涉及咽气、闭气、行气、六字吐气等多种方法。事实上，咽气、闭气、行气与六字吐气都是对服入之气的不同处理——或咽、或闭、或行、或吐。另有道教养生家司马承祯的《服气精义论》，其中提及了多种服气之法如按依四季的不同而分别实行的食气之法——养五脏五行气法，有其参考价值。值得补充的是，服气与闭气一方面作为一种独立的呼吸技术而存在，有其特殊的功效；另一方面存在于其他不同的呼吸技术之中，作为辅助。

陶弘景《服气疗病》篇中有关服气、闭气部分的相关内容摘抄如下：

《元阳经》曰：常以鼻纳气，含而漱，满舌料唇齿咽之，一日一夜得千咽，甚佳。当少饮食，多则气逆，百脉闭。百脉闭则气不行，气不行则生病。②

彭祖曰：常闭气纳息，从平旦至日中，乃跪坐拭目，摩搦身体，舐唇咽唾，服气数十，乃起行言笑。……时气中冷可闭气以取汗，汗出週身则解矣。③

《服气经》曰：道者，气也。保气则得道，得道则长存。神者，精也。保精则神明，神明则长生。精者，血脉之川流、守骨之神灵也。精去则骨枯，骨枯则死矣。是以为道，务宝其精。从夜半至日中为生气，从日中至后夜半为死气。常以生气时正偃卧，瞑目握固，闭气不息，于心中数至二百，乃口吐气出之，日增息。如此，身神具，五脏安。能闭气至二百五十息，华盖明，华盖明则耳目聪明，举身无病，邪不干人也。④

---

①钱存泽. 气功原理与应用 [M]. 上海：上海交通大学出版社，1989：197-198.
②陶弘景. 养性延命录校注 [M]. 王家葵，校注. 北京：中华书局，2014：143.
③同②147.
④同②153.

另有司马承祯的《服气精义论》，摘抄如下：

夫气者，胎之元也，形之本也。胎既诞矣，而元精已散；形既动矣，而本质渐弊。是故须纳气以凝精，保气以炼形，精满则神全，形休则命延，元本既实，可以固存耳。①

养五脏五行气法：春以六丙之日，加时巳，食气百二十，致于心，令心胜肺，无令肺伤肝，此养肝之气也；夏以六戊之日，加时未，食气百二十，以助脾，令脾胜肾，则肾不伤于心也；……此法是五行食气之要，明时各有九，凡一千八十，食气各以养脏，周而复始，不相刻，精心之要。②

一般认为，胎息是像胎儿在母腹中的呼吸状态一样，不以口鼻呼吸，而靠脐带与母息相通，母呼则儿呼，母吸则儿吸，因此又叫"脐呼吸"，有些连脐之呼吸都感觉不到，只觉肌肤与外界气息相通，又名"体呼吸"。古人认为胎息是为了在呼吸的形式上返归婴儿状态，从而可以返老还童，但是从胎息的技术上讲，马济人认为其"实际上是闭气的发展，是闭气后下沉的体会"③。《将摄保命篇》中录有胎息法：

老君曰：人之不死，在于胎息矣。夜半时，日中前，自舒展手脚，拗脚咳嗽，长出气两三度，即坐握固，摄心脐下，作影人两三存，以鼻长吸引来，入口中即闭，闭定勿咽之，亦勿令出口，即于脐下合气……此小胎息，长生却老之术④。

由此可见，将胎息纳入闭气的范畴有其技术依据，养生原理在于："其一是随着丹田气感的逐渐充实，内气会向周身弥散，整体的气感将形成，且有弥散出体外与大气融为一体的趋势。另一方面，口鼻出入的气息会越来越弱，渐至似有似无，时有时无，趋于停止，而气息自毛孔与外界的交换成为自然。"⑤ 由此可见，胎息可以极大地提高纳气的效率，使体内的新陈代谢更加全面且彻底。

3. 练呼练吸以补泻

呼与吸分别具有纳清与排浊的功效，除了通过专门的服气闭气等方式对吸入之气进行有效利用，古人也通过对呼与吸的控制来调节人体阴阳，达到补虚泻实之功效。其原理是基于古人对于呼吸的属性和功能的独特认识——呼吸有阴阳之属性、补泻之功效。

正如前文中提及的，人体致病的原因在于人体正气与邪气的相互作用，中医对于致病的机理有"虚实"之说，"虚"是指正气的亏空，"实"是指邪气的满溢，由此，中医

---

①方春阳. 中国气功大成［M］. 长春：吉林科学技术出版社, 1989：166.
②同①169.
③马济人. 中国气功学［M］. 西安：陕西科学技术出版社, 1983：97.
④同①154.
⑤刘天君. 中医气功学［M］. 北京：人民卫生出版社, 1994：89.

对各病症有实证和虚证之分,所谓"实症",是指邪气亢盛的病理反应;所谓"虚症",是指正气不足的病理反应。正气与邪气又各有阴阳之分,正气分为阴气和阳气,邪气分为阴邪和阳邪,阴气可以抵制阳邪,阳气可以抵制阴邪,因此,阳气虚则阴邪盛,阴气虚则阳邪盛,阳邪盛则阴气虚,阴邪盛则阳气虚,此即所谓"阳胜则阴病、阴胜则阳病"。基于这一机理,中医对于不同病症的治病方法是实则泻之,虚则补之。具体来讲,属于实证的疾病用泻法来治疗,以去除邪气,属于虚证的疾病用补法来治疗,以培补正气。

以此为基础,古人认为,吸为阴,呼为阳,吸与呼即分别具有补虚与泻实之功效,因此针对不同的病症,通过单方面的加强呼或吸的功效,来达到补虚泻实、平秘阴阳的目的。现存有很多通过对呼与吸的调节来养生疗疾的方法,如前文已经提及的发音呼吸法、单相控制呼吸法、停闭呼吸法等,这些方法尽管形态各异,但其思路一致,"一般说,练呼时,可采用延长呼气、呼停吸、呼后念字的方法,以加强呼气;练吸时,可采用延长吸气、吸停呼、吸后念字的方法,以加强吸气"①。需要指出的是,由于这类方法具有明确的疗疾指向性,因此尤其需要注意练功者的实际身体状况,正如《景岳全书》中指出的:"阳微者不能呼,阴微者不能吸。"如当前较为流行的六字诀功法,即是一种通过吐字发音以加强呼气的方法:

按气功理论,心、肝、脾、肺、肾和三焦所属经络的病症,可以用默念呵、嘘、呼、呬、吹、嘻的呼吸方法来进行治疗。练功时要先弄清哪一脏腑或经络有病,再选择相应的字音,实则泻之,虚则补之。泻者由口用字音呼气;补者以鼻吸气为主,并同时默念字音。一般只念七次,过多反而补泻过头,带来不适②。

另外,在癌症治疗中有独特功效的郭林新气功法,其运用"吸—吸—呼"的呼吸模式,并"改变古代功法中一味细、慢、匀、长的做法,而采用比较猛烈、快速的风呼吸法"。③ 所谓"风呼吸",即采用呼吸四相"风、喘、气、息"中的"风"相作为呼吸的时相,此相呼吸比较急促,但可以听到自己的呼吸声音。同时,采用最多的是"哈"音,因为"她(即郭林笔者注)从自身实践中,证明'哈'音可大泻病邪,用其攻克癌细胞,效果显著"④。由此可见,郭林新气功正是根据癌症病症的特征对呼与吸进行相应的调节,以达到泻出病邪的目的。

4. 行气炼气以畅经

通过意念引导气息在体内运行是导引术中呼吸技术的一种典型形式,本文称为"运

---

①马济人. 中国气功学 [M]. 西安:陕西科学技术出版社,1983:101.
②钱存泽. 气功原理与应用 [M]. 上海:上海交通大学出版社,1989:221.
③同②5.
④郭林新气功研究会. 郭林新气功 [M]. 北京:人民体育出版社,1999:5.

气"。根据以往的研究，此处将其分为行气和炼气两种。由于以往养生典籍中出现很多关于行气和炼气的描述，所指多有不同，因此有必要在此做一简单说明。此处所指行气与炼气，有其明确的方法，即行气具体指代通过意念引导内气至病患处以除之，炼气是指通过意念引导内气沿经络正常循环。所有这些呼吸技术的完成都是基于一种理念，即人体可以通过意念对气息在体内的流通运行进行自主控制，有不通之处即可导气以攻之，更可以推动内气按照全身重要经络循行的路线运行，以畅通经络气血。

关于行气，古代养生典籍中多指通过意念引导气息在体内运行分布，较为常见的是导气至身体不适之处，适当调节呼吸或闭气，刺激局部气血从而疏通经络，以除病患。《养性延命录》中《服气疗病》篇中有此描述：

其偶有疲倦不安，便导引闭气，以攻所患，必存其身头面、九窍、五脏、四肢，至于发端，皆令所在觉其气云行体中，起于鼻口，下达十指末，则澄和真神，不须针药灸刺。凡行气欲除百病，随所在作念之。头痛念头，足痛念足，和气往攻之，从时至时，便自消矣。①

关于炼气，其方法主要为大小周天法，又称真气运行法，是道教养生的重要方法。具体方法在前文中已有介绍，而其原理如下：

在经络理论中，六阳均交汇于督脉，督脉为阳脉之总督，六阴经均交汇于任脉，任脉为"阳脉之海"。故任、督脉在经络系统中具有特殊的重要性。人体若能贯通此二脉，则百脉皆通，周身流转，无有停滞，能获得最佳的养生效果。魏晋时期盛行的存想法中，已经较多地运用意念沿经络路线运行来导引气血。唐末已建立起完整的任、督脉循环圈的练功方法，至宋元开始大兴。明代以后盛行经络导引法，即采用意念引导经气的方法，使经络学说在导引中的应用更为广泛②。

总结来讲，传统养生功法数量庞大，方法各异，在大部分以肢体动作为主的动功功法中，多强调采用深、长、细、匀的腹式呼吸，通过有节律的动作导引气息升降出入，从而协调周身气血；另有一类具有明确功能指向性的呼吸方法，主要是通过对气息的出入与运行进行有意识的控制，从而实现保养精气、补虚泻实、畅通经络的目的。本研究在前人研究的基础上对这些方法进行一种尝试性的分类，希望能够借此对体育传统中国养生法中的呼吸技术及其原理以窥一斑。

---

① 陶弘景.养性延命录校注［M］.王家葵，校注.北京：中华书局，2014：147-149.
② 吉布.图解千年导引术［M］.西安：陕西师范大学出版社，2007：48.

二、西方现代体育健身的调息技术原理

(一) 西方现代医学对呼吸的认知

西方现代医学认为呼吸是人体与外界进行气体交换的过程,具体来讲,即人体从外界吸入氧气为新陈代谢提供能量,同时将体内物质氧化后生成的二氧化碳排出体外,"在不断地氧化过程中,使全身各处产生热量,维持人体的正常体温,这样便保证了整个机体各部分的组织,能够进行正常的新陈代谢活动"[1]。由此呼吸成为人体生命活动存在的首要条件。

关于呼吸的形式,西方运动生理学主要从呼吸肌的运用和呼吸的深度两方面对其进行了分类:第一,按照呼吸肌的不同,可把呼吸运动分为膈式呼吸(又称腹式呼吸)和肋式呼吸(又称胸式呼吸)。西方运动生理学指出,呼吸运动是通过胸廓的节律性扩大和缩小来实现的,其仰赖呼吸肌的收缩活动。以膈肌活动为主的呼吸运动称为膈式呼吸或腹式呼吸,以肋间肌活动为主的呼吸运动称为肋式或胸式呼吸。一般来讲,儿童以腹式呼吸为主,成年人一般是混合呼吸,但女性偏于胸式呼吸,男性偏于腹式呼吸[2]。第二,按照呼吸的深浅,可把呼吸运动分为平静呼吸与用力呼吸。安静状态下的呼吸运动称为平静呼吸,用力呼吸的特点则是在吸气与呼气过程中均伴有肌肉的收缩活动,其吸气量较大,呼气加深[3]。

关于呼吸运动的调节机制,西方运动生理学认为,人体的呼吸有自主性和随意性两种特征。所谓自主性,是指人体正常的呼吸总是自动、有节律性地进行,其深度和频率能随机体活动水平而改变,以适应机体活动和代谢的需要,这种呼吸形式是自然的、无意识的。所谓随意性,是指人可以有意识地对呼吸进行调节,如唱歌、讲话、吹奏乐器以及运动时,根据动作的需要而对呼吸进行调整。其中,自主性的呼吸活动是一种反射性调节行为,主要基于呼吸的神经性反射和化学性反射两种调节机制而实现的;随意性呼吸活动则是基于呼吸的随意性调节中枢—主要指大脑皮层对呼吸肌—属于骨骼肌进行有意识地控制而完成的。

(二) 西方现代体育健身的呼吸形式

比较来讲,西方现代体育健身方法中的呼吸形式多为基于骨骼肌肉的活动刺激而形成的自主性呼吸反射调节,为了保证健身运动的有效完成,很多健身项目中也相应地进行有意识的呼吸调节,但较少有意识地对呼吸进行控制与调节的专门性呼吸锻炼。换言

---

[1] 钱存泽. 气功原理与应用 [M]. 上海:上海交通大学出版社,1989:201.
[2] 全国体育学院校教材委员会. 运动生理学 [M]. 北京:人民体育出版社,2005:113-114.
[3] 同②.

之，西方现代体育健身方法中的呼吸本身并不是健身技术，而只是为了配合动作技术的完成而对呼吸形式、时间和节奏等进行一定的调节，这种调节对于健身运动的完成和效果非常重要，因为合理的呼吸有利于保持人体内环境的基本稳定，发挥人体的正常机能，增加运动时的肺通气量，加强代谢能力，并推迟疲劳的出现。以下对西方现代体育健身中常见的呼吸调整形式进行分类，这些呼吸技术大多是有意识的呼吸调整，构成了运动技术的一部分。

1. 有氧耐力运动中的呼吸形式

有氧耐力运动以长时间、中等强度的跑步、游泳、自行车等运动项目为主。在小强度运动中，一般采用自由调节呼吸的模式，由于这些运动都具有周期性特征，因此也适宜采用富有节奏的呼吸模式，如中长跑运动中适宜采用2~4个单步一吸气，2~4个单步一吸气的方法进行锻炼[1]，如"两步一呼，两步一吸""三步一呼，三步一吸"等。在呼吸形式上，由于有氧运动需要保证足够的氧气摄入，因此提倡"鼻吸口呼"的方式，这样可以节省大量体能，提高有氧锻炼的效果。同时，西方特别推崇腹式呼吸，因此在有氧锻炼中也很提倡腹式呼吸。

2. 力量锻炼中的呼吸形式

在力量训练中，呼吸的调整一般是与动作技术的结构特征相配合，如抗阻训练时顺着阻力动作配合吸气，对抗阻力的动作配合呼气，发力（上升）时呼气，归位（下降）时吸气。如深蹲，蹲起时呼气、蹲下时吸气，又如卧躺推杠铃，杠铃放下时吸气，杠铃推起时呼气。进行大力量训练时，在发力时一般会适当配合憋气。

3. 柔韧锻炼中的呼吸形式

柔韧锻炼主要以对肌肉的拉伸训练为主，其呼吸的调整也与动作技术的结构特征相配合，主要表现为肌肉因拉伸而收缩时尽量呼气，并保持一段时间，拉伸还原肌肉放松后吸气，并保持呼吸的深、慢、匀、长。

（三）西方现代体育健身的调息技术原理

由于西方现代体育健身方法中较少有直接针对身体健康而制定的呼吸技术形式，因此，其呼吸锻炼更多地体现在辅助肢体健身动作的有效完成，而非直接的健身技术。尽管如此，这些呼吸活动本身也对身体的某些生理机能造成了直接的有利影响，其技术原理主要体现在通过加快呼吸频率和加深呼吸深度，实现对呼吸肌和心肺功能的强化性刺激，从而提高呼吸系统和心血管循环系统的功能。

---

[1]全国体育学院校教材委员会．运动生理学［M］．北京：人民体育出版社，2005：140.

1. 加快呼吸频率以强化心肺功能

经常参加体育锻炼的人，由于运动过程中机体的摄氧量增加，心肌会获得更多的营养供养，从而使心脏重量增加，容积增大，心肌收缩能力增强，每搏输出血量增多，因而安静时心跳次数比一般人慢，从而使心脏做功减少，耗氧量下降。同时，随着运动强度的加大，呼吸深度加大，呼吸频率加快，呼吸肌也因此得到锻炼，表现为呼吸肌力量增大，胸廓活动性加强，肺活量增大，肺通气量增加，在运动或日常的体力活动中，不易发生气喘和疲劳感。有氧运动正是通过适度地加大呼吸频率从而对心脏形成某种强度的刺激性锻炼，其所遵循的是超量恢复原理，以此实现增强心肺功能、提高活动耐力的目的。

2. 加深呼吸深度以锻炼相关机能

腹式呼吸是西方现代体育健身中比较推崇的一种呼吸形式，在体育运动和临床治疗中都广泛运用。其优点具体体现在如下几方面：第一，锻炼心肺功能。腹式呼吸时横膈膜的下压，会使胸廓得到较大程度的扩张，从而增强肺泡的收缩能力，使心肺得到更大程度的锻炼，由此提高心肺功能。第二，改善内脏功能。腹式呼吸时横膈膜的下压也会增加腹腔压力，由此对内脏进行一定的挤压刺激，形成按摩内脏的效果，推动肠道蠕动，实现促进消化、通便等作用；第三，腹式呼吸时腹部肌肉的活动较为活跃，从而能够达到消除腹部脂肪的功效。

三、中西方调息技术原理比较

基于以上分析，我们发现，中国传统体育养生和西方现代体育健身对呼吸运动的认知和技术都有很大的区别，二者遵循的技术原理也差异显著。

（一）对呼吸功能的不同开发与运用

1. 丰富与单一

基于前文的分析，中国传统体育养生和西方现代体育健身都意识到运动中呼吸的变化对人体健康所造成的影响，但是，二者对呼吸之于人体健康的功能认识存在明显差异。具体来讲，中国传统体育养生关注人体内外气息的交换以及内在气息的畅通状态，因此其不仅强调呼与吸的不同功能、重视对体内气息的自主控制，并且对呼吸的频率、深度、呼与吸的时长、呼与吸的组合排列和交替转换模式有着丰富多样的方式，且每种方式都有着明确的原理支撑和健康旨向。相较而言，西方现代体育健身关注人体呼吸系统及相关功能的强化，因此其较多关注的是呼吸的频率和深度，鲜有关注呼与吸的不同方式和组合对人体健康的不同作用，更没有触及自觉的内在运气行为。因此，对比起来，中国传统体育养生对人体呼吸功能的开发和运用较之西方现代体育健身更加丰富化，且有其明显的独特性。

2. 直接与间接

由于中国传统医学建立了人体之气与经络之间的直接联系，因此，中国传统体育养生的呼吸方法都是直接对气息进行控制以实现养精通络、补虚泻实的目的，这些方法在改善身体健康状态方面具有直接的针对性。相较起来，西方现代体育健身的呼吸形式则多为基于骨骼肌肉的活动刺激而形成的自主性呼吸反射调节，为了保证健身运动的有效完成，很多健身项目中也相应地进行有意识的呼吸调节，但较少有基于明确的健身目的而有意识地对呼吸进行控制与调节的随意性呼吸锻炼。西方现代体育健身呼吸对身体健康的影响是通过呼吸所引起的血液循环的加快、肺通气量的增加、呼吸肌的锻炼等变化而间接实现的。

（二）对呼吸频率与深度的不同关注

尽管中国传统体育养生和西方现代体育健身的呼吸技术构成存在差异，但二者都意识到呼吸的频率和深度对人体健康的作用，不同在于，二者对此有着不同的关注点。具体来讲，西方现代体育健身中呼吸对于身体的作用机制很大程度上是通过呼吸频率的加快来实现的，以有氧运动中通过呼吸频率的加快来锻炼心肺功能为代表形式；相较起来，中国传统体育养生中的呼吸频率则普遍属于平缓、减慢甚至呼吸停闭的状态，从某种意义上讲，其关注的是呼吸的深度而非呼吸的频率。事实上，很多研究已经指出，练习导引术时的呼吸减慢、心率降低。与此同时，也有研究认为当前的一些功法，如八段锦、太极拳等，属于有氧运动，其中的原理是因为其通过缓慢但深长的呼吸保证足够的换气量。刘洪广的研究发现，练太极拳时呼吸呈现"低频、高深度、持续稳定"的特征，在开始练拳后不久即出现"负荷强度逐渐增大，而呼吸频率反而下降"的现象，他认为"这一点是太极拳与其他锻炼项目所不同而又出乎情理之外的一个显著特征"，其原理则在于太极拳习练者"提高了呼吸系统的工作效率，也就能够依靠本身所具有的呼吸肌力量去增加呼吸深度，减少呼吸频率，提高摄氧量"。[①] 日本学者对欧美型和东方型健身方法进行的比较研究表明："虽然瑜伽的呼吸次数少，但每一次都进行着深呼吸；健美操是靠增加浅呼吸的次数以保证换气量。两种运动方式的换气总量大体一致。"[②] 这从一个侧面论证了本研究的观点。

[①] 刘洪广. 对太极拳锻炼现场 PESP 的吸短呼长和吸轻呼重的研究 [J]. 西安体育学院学报, 1993 (3): 79-81.
[②] 松井秀治. 促进健康与运动：它的发展与科学性 [C] // 田麦久, 李志勇. 东方健身术论集. 北京体育大学出版社, 1998: 90.

（三）基于普遍意义的差异性思考

由于呼吸运动的基础是呼吸器官与呼吸肌的自主性或随意性活动，因此，尽管中西方对于呼吸的功能和呼吸技术的运用方面有很大的不同，但是，二者在呼吸运动上所达到的效果也会存在某种共通性。正是因为这一点，以往的研究者对导引术中的呼吸技术原理的分析也倾向于从西方医学对于呼吸的认知角度进行阐释，总结起来，主要集中于如下两点认知：第一，呼吸锻炼可以调节人体的神经系统机能，传统导引术中的呼吸锻炼是通过对呼吸进行有意识的调节来实现的，由此可以对人体的植物性神经系统的机能造成影响，从而调节脏腑功能。第二，传统导引术中多强调腹式呼吸，这种呼吸方式与西方现代体育健身所推崇的腹式呼吸有同样的机制和功效。

1. 呼吸锻炼的普遍意义

西方现代运动医学认为，呼吸运动的调节机制主要有神经调节和化学调节两种。按照神经系统调节模式的不同，人体的神经调节系统可分为运动神经系统和植物性神经系统，其中，运动神经系统指由意识控制的神经系统，植物性神经系统则指不需要意识控制的神经系统，主管机体各种非意识性的活动，如心脏跳动和自主性呼吸等，因此也叫自主神经系统，具体来讲，内脏器官的平滑肌、心肌和和腺体的神经称为植物性神经，对调节内脏机能具有重要的意义。植物性神经系统又分为交感神经和副交感神经两部分，二者具有拮抗的性质。研究证明，"呼吸机能与植物性神经机能有密切关系。在吸气中枢兴奋时，能广泛向交感神经系统扩散，在呼气中枢兴奋或吸气中枢抑制时，能广泛使副交感神经系统兴奋"[1]。并且，"在呼吸中枢兴奋状态改变的情况下，它可以广泛地影响到许多器官的活动。甚至对大脑皮层的功能状态也发生影响"[2]。其调节机制可以从以下论述中获知一二：

> 吸气中枢的兴奋可广泛扩散到交感中枢，而呼气中枢的兴奋扩散到副交感中枢，这是因为吸气时交感神经系统兴奋状态趋于增强，而副交感神经系统趋于抑制。表现为心脏活动加强，血管收缩，血压上升，肠道运动与紧张性抑制，颌下分泌少量增加，膀胱收缩抑制，瞳孔散大，产生应激反应。而呼气时，则副交感神经系统兴奋状态趋于增强，而交感神经系统兴奋状态趋于减弱，表现为心脏活动抑制，血管舒张，血压下降，肠道运动与紧张性增强，颌下腺分泌大量增加，膀胱收缩增加，瞳孔收缩，产生松弛反应[3]。

基于以上研究结论，以往的学者从呼吸与植物性神经系统的关联性上对中国传统体

---

[1] 马济人. 中国气功学 [M]. 西安：陕西科学技术出版社，1983：72.
[2] 钱存泽. 气功原理与应用 [M]. 上海：上海交通大学出版社，1989：214.
[3] 同[2]215.

育养生中呼吸对内脏器官的影响提出了一种尝试性的解释，如马济人提出："呼吸锻炼对植物性神经系统的机能起着一定的调节作用。实验证明可以通过有意识地呼吸锻炼，来调节植物性神经系统，从而存在按照人的意志来调节或改善内脏器官活动机能的可能性。"①因此，"假定人类意志性调整呼吸，能调整植物性神经系统机能，这可能是气功疗法治疗植物性神经机能紊乱的生理学机理之一"②。钱存泽则更明确地归纳道："练功者可以能动地改变呼吸状态，去调节呼吸中枢的兴奋水平，对其他中枢施加积极而有效的影响，从而调节各器官的功能，以使机体处于协调的动平衡状态，这就是气功的调息原理。"③ 由此他认为气功调息主要有以下重要的生理作用：①调节神经中枢的兴奋状态；②调节植物性神经功能；③有利于大脑皮层入静；④有利于培育真气，激活经络系统④。

值得指出的是，以上原理性分析仅仅只是对有意识的呼吸锻炼的生理应激反应进行了论证，由此确立了意识性的呼吸运动对神经系统、特别是植物性神经系统的影响。从某种程度上讲，它更多的是对人类呼吸运动的生理机制的一种普遍性的分析。换言之，它只是分析了呼吸锻炼的普遍机制，而并没有建立中国传统体育养生中随意性呼吸锻炼技术在身体作用机制上的独特性。更明确地说，这种阐释模式只能解释呼吸能够对内脏造成影响的可能性，却不能揭示不同的呼吸方法分别对应地对不同的内脏造成影响的内在机制。

2. 腹式呼吸的普遍意义

以往的研究者都普遍认为，中国传统体育养生中深长的腹式呼吸与西方现代体育健身所推崇的腹式呼吸具体同等的生理功效，由此也多从腹式呼吸的角度对其生理机制和效能进行论述。如马济人指出，气功锻炼中的腹式呼吸形式"可大大增加肺通气量，加强呼吸功能，促进了肺循环，也使血液中含氧量增加。由于氧的供给增加，也就能提高神经系统的功能。……练功者通过腹式呼吸锻炼，在加大膈肌上下运动的幅度的同时，并能加强腹部肌群的收缩能力，这样也就改善了胸腹部的血液循环，再加上膈肌运动的活跃，实现了对腹腔诸器官的按摩作用，促进了肠胃的蠕动，加强对食物消化及营养吸收功能，也相应地加强了周身器官的营养供应，促进了各个器官和系统的机能提高"⑤。这种认知也主要是从西方现代医学的角度对中国传统体育养生的呼吸技术所做的原理阐释，它同样不能很好地揭示中国传统体育养生中多种呼吸方法存在的独特意义。

3. 相关思考

第一，中国传统体育养生对于呼吸锻炼的功能性认知有其独特性价值，当前的研究

---

①马济人. 中国气功学 [M]. 西安：陕西科学技术出版社，1983：106.
②同①72.
③钱存泽. 气功原理与应用 [M]. 上海：上海交通大学出版社，1989：215.
④同③215-216.
⑤同①107.

似乎较少关注于对这种独特性的探究与阐发，而是较多地在西方现代生理学的框架内阐释其机制，由此，只能证明以上提及的呼吸锻炼的普遍意义而不能凸显中国传统体育养生中呼吸技术的独特价值。因此，考虑到中国传统体育养生中的呼吸技术在疗疾方面的直接针对性即经由呼吸对气的直接控制从而影响经络，如果能够以具体疾病的临床治疗为参照，分析具体的呼吸方法对疾病的作用机制，将利于更加有针对性地揭示中国传统体育养生中的呼吸技术对疾病的独特作用。如以往的研究中已经提及的，提肛呼吸"可用于气虚下陷的内脏下垂、子宫脱垂等症"[①]"练呼对高血压、肺气肿、青光眼以及头部症状明显，胸胀腹满的人较为舒服。练吸对某些肠胃功能差，阳虚怕冷的人，则较适宜"[②]。此外，郭林气功中的呼吸法对治疗癌症也作用明显，等等。

第二，现有研究较多从腹式呼吸的角度强调中国传统体育养生在锻炼心肺功能上的作用，但鲜有研究分析导引术中的"加大呼吸深度"与有氧锻炼中的"提高呼吸频率"这两种锻炼模式所达到的效果能够实现多大的对等性？又言，中国传统体育养生能在多大程度上提供现代人参与日常活动的有氧耐力需求？我们甚至可以提出一种假设：中国传统体育养生的呼吸运动能够在一定程度上锻炼心肺功能，但在机械性的刺激作用方面或许不如西方现代体育健身直接和强烈。这一点需要进行实验性的比较研究，原因在于，只有进行了实际的比较，我们才会了解，练习中国传统体育养生的同时，是否依然需要进行一定的西方式的有氧锻炼。

第三节 调心技术原理比较

一般认为，中国传统体育养生注重意念的调节，而西方现代体育健身则基本没有实质性的意念调节的技术，但事实上，调心活动在二者的实践活动中都是必然存在的，区别在于，前者是有明确技术和健康价值指向的，后者的技术指向性则相对微弱。本节通过对二者的调心技术原理进行分析，可以更加凸显中国传统体育养生在调心技术上的独特性。

一、中国传统体育养生的调心技术原理

（一）中国传统医学对心的认知

1. 什么是心

中国传统医学认为，"心者，神之舍也"，心为人体之脏腑器官，人体之神藏于心，

[①] 马济人. 中国气功学 [M]. 西安：陕西科学技术出版社，1983：100.
[②] 同[①]101.

"心者，君主之官，神明出焉"，即人的思维智慧、情志欲望皆等一切精神活动皆出于心，由心所支配。中国古人对于属精神范畴的事物有多种称谓，如神、意、志、智、情、欲等，其中"神"为人体之精神活动及其状态，为一切精神活动之基础。传统中医认为"形神合一"，人体之神依附于形体而存在，即"形乃神之宅""形存则神在，形亡则神灭"。"意"指代人的主观愿望，与"志"相通。"智"代表了人的思维能力及其知识的储备。"情"代表了人的情绪活动，"欲"则代表了人的心理欲求与生理欲望。由此可见，这些词语涵盖人的理性、情感、欲望等多个层面的精神活动，而心为一切精神活动之主导。

2. 什么是调心

中国传统体育养生中的调心，包括对人体神、意、情、欲等多方面的调节，具体涉及对七情之伤的调节、欲念的压制以及对导引活动中动作与呼吸的意念配合与引导三个方面。

（二）中国传统体育养生的调心技术构成

基于前文对导引术中肢体运动和呼吸活动的技术分析，不难发现，意念在完成肢体和呼吸活动的过程中具有重要的引导性作用。以往的研究者对导引术中的意念调节手段进行了归纳，具体包括以下几种。

①放松法：又称松静法，放松是练习导引术的基础，几乎每种导引功法都强调有意识地将身体调整成松静的状态，从练功开始到结束，意识要不断地帮助调整身体入静放松，以解除身体上的各种紧张状态。

②数息法：在练功中有意识地默数呼吸的次数，借此使呼吸缓慢下来，诱导入静。

③随息法：意识随着呼吸出入，不计呼吸次数[1]。

④默念法：用意识念字，其目的有两种：其一是诱导入静，方法有默念"松""静""思想静""身体松"等；其二是治疗疾病，如发声呼吸法中的默念，六字诀即为一例。

⑤意守法："意守"是指将注意力集中在身体某一部位，又称"守一""存想""存念""凝神"，常用的意守部位，通常是人体的重要部位，较为常见的是意守丹田或命门或经络上的重要穴位如百会、膻中、丹田、涌泉、命门、少商、中冲等；另外也可意守病灶，以帮助局部气血疏通。

⑥意想法：又称观想，分观想外景和观想内景两种。观想外景是指在练功时可以假想外界美好的风景等事物，可帮助调整情绪、愉悦心情、排除杂念。观想内景是指意想身体内部某一部位、经络或穴位，以诱导入静，或可出现内景返观的现象，即仿佛看到身体内部图景和经络运行景象。

---

[1] 马济人.中国气功学[M].西安：陕西科学技术出版社，1983：114.

⑦引气法：以意引气、以气运身，用意念引导内气在体内沿经络运行。前文中呼吸法中的运气法即为此方法，往往结合意守法，对身体不适处或重要部位进行意守，帮助气血更好地流通。

需要指出的是，人类任何有意识的活动都需要在意念的指导下完成，以上方法并没有涉及肢体锻炼中意念引导动作和呼吸相配合的基础性作用，而是指向有明确功能指向的意识锻炼行为，总结起来，这些方法基本为实现两种功能：一为帮助身体放松入静，二为以意念观照身体内部、引导气息在体内有目的性地运行。因此，从某种角度讲，意念发挥了一种统领性的引导作用。在意念的指导下，引导肢体和呼吸进行不同的锻炼从而对身体造成影响，而入静则为意念发挥作用提供了很好的条件。

（三）中国传统体育养生的调心技术原理

基于上文的分析，意念活动所形成的效果很多直接由肢体和呼吸的锻炼而实现，由此，我们可以通过前文中对于肢体和呼吸锻炼的技术原理的论述中，对意念活动的作用以窥一斑。以下将从传统中医的角度对入静、意守和以意引气三种较有代表性的意念活动的技术原理进行分析。

1. 入静的技术原理

入静的目的往往是为了放松，放松是所有功法的首要条件，一切肢体和呼吸活动的进行都需要在放松的状态下进行。以上提及的放松法、数息法、随息法、默念法都具有帮助身体入静放松的作用，甚至是某些意守法，其目的也在于意守身体内在或外在的事物而诱导入静。中国传统体育养生以放松入静为基础性练功要求，并发展出多种入静的方法，究其原因，主要有两点，其一，入静本身构成了一种疗疾手段，其疗疾的功能是通过消除身体与精神的紧张来实现的。正如前文中提及的，传统中医认为"恬淡虚无，真气从之，精神内守，病安从来"[①]，心神安宁的状态有利于真气的培养，气血的活跃，从而帮助身体抵御疾病的侵入。现代功法中的放松功即典型的以放松为目的的养生功法，其将身体分成两侧、前、后三条线，通过意念的作用，结合默念"松"字，依次进行放松。其二，入静放松为精神的内守与意念对肢体和呼吸的调节活动的完成提供了必备条件，正如钱存泽所总结的："气功锻炼中的入静之作用，就在于激活并强化人体自我意识调节中枢之功能，从而使人对身体内部过程的控制与调节成为可能"[②]。

2. 意守的技术原理

意守是中国传统体育养生中具有代表性的意识活动形式，正如前文所述，意守的部位往往是身体中的重要部位如丹田以及重要穴位如百会、涌泉等。意守的目的，除了帮

[①]张仲景，吴鞠通．中医四部经典［M］．太原：山西科学技术出版社，2017：6.
[②]钱存泽．气功原理与应用［M］．上海：上海交通大学出版社，1989：271.

助入静，还有刺激穴位经络的作用。传统中医认为，"十二经脉者，内属于腑脏，外络于支节"，而经络上的穴位则是"处百病、调虚实"的刺激部位，通过对经络上某些重要穴位的刺激可以对其所属内脏的功能进行调节，同时，通过对身体某些病灶部位的刺激，可以诱导局部气血的活跃，从而帮助病灶气血的疏通。这种刺激的方式有不同形式，如针灸就是一种很典型的外部刺激形式，而意守则是内在的自我刺激模式。值得指出的是，为入静而进行的意守往往只需要将意念集中在意守部位以排除杂念，为刺激经络穴位的意守则往往需要一定形式的呼吸辅助，并且意守的部位会相应地改变，如此推动局部乃至全身气血的流通。

3. 以意引气的技术原理

基于传统中医的内向化思维模式，人体对于身体内在的气血循经运行的过程只能通过内观的形式来感知，而中国传统体育养生则进一步认为，人体可以通过意念引导体内气息沿经络运行，由此，以意引气才有了可操作性。引气需要入静、意守、呼吸等多方面的同时配合，只有在入静的情况下，人的精神才能实现完全的内守，由此才能对体内气息的运行进行内向化感知与观照，在此基础上，才能有意识地对气息的运行进行引导，并通过呼吸的时相、深度、强度的灵活运用对身体局部或整体的气血运行进行刺激，以培育局部真气，打通局部"关卡"与"障碍"，帮助气血更顺畅地运行。

总结来讲，意念在中国传统体育养生的实践操作中具有重要的作用，究其根源，在于中国传统医学的基础——经络学说，即直接形成于人体对于自我身体的内向化感知，意与气的互动机制即产生这种内向性感知，这是一种经验性的积累。值得指出的是，钱存泽将这种意与气的互动机制总结为意气反馈原理，其认为"在调意要领中，意守是一个极为关键的要领。其作用在于使练功者的注意力有目的、有指向的集中而单一化，以激活调心（意）中枢，形成意气反馈系统，诱导真气发动，使练功者去认识、掌握和调用真气活动规律，锻炼和培养自我控制，自我调节和自我平衡的能力。意守的这一作用原理，更确切地说，应称为意气反馈原理。练功讲究练意育气，就是通过意气反馈原理而实现的"[①]。可以看出，意气反馈原理似乎不仅适用于意守，并且可以用来阐释中国传统体育养生中的一切意念活动的作用机制，这种机制以意为统帅，最终通过气的活动而实现。

二、西方现代体育健身的调心活动

（一）西方现代医学对心的认知

与中国传统医学相类似，在西方医学的范畴内，心即心脏，是人体的一个重要器官，

[①] 钱存泽. 气功原理与应用 [M]. 上海：上海交通大学出版社，1989：275.

从生理学上讲，"心脏是一个由心肌组织构成并具有瓣膜结构的空腔器官，是血液循环的动力装置，是实现泵血功能的肌肉器官"①。从哲学的角度讲，西方哲学从古希腊时期起即开始对身体与灵魂之间的关系问题进行探究，对于二者是相互依赖还是相互分离的问题争论不休，并因此形成了不同的哲学流派甚至医学流派，这与中国传统哲学在身心合一上形成的共识截然不同。同时，西方哲学也有"灵魂三分说"的传统，即将灵魂分为理性、激情（情感）和欲望，其中激情和欲望都属于非理性的范畴②。基于"灵魂三分说"的传统，西方哲学也发展出很多流派，从理性主义、非理性主义到弗洛伊德的精神分析学说，等等，在此不做具体介绍。以上论述主要是为了展示，与中国传统医学对于心神的笼统性认知相比，西方对于人之精神的认知更为细化，而其对于人之意识（mind）的认知，则更多属于理性思维的范畴，一般认为受大脑控制。

（二）西方现代体育健身的意识活动

与中国传统体育养生不同的是，西方现代体育健身中并没有明确强调意念的作用，但事实上，由于人的骨骼肌的运动都受随意神经的控制，因此，西方现代体育健身中意识的调节作用是毋庸置疑的，即在意识的指导下完成动作，并配合呼吸。在此说明的是，由于西方现代体育健身没有明确的调节意识的要求，也没有实际的意识调节技术，因此，很难从技术构成及其原理的角度对其展开论述。

三、中西方调心技术原理比较

通过比较性的分析可以发现，西方现代体育健身中的意识活动特征与中国传统体育养生中的意念活动特征存在明显的差异。中国传统体育养生的意识活动有其独特的功能指向，以下将对此进行具体分析。

（一）中西方意识活动的不同特征

1. 内向与外向

中国传统体育养生与西方现代体育健身中的意识活动都对肢体运动和呼吸运动有指导性意义。在此基础上，由于中国传统体育养生对于经络与气息运行状态的重视以及对于入静放松的要求，因此意念性活动更多地专注于身体内部的动态，精神状态也倾向于内敛，总的来说呈现出内向化特征。相较而言，由于西方现代体育健身专注于身体肌肉和机械活动功能的状态，因此其意念的关注点主要在肢体之上。这种关注甚至并非一定必要，而只需要按照锻炼要求进行相应的肢体活动，偶尔根据需要关注呼吸的深度节律

---

① 全国体育院校教材委员会. 运动生理学 [M]. 北京：人民体育出版社，2005：77.
② 张轩辞. 灵魂与身体：盖伦的医学与哲学 [M]. 上海：同济大学出版社，2016：193.

等。同时，很多比赛游戏性质的体育活动更是需要意识时刻关注活动的进行状态，等等。这些都与中国传统体育养生对于身体内部状态的密切且集中的关注差异显著。此外，由于西方现代体育健身在一定程度上需要调动身体的积极性，因此往往会制造某种外在的刺激以活跃身心，如现代健身房中充斥的各种鼓舞情绪的音乐，这与中国传统体育养生中对于恬淡内守的心境要求也迥然不同。基于此，中国传统体育养生与西方现代体育健身在意识活动上呈现出内向与外向两种主导倾向。

2. 抑制与兴奋

与内向化和外向化相对应，中国传统体育养生与西方现代体育健身的意念活动也呈现出抑制与兴奋的特征差异。西方现代生理学认为，人的大脑皮层的活动有抑制和兴奋两种状态，人体在进行思维活动时，大脑皮层处于兴奋状态，在安静无杂念时，大脑皮层处于抑制状态；同时，肢体运动可以激活大脑皮层的有关区域，使其处于兴奋状态。简言之，任何意念性的活动都会使大脑皮层的某些区域呈现出兴奋状态，而入静状态则会产生抑制作用，适当地激活和抑制大脑皮层有助于调整大脑皮层的功能。钱存泽基于一定的实验研究指出，中国传统体育养生中的动功即具有激活大脑皮层的作用，而为入静而进行的数息、默念等意念活动同样也对大脑皮层具有某种激活作用，但由于其关注点较为专一，因此其对大脑皮层的刺激范围只涉及局部区域，而肢体运动的意念活动则对大脑皮层激活的范围大得多。尽管如此，由于这些活动也必须在消除杂念的安静心理状态下完成，因此其在一定程度上也实现了抑制大脑皮层的作用，而完全的入静状态则对大脑皮层的抑制作用最为明显。概言之，"无论是动功还是静功，都具有促进大脑功能进行调整的作用。动功是从大面积激活大脑皮层的角度，而静功则是从大面积抑制大脑皮层的角度，调整大脑皮层功能的"①。西方现代体育健身中专注于肢体锻炼的行为对人体大脑皮层刺激的兴奋面积或较之中国传统体育养生的动功更为广泛。可以认为，二者的意识活动对大脑皮层都有锻炼的作用，但二者在对大脑皮层功能的具体锻炼上呈现出抑制与兴奋两种主导倾向，即中国传统体育养生主要是发挥大脑皮层在抑制状态下的机体调节功能，而西方现代体育健身则是发挥大脑皮层在大面积激活状态下的机体调节功能。

（二）中国对意识功能的独特认知

尽管中国传统体育养生和西方现代体育健身都离不开意识的作用，但是，中国传统体育养生中意念的运用更加丰富且具有明确的健康价值指向性，锻炼意识被作为一种可以帮助身体获得健康的手段得到重视，锻炼意识的作用首先在于提高生命体的自我控制和自我监测能力，更进一步讲，在于诱导和激发生命体的自主优化功能。

---

①钱存泽. 气功原理与应用［M］. 上海：上海交通大学出版社，1989：261.

1. 强调锻炼意识的重要性

在肢体、呼吸、意识三者的关系之中，中国传统体育养生对意识的强调尤为明显，很多学者都认为这是中国传统体育养生区别于西方现代体育健身的一个最显著的特征。林中鹏曾有过如下描述：

> 所谓"气功"，就是"练气的功夫"，但实际上气功却是锻炼"运用意识"的功夫。……因此气功的定义应该是："通过意识的运用，使自身的生命运动处于优化状态的自我锻炼方法。"当然，气功的锻炼除了意识的运用之外，还包括其他四要素，即：形体的调整、呼吸的控制、饮食的安排和睡眠的卫生。不过对气功而言这四要素的意义远不如运用意识重要，而且后者的作用主要是为前者的实现而安排的。这正是气功与其他体育锻炼不同的主要差别①。

值得指出的是，意识的锻炼在中国传统体育养生中具有明显且重要的地位，但在西方人的研究视野中，更多的是将气功与太极当作与生物反馈（biofeedback）、渐进式肌肉放松法（progressive muscle relaxtion）、冥想（meditation）、催眠（hypnosis）等方法相类似的身心锻炼方法（mind-body exercise）。这些方法有一个共同特征，即都强调意识活动对身体和心理健康所发挥的作用。中国传统体育养生与常规的身体锻炼活动的差异在于："以往我们所熟知的运动方式，都是专注在身体的活动上，但是身心运动则不然，它除了要我们专注于自己的起心动念、情绪变化，以及和周围环境的关系。并且认为身与心是不可分的，训练骨骼神经系统的同时，心理也得到调节；调心的过程中，也会感受到身体出现了变化。"②这也从一个侧面说明，较之西方现代体育健身对于肢体锻炼的关注，中国传统体育养生中的内向性意念活动的意义更加重要。意念不仅诱导放松入静、引导肢体和呼吸运动，更为重要的是，习练者必须通过内向化感知的方式时刻监控自我身心状态的变化，并且了解并结合身、息、心的自我调节将身心状态调整到最优状态。正如陶祖莱等学者通过研究指出的："人与其他动物的区别，在于大脑的功能活动；而气功之区别于其他体育活动者，在于他以内向性运用意识为主导，来增强对自身生命运动过程的自主控制。"③这种锻炼意识的过程正是锻炼自我控制与自我监测能力的过程。

2. 对三调合一的极致追求

在中国传统体育养生中，意识的功能作用不仅体现在意识对肢体和呼吸活动的自觉控制上，更是体现在通过意识本身的调节引导身、息、心进入一种身心高度合一的优化状态——三调合一的状态，钱学森称其为"气功功能态"。陶祖莱认为其是一种"生命的

---

①林中鹏. 中华气功学［M］. 北京：北京体育学院出版社，1988：2.
②王敬浩. 身心运动的文化结构：太极拳与健康研究国际学术会议文集［C］. 南宁：广西师范大学出版社，2013：2.
③陶祖莱，庞明. 气功的现代科学研究［M］. 北京：国际文化出版公司，1998：141.

稳态"①，这种状态可以极大地激发人体的自我修复功能，诱导身体做自主优化并最终促进人体健康。以往的研究也多强调中国传统体育养生的三调合一是其区别于西方现代体育健身的主要特征之一，较有代表性的阐述来自刘天君等学者：

> 注重三调与注重三调合一有本质的差别。由于人类支配自身的所有手段只有调节身体动作、呼吸方式和心理活动这三者，因此人的任何操作行为实际上都离不开这三调，故任何生产劳动、体育运动也都包括三调。例如，就赛跑为例，起跑过程中的下蹲、憋气、倾听发令枪的声音难道不是三调吗？因此，如果只界定气功锻炼的基本手段是三调，实际上并没有说明气功修炼区别于人类其他操作活动性活动的本质特征。
>
> 气功修炼中特征性的心身状态是三调合一，即操作性目的；而生产劳动、体育运动的操作性目的并非如是。这是因为气功修炼的三调操作没有外在任务，其修炼的操作目的就在于完善操作过程本身，即从三调而达到三调合一。而生产劳动和体育运动的三调操作都是为了完成某种外在的任务，例如将球投入篮筐、跑完100米距离等，故其操作性目的是完成该任务。故只有揭示气功修炼操作性目的的特殊性，才能够区别开气功修炼与体育锻炼及生产劳动②。

以上描述肯定了气功锻炼与其他身体活动（生产劳动和体育运动）都具有三调的操作，但同时也指出了它们在三调的具体操作目的上存在差异，气功锻炼的目的是实现内在的三调合一的状态，其他身体活动则为了实现某种"外在的任务"，我们可以由此引申出，西方现代体育健身的三调所要实现的"外在的任务"即是完成健身运动所需求的肢体动作与呼吸配合。

关于三调合一，刘天君在其主编的《中医气功学》中有具体的阐述，其指出：

> 三调是学练气功的操作技巧，三调合一则构成气功境界。故学练气功仅仅学习三调还不够，还必须懂得和把握三调合一。练功过程中从三调分离到三调合一，是一个渐进的、有机联系的过程。③

在具体的操作手段上，刘天君认为练功的过程经历了三调分离、三调协同和三调合一三个层次。三调分离是逐一学习三调操作的内容，将每一调的操作内容分别熟练掌握；三调协同是使三调操作相互配合起来，动作做到哪里应吸气，哪里应呼气，意念又应落到哪里，均应彼此呼应，并由此而产生有机的相互联系；三调合一则是身、心、息均此

---

①陶祖莱，庞明. 气功的现代科学研究［M］. 北京：国际文化出版公司，1998：141.
②刘天君，李玉环，等. 健身气功概念的内涵［C］. 国家体育总局健身气功管理中心. 健身气功科研成果汇编（三）. 北京：国家体育总局机关服务中心文书处，2008：33-34.
③刘天君. 中医气功学［M］. 北京：人民卫生出版社，1994：93.

一片，无有彼此，都已融为一体。这便是三调合一的气功境界。① 这种境界，实际上就是前文中提及的身心的最优化状态、生命的稳态、气功态，在这种状态下，人体将自主地发挥一种对自身进行自我修复与完善的机制，诱导人体的某些功能状态自动地从无序走向有序，重新形成一种良性的系统结构。这与生命科学的自组织理论很相似，该理论认为在没有外部指令的条件下，系统内部各子系统之间能自行按照某种规则形成一定的结构或功能。并且，系统只有通过离开原来状态或轨道的涨落才能使有序成为现实，从而完成新结构的有序自组织过程。② 相较而言，西方现代体育健身更多的只是做到三调协同，以帮助健身运动的有效完成，而中国传统体育养生则试图通过三调协同的形式逐步达到有利于身心进行自主性优化整合的三调合一的状态，三调合一成为气功锻炼的最终操作目的而非手段。

可以认为，尽管中国传统体育养生与西方现代体育健身在三调上存在很多相似性，但是，其对"意念主导性"的强调以及其所追求的三调合一的境界构成了二者在宏观技术操作上的最显明差异。

（三）基于普遍意义的差异性思考

1. 运动对心理健康的普遍意义

以上分析表明，意识在中国传统体育养生与西方现代体育健身中发挥的作用及其运作模式有很大的差异，同时，与呼吸锻炼一样，西方现代体育健身中的意识活动并没有实际的技术性操作与功能指向。但是，由于意识属精神的范畴，因此运动过程中的意识活动不管是自觉的还是不自觉的，将在某种程度上对人体的精神状态与思维能力造成直接影响。

现代医学认为，运动能够促进心理健康，其具体表现主要有以下几点：第一，运动能够促进血液循环，使大脑供氧充足，从而提高脑力活动的效率；第二，运动时人体会释放一种多肽物质——内啡肽，这种物质会使人体产生一种类似于使用鸦片所产生的愉悦感，从而振奋精神，愉悦情绪；第三，运动可以通过机体神经系统兴奋性的转移和调节，缓解精神压力，调节植物神经功能，起到平衡精神心理状态和改善睡眠的作用。除此之外，积极地参加体育运动也会促进人与人之间的沟通与交流，扩大社交，形成愉悦的社交环境，从而对个人的心理健康形成有益的影响。

当前的研究者正是基于这一点，对中国传统体育养生在自我放松、注意集中、认知能力、情绪管理等方面的功效进行阐释，如林君杰的研究表明"健身气功在改善习练者

---

① 刘天君. 中医气功学 [M]. 北京：人民卫生出版社，1994：93.
② 张敬文，章文春. 中医藏象学说自组织原理深析 [J]. 中医学报，2012，27（1）：43-44.

心境状态、认知、人格以及人际关系等方面都有显著效应"[1]，程苗的研究表明健身气功易筋经有助于改善睡眠质量[2]，等等。同样，西方现代体育健身对于人之精神的作用体现在压力释放、缓解疲劳、认知改善等方面。不管是西方现代体育健身，还是中国传统体育养生，这种基于运动而产生的心理与认知效应都具有普遍性意义。但是，很显然，它并不能完全解释中国传统体育养生中意识作用的独特性。

2. 从生命科学角度所做的阐释

基于意识活动在中国传统体育养生中的主要地位，很多研究从生命科学的角度对意识影响人类健康的机制进行了探讨，"近代科学研究认为，生命活动在于有序性。序是一种有条理有规律的编排"[3]，人体具有自我调整与修复这种"有序性"的能力——自组织。中国传统体育养生中的入静可以通过放松大脑皮层为机体的自我调整提供有利条件，而有目的性的以意引气或意守则可以"抑制某些病理兴奋灶与病灶部分的恶性反馈联系，修复和改善了高级神经中枢的功能，进而使内脏器官的病患获得修复和改善，某些局部症状也就逐步减轻或消失"[4]。马济人即指出："气功锻炼中，首先就要不断排除杂念，息心宁神，从而达到入静状态，使心起到调节功能紊乱的那些脏腑，这与现代医学中的大脑皮层的自我抑制后，就有助于调谐和恢复（脑-内脏）间的正常功能是一致的。"[5]

这种认知一方面肯定了意识调节内脏功能的可能性；另一方面强调了这种调节机制的实现是在意识放松的适宜条件下，通过机体自身内部的自主作用完成的。从某种程度上讲，意识调节内脏功能的机制是对人体生命功能的一种主动诱导与激活，是前文中强调的三调合一的状态，为诱导和激活人体自组织能力创造的最适宜条件。这一原理阐释在很大程度上揭示了中国传统体育养生的调心机制。值得指出的是，对人体生命功能的探讨，并不能单纯地从现代生理学的角度对其活动机制进行分析，因此当前有很多新的理论被用于阐释这一机制，如生物流变学、量子力学、耗散结构等。

3. 相关思考

可以认为，中国传统体育养生构建了意识—形体—内脏之间的紧密联系，联系的桥梁即是在几千年前已经被经验感知且重视的经络系统。当前，经络理论被应用在不同的治疗手段中，如针灸、砭石、按摩等，但感知经络的最直接途径是进行导引术或太极拳等中国传统体育养生的锻炼，尤其是导引术。从笔者的锻炼经验来讲，这些锻炼至少可以让我们获得以下两方面的经验：首先，在入静或站桩时，人体首先会进行一系列的形

---

[1] 林君杰. 健身气功与心理健康研究 [D]. 上海：华东师范大学，2013：2.
[2] 程苗. 十二周健身气功·易筋经对改善中青年睡眠障碍人群睡眠障碍的研究 [D]. 上海：上海体育学院，2017.
[3] 林中鹏. 中华气功学现代科学研究（下）[M]. 海口：海南国际新闻出版中心，1997：19.
[4] 单春雷，励建安. 气功的生理作用及机理 [J]. 中国康复医学杂志，1999，14（6）：276-279.
[5] 马济人. 中国气功学 [M]. 西安：陕西科学技术出版社，1983：12.

态的自发调整，由"不正"到"正"，或言，由"失序"到"有序"，由此感受到的是内脏器官功能的活跃性表现，最终会让人产生内气和畅、周身轻便的感觉；其次，在以意导气时，意念所及的身体局部会逐步舒展，无论是外在形体还是内在脏腑，随之而来的同样也是人体形态的自发调整，继而是内脏器官功能的活跃性，其结果是内气和畅、周身轻便。

当前，各种关于身体整体结构优化的理论为以经络学说为基础的中国传统体育养生锻炼方法提供了重要的理论参考，若能从身体锻炼本身出发，基于锻炼时感觉到的肢体—内脏实在互动关系，继而从生命科学的角度阐释中国传统体育养生锻炼中身体实在的变化，那么，这或许是一种研究意识推动人体内外功能改善之机制的思路。事实上，当前的很多知识基础所建构的人体肢体—呼吸—意识与内脏的关联性已经为这种研究思路奠定了一定的基础：呼吸与内脏的关联性以及呼与吸对内脏的不同影响、人体筋膜连接的肢体与内脏的关联性以及筋膜整形术的兴起与流行、筋膜被认为是人体最大的感觉器官，等等。这一系列理论探索都基于对人身体整体性的认可，但现有的实践手段较多还是类似于矫形术的外在徒手治疗，较少对人体通过自主性锻炼激活身体自发性矫形功能的机制进行研究。尽管当前已经有一些研究探索了中国传统体育养生在脊柱矫正等形体调整方面的功效[1][2]，但这些研究较多还是对功效的对照实验性研究，对其机制的探索还未涉及经由身体所感知到的身体实体性的内外结构变化的过程性表现，这些变化正是徒手治疗所要达到目标。总结来讲，当前对于中国传统体育养生基于意念引导身体进行自主性身体结构调节的功效已经得到很多验证，但从身体的角度探索身体发挥自主优化功能的实体基础似乎是一种更加能够"触摸"到经络的研究模式，事实上，中国传统体育养生正是人类"触摸"经络的最直接手段。

以上以调身、调息、调心为比较基点，对中国传统体育养生和西方现代体育健身在具体实践操作上的技术及其原理进行了分析，并分别进行了比较。正如在本章的开头已经提及的，这种比较模式的可行性在于身体运动中身、息、心活动的基础性、普遍性、必然性存在。从中我们已经能够对中国传统体育养生与西方现代体育健身在技术操作上的基本特征及其对人体生命功能锻炼上的不同进行了区分。同时，基于在具体的实践操作中身、息、心三者的活动是一起进行的，以上关于三调协同与三调合一的区分也基本上从整体性角度分析了二者在三调关系上的差异性表现，由此也更加凸显中国传统体育养生在调动人体自组织功能上的独特价值。

---

[1] 陈悦，魏泽仁，郭郁，等.应用生物力学信息分析站桩功训练诱发自主平衡效应的特征[J].北京中医药大学学报，2019，42（2）：120-125.
[2] 吕嘉轩.站桩功对脊柱失衡大学生心身平衡调节效应的分析[D].北京：北京中医药大学，2018..

本章小结

尽管方法各异，中国传统体育养生与西方现代体育健身都是身体锻炼活动，因此其基本操作技术都离不开身、息、心的调节，即三调，由此构成了对二者的技术原理进行比较的基础。

中国传统体育养生与西方现代体育健身在身、息、心的调节机制上的差异，不是有无的差异，而是认知与运用的差异。作为身体锻炼形式，中国传统体育养生与西方现代体育健身对于肢体、呼吸、意念的作用都有所强调，但是对三者的功能认知与实际运用则有所差异：中国传统体育养生不仅认识到肢体锻炼的养生功能，其对呼吸和意念的养生功能更加重视，在实际运用的方法上也较之西方现代体育健身更加直接、丰富且具体。

中国传统体育养生与西方现代体育健身在技术原理上的根本不同在于：二者对身、息、心锻炼的功能性认知和运用不一样。中国传统体育养生更强调意念的引导性与主导性作用，通过肢体、呼吸、意念的调节，对人体的经筋进行锻炼，对气息的出入和运行造成良性影响，以疏通经络、调理气血，并通过意念的自我引导寻求达到三调合一的稳态，从而实现身体功能的整体性自我修复，这是中国传统体育养生的根本性技术原理。与之相对应，西方现代体育健身则以肢体活动为主导形式，通过一定的肢体性活动对肢体、呼吸形成某种机械性刺激，使机体的运动功能得到锻炼、身体成分得到平衡，最终对身体各系统的功能造成良性影响，这是西方现代体育健身的根本性技术原理。

第六章
中国传统体育养生与西方现代体育健身的沟通与结合

比较基于沟通之上,而沟通也是为了更好地进行比较,并在此基础上加深认识与理解。中国传统体育养生与西方现代体育健身之间的沟通有其历史渊源,由于历史原因造成的中西方文化地位的差异,二者之间也呈现出某种"不平等对话"的特征。对二者的沟通历史与现状进行梳理,在此基础上,对当前二者在沟通过程中互相所抱有的基本认知态度进行分析与反思。跨文化研究中,两种异质文化之间的结合往往成为比较研究最终要思考的问题。当前,中西方都存在将中国传统体育养生和西方现代体育健身进行结合的美好愿望,但是真正从实践的角度上讲,二者如何结合是一个需要系统研究的课题。西方学者 Pasi Pölönen 等的研究即指出:"虽然人们普遍接受体育锻炼和冥想锻炼对健康和福祉的积极影响,但将两者结合起来的实践形式仍然鲜有研究,也缺乏了解。正是由于方法论上的挑战,以大而协调的动作为基础的冥想技术,如气功或太极拳,对它们的学术研究相当有限。"[1] 当前,在探讨二者结合发展的方向时,首先要思考的问题似乎更应该放在如何建立二者同等的重要性与不可或缺性这两个方面,换言之,只有确立了二者平等共存的地位,才能更有效地发挥二者的价值,使其共同服务于人类健康事业之中。

第一节 沟通现状及其反思

中国传统体育养生和西方现代体育之间的沟通对话是一个相互认知的过程,在这一过程中,二者立足于不同的文化系统对异域健身文化产生了兴趣,同时,二者也基于不同的文化地位对对方形成了不同的价值认知,由此在某种程度上造成二者在当代社会的

---

[1] Pasi Pölönen, Otto Lappi, Mari Tervaniemi et al. Effect of meditation movement on affect and flow ing qigong practitioners [J]. Frontiers in Psychology, 2019 (10): 1-13.

不平等发展态势：西方现代体育健身已然占有绝对的主导地位，中国传统体育养生的发展则缺少某种主体性，中国传统体育养生的科学性问题始终是二者沟通的关键，这一问题值得反思。

一、西方对中国传统体育养生的认知

（一）西方对中国传统体育养生的认知历史

西方对中国传统体育养生的最早接触应始于明清时期西方传教士的大量入华，"16—18世纪，西方国家，尤其是法国、意大利、葡萄牙、西班牙、比利时等国派往中国的耶稣会士大都是颇有学问的人文科学家或自然科学家，……他们办学堂、开医院、进行天文观察、地理测绘、制造科学仪器；也有人研究中国历史、文化、地理、哲学、宗教和伦理，并将其成果传播到西方……"① 在这一历史背景下，中国的导引术也随之传入西方。据英国著名学者李约瑟的研究，《第一篇使西方世界注意到中国长生导引术的文章》②出自耶稣会士韩国英（P. M. Cibot）：

他曾写了一篇关于内丹家严格的长生术体操的文章献给欧洲人，文章虽不长，但却很著名。他1779年的《论道士的功夫》是打算向欧洲的物理学家和医生简略地介绍一种医疗体操系统，……此项工作很久以来一直被看作在理疗史上是至关重要的，因为瑞典现代理疗法创始人林格（Per Hendrik Ling）几乎肯定受到了它的影响。……韩国英不太喜欢道教哲学，但却相信功夫（据李约瑟描述，"18世纪这方面的知识就是以'功夫'的名称传到欧洲的"③。——笔者注）及其医学理论是一个"有一定价值的系统"，它真的治愈过许多疾病，也缓解过许多病症。④

从以上论述中可以看出，在西方社会对中国导引术最初产生关注的时期，西方人将导引视为中国的体操。直到20世纪八九十年代，也有很多人将导引命名为医疗体操。如果从促进健康的价值角度出发，较之其他体育活动而言，体操与导引术之间具有更多的相似性，从19世纪西方体操自觉按照人体的生理解剖结构进行科学化改良与编排之后，以瑞典的医疗体操为主要代表，西方体操与中国导引术的相似性就更加明显。正如引文中所述，学界长久以来即存在着一种认识，林格所编创的医疗体操直接受到中国导引术的影响。

此后，除了西方体操的发展受到中国导引术的影响，西方社会也开始亲身实践并且

---

①安田朴，谢和耐. 明清间入华耶稣会士和中西文化交流［M］. 耿昇译. 成都：巴蜀书社，1993：3-4.
②李约瑟. 中国科学技术史：第5卷［M］. 北京：科学出版社，上海：上海古籍出版社，2011：153.
③同②138.
④同②152.

研究这种中国古老的身体锻炼方法,内容涉及肢体活动为主的导引术、呼吸术和冥想术等。20世纪30年代,法国汉学家马伯乐撰文介绍中国导引术中的胎息法、服气法和闭气法①。关于冥想,马伯乐也有一些论文对此涉及较多②。20世纪50年代,李约瑟在《中国的科学和文明》一书中对中国的导引术进行了详细论述,此后欧洲的医学家设计了一些类似的疗法,如德国的呼吸自我训练法、美国的放松疗法和默想疗法等。

20世纪70年代以来,由于为西医的药害所苦,西方公众开始寻求不服药或少服药的治疗方法,一些主流医学之外的身心锻炼形式由此进入了其视野,相关研究机构也纷纷建立,如瑞士的马哈瑞希欧洲研究大学,此外,纽约州立大学的生理心理研究所、圣地亚哥海军医院、斯坦福研究院、英国伯克贝科学院、哈佛大学医学院、剑桥大学等也有人在进行相关研究。这一类研究关注人体通过自身的身心调节达到治疗疾病的各种方法,研究内容包括中国的针灸、气功、拳术、印度瑜伽术及现代的生物反馈、催眠术等③,研究重心集中在临床应用与机理探讨。④ 20世纪80年代开始,随着中外文化的交流增多,中国气功也在国外受到了越来越多的关注,一方面,亲身习练者越来越多;另一方面,国外的相关研究机构也相继成立,学术界对中国气功和拳术开始了专门的科学研究。⑤

当前,导引术在西方社会较多地以气功的名称进行推广与传播,同时,由于中国的导引术、拳术等在理论基础和操作手段上与印度的瑜伽有一定的相似性,都强调身心统一的锻炼,因此在西方也有将中国气功称为"中国瑜伽"的说法。当前西方学术界将这一类方法称为"身—心运动"(body-mind exercise)或意念主导的运动(mindfulness-mased exercise),内容包括瑜伽、中国气功、太极拳、渐进式肌肉放松法、生物反馈、催眠、超觉静坐等。随着现代西方医学的局限性越来越凸显,这些不依赖药物、没有创伤的治疗方法越来越受到现代医学的重视,这些医学手段被当作主流医学的补充部分,作为主流医学的辅助或替代治疗方法服务于公众,因此被叫作补充与替代医学(Complementary and Alternative Medicine,CAM)。在这种医学背景下,1992年,由美国国会授权,在美国最大的医学研究和资助机构——国立健康研究院(National Institute of Health,NIH)成立了专门的补充与替代医学办公室,1998年,该办公室被提升为国家补充与替代医学中心(National Center for Complementary and Alternative Medicine,NCCAM),成为NIH的27个研究中心之一,其获得的研究经费与其他研究中心大致相等。该中心的主要任务是关注和研究除主流医学之外的其他医学流派,致力于用严格的科学方法验证补充与替代医学的疗效,阐明其作用机理,并向民众发布准确的消息。2014年,这个研究中心又重新改名为"美国替代与整合健康中心"(National Center of Complementary and Integral Health,NCCIH),体现了美国逐步重视主流医

---

① 吕玉兰,程霞. 当代气功大观 [M]. 北京:华艺出版社,1988:199.
② 李约瑟. 中国科学技术史:第5卷 [M]. 北京:科学出版社,上海:上海古籍出版社,2011:162.
③ 同①198-199.
④ 林中鹏. 中华气功学 [M]. 北京:北京体育学院出版社,1988:12.
⑤ Derek Ramlal. Qigong and the Mordernation of China [D]. New York:St. John's University,2006.

学对替代医学进行借鉴的发展思路。①②

自 20 世纪后叶以来，国际社会对非生物医学体系的 CAM 的重视和关注与日俱增，如专业医学期刊每年发表 CAM 相关的随机对照试验达 1200 项。中医药在世界范围内也属于 CAM 的主要治疗手段和科学研究内容。如 NCCAM 于 2005 年底宣布新成立的 6 个 CAM 研究中心中有 4 个涉及中医药。③

（二）西方对中国传统体育养生的基本态度

1. 西方对替代医学的基本态度

对于中国传统体育养生，西方主流医学将其作为中医学的一部分进行研究，气功、太极拳、针灸、中医药一起构成了西方中医学研究的主要内容，当前西方主流医学界对于包括中国传统体育养生在内的中医学的研究是在 CAM 的医学范畴内进行展开。④ 傅俊英曾对美国 CAM 的研究思路进行了总结："是否使用 CAM 取决于这些疗法所显示的疗效与安全性；不论是生物医学还是替代医学，都应使用相同的原则与标准。但同时他们也承认，替代医学具有不同于生物医学的特性"⑤，因此，"不能因为一种治疗方法没有达到某一特定的标准——如现代生物学机制——而将其排除在考虑之外……因此，需要进行更多的基础研究来证明资助这种治疗的临床研究是合理的，同时需要得出更多的证据才能认定这种治疗效果是确切的"⑥。在这种情况下，整合医学论应运而生，即"将主流医学（西医学）的治疗与那些被高质量的科学证据证实了其有效性与安全性的补充与替代医学的治疗手段有机结合"⑦。

由此可见，随着研究的深入，西方医学给予了包括中医学在内的 CAM 越来越多的包容性，在医学上也给予了其越来越多的重视，并尝试根据其特殊性采用多元方法对其进行深入研究，但同时，基于对医疗效果的安全性考虑，西方医学也一直坚持一种观念即需要用严谨的临床试验验证 CAM 的效果，以确保其治疗的安全性与有效性。

2. 西方对中国传统体育养生的基本态度

具体到中国传统体育养生来讲，一方面，从方法上讲，由于广泛的社会实践基础，基于其明显的疗效，西方医学在方法上对其进行积极的采纳、借鉴与临床运用，但对其综合性、个体化、直觉性和经验性特征产生了质疑，对其评价标准的不确定性表达了怀

---

①傅俊英. 美国补充替代医学的科研现状及其与中国中医药研究的比较 [J]. 中西医结合学报, 2008, 6 (6)：551-554.
②薛史地夫. 整合医学与康复 [M]. 王一珂, 译. 北京：中医古籍出版社, 2018：23-24.
③同①551-554.
④赵伟. 中医文化复兴之形而上学辩护 [M]. 北京：中国社会科学出版社, 2016：21.
⑤同①551-554.
⑥同①551-554.
⑦同④21.

疑。另一方面，由于中西方医学体系的根本不同，西方主流医学也对中国传统医学的基础理论产生了根本性质疑："由于美国缺乏中医学的哲学人文背景并对中医基础理论存在知识鸿沟，所以其对中医的研究多停留在脱离理论的操作层面，对中医学理论研究基本不涉及。"①同时，"他们对所有的中医理论如穴位定位、经络的走向、操作手法等都有质疑，而不会将其当作既定的事实接受；并且非常重视病人对疗法认同程度和疗效之间的关系"②。也正是因为这种从理论到方法的多重质疑，西方对于中国传统体育养生的基本研究也秉承了其一贯的科学研究模式：积极通过科学的临床研究验证其安全性与有效性，同时，试图对中国传统医学理论进行科学意义上的证明。由此，科学成了西方认知中国传统体育养生的基本途径与价值评判标准。

二、中国对西方现代体育健身的认知

（一）中国对西方现代体育健身的认知历史

中国对西方体育健身的正式接触始于近代，同时，这种接触是以对整个西方体育的接触并行的。1840年鸦片战争前，中国的身体锻炼方法以民族传统体育方式为主要形式，鸦片战争以后，随着西方武力的大举入侵，西方体育随着整个西方文化也以迅猛之势涌入了中国。与西方对中国传统体育养生的主动接触与研究不一样，中国对西方体育的接触"既有自觉向外国学习的主动成分，又有外国人强迫中国接受的被动成分"③。同时，"在西方近代体育传入中国的过程中，中国人一直存在着不同意见的争论，有的赞成，有的反对，有的持中间态度。不过，随着时间的推移，持赞成态度的人越来越多，持反对态度的越来越少。到中国近代体育史这个历史时期结束，即中华人民共和国成立时，中国人反对接受西方体育的已经基本上没有了。经过一定程度改造的西方体育在中华大地上站稳了脚跟，并成为整个中国体育的重要组成部分"④。由此可见，近代中国对西方体育的认知经历了从部分怀疑、争论到普遍接受的过程。与之相伴随的是，以西方体育运动形式为锻炼手段的西方体育健身运动也逐渐成为中国人进行身体锻炼的重要手段。

中华人民共和国成立以后，为提高人民群众的身体素质，丰富群众的业余生活，国家大力推动群众体育的发展，包括广播操、田径、球类运动在内的西方现代体育健身运动成为群众广泛参与的主要体育项目。改革开放以后，随着生活水平的提高、社会环境的开放，人民群众对于身体健康的需求更加迫切，由此形成了体育健身运动的热潮，如长跑热、武术热、健美热、气功热等。⑤ 21世纪以后，国家相继推出了全民健身计划与健康中国战略，人民群

---

①傅俊英．美国补充替代医学的科研现状及其与中国中医药研究的比较[J]．中西医结合学报，2008，6（6）：551-554．
②同①．
③国家体委体育文史工作委员会，中国体育史学会编．中国近代体育史[M]．北京：北京体育学院出版社，1989：3．
④同③．
⑤全国体育学院教材委员会．体育史[M]．北京：人民体育出版社，1989：230．

众参加体育健身的热情更加高涨，包括慢跑、力量锻炼、游泳、各种球类运动等在内的西方现代体育健身运动也成为全民健身的主要项目选择，其习练人群明显多于中国传统体育养生。从某种意义上讲，西方现代体育健身占据了中国全民健身的主要阵地。

（二）中国对西方现代体育健身的基本态度

与西方以一种审视的眼光将中国传统体育养生纳入 CAM 的范畴内进行考察不同，中国对西方现代体育健身的方法和理论几乎是全盘接受的。除了上文提及的西方现代体育健身方法已经占据了中国全民健身的主要阵地，更为明显的一点在于，西方现代体育健身理论已经成为学界评判一切身体锻炼行为的标准，对中国传统体育养生的研究也不例外。从 20 世纪 50 年代开始的中国传统体育养生的科学化探索，即从西方医学的角度对中国传统体育养生的临床效果进行验证，对其作用原理和机制进行生理学意义上的阐释。当前中国传统体育养生的研究也在很大程度上试图以西方现代体育健身理论为参照，对中国传统体育养生的身体锻炼效能进行评估，如在提高有氧能力、肌肉素质等方面的效果。这一研究思路与西方对中国传统体育养生的科学化研究态度如出一辙，它在某种程度上代表了中国传统体育养生的研究对于西方现代体育健身的一种主动迎合。"科学化"同样成了中国传统体育养生与西方现代体育健身进行对话的主要沟通手段。

三、中国传统体育养生的科学化反思

基于以上分析，不难发现，在中国传统体育养生与西方现代体育健身的沟通对话过程中，中国传统体育养生的科学化问题成为中西方共同关注的问题。

（一）中国传统体育养生科学化的研究共识

基于西方社会对于中医学在理论、实践和效果上的科学性质疑，从近代"西学东渐"以来，中医的合法地位就开始受到质疑，甚至出现了中医是伪科学、废除中医之类的言论。由此导致直接奠基于中医学理论的中国传统体育养生的科学性也受到质疑：很多西方研究者在承认中国传统体育养生的临床效果的同时，也强调其在操作上存在的没有量化标准、经验性太强、实验研究中不可控因素太多、效果的个体差异明显等问题。无独有偶，中国的学者在比较研究中也在强调中国传统体育养生的不科学性，并提出要在西方医学的体系内用科学的方法来验证中国传统体育养生的作用机制与效果，实验研究因此构成了当前中国传统体育养生的研究重点，认为应在实际操作中用科学的量化方法指导实践，如有研究提出用"现代科学健身观'科学化'传统养生文化"[1]。由此，推动中国传统体育养生的科学化几乎已经成为当前中国传统体育养生研究

---

[1] 王言群，虞定海. 现代科学健身观与传统养生文化的比较研究 [J]. 武汉体育学院学报, 2005, 39 (2): 74-76.

的共识。

在科学化共识的背后,也有研究对当前普遍进行的实证研究产生了质疑,认为单纯的实证研究并不能从本质上揭示中国传统体育养生的生理机制与技术原理,由此建议:"学界应加大对传统理论的挖掘整理,在利用实证科学研究的同时,还需要运用我国传统科学理论进行解释和探讨。"[1] 陶祖莱则在《气功的现代科学研究》一书中通过对西方认识论历史演进的介绍,以及其科学范式在应对人体生命科学的挑战时所表现出的局限性的揭示,深层次地阐明了用西方科学研究方法无法完全认识中国传统气功的真实面貌。[2] 与之相对应的是,在中西医漫长的博弈过程中,传统中医研究者及相关领域学者也对中医的科学化进行了反思,并形成了两种基本观念:一方面,承认中医科学化的必要性;另一方面,强调西方科学主义的局限性。这种认知对我们反思当前中国传统体育养生的科学化研究范式同样具有指导意义。

(二) 中国传统体育养生科学化的必要性

1. 科学实证研究的必要性

当前,由于西方医学在世界医学中占据绝对的主导地位,传统中医要想与西方世界进行沟通,就必须用其能够理解的方式展示自身,同时,传统中医要想获得西方医学的认可,就必须在其医学范式内验证其疗效。尽管在这背后隐含着中西文化的某种不对等,但是在推动中国传统体育养生获得国际性认可的道路上必不可少。原因在于,当前西方对中国传统体育养生的态度是肯定与怀疑并存的,为了保证临床运用的可靠性与普遍性,严格采用科学的临床试验验证中国传统体育养生的效果,以确保其治疗的安全性与有效性。因此,中国传统体育养生也应该对其效果进行科学验证,确立自身在医疗上的实效性,从而促进中西医学的沟通与理解。

2. 科学运动处方的必要性

当前中西方的很多研究已经在很大程度上证实了中国传统体育养生的有效性,但是,在实际运用中,西方学界也往往因为中国传统体育养生在运动负荷上没有形成数据上的量化,因此也对其在运动处方上的科学性产生了质疑。前文已经指出,中国传统体育养生与西方现代体育健身在运动负荷上的认知呈现出模糊与精确的对比。由于西方社会从古至今对于精确性的推崇,其在体育锻炼上也强调运动处方的"精确性",对于"数据"的要求成为西方科学精神的一部分。西方学者在对中国传统体育养生进行研究时,往往对如何界定其负荷量产生了疑问,由此,基于不同的锻炼需求对中国传统体育养生制定科学意义上的运动处方也有其必要性,如此有利于更好地推动中国传统体育养生在世界

---

[1] 王艺霖,郭正良,段梦丽.健身气功·易筋经养生功效研究综述[J].搏击·武术科学,2014,11(3):104-106.
[2] 陶祖莱,庞明.气功的现代科学研究[M].北京:国际文化出版公司,1998.

3. 中医理论科学化的必要性

由于西方对于中国传统体育养生的最大质疑在于对其奠基其上的传统中医理论的科学性质疑，"中医讲气和血，气和经络，一直是现代医学所未能找到实体的东西。因此许多西医和生物学家一直对它持怀疑的态度……由于没有找到实体，于是经络和中医理论中各种各样的'气'，都被斥之为唯心的想象的东西。因此中医的理论也被看成是不精密，'不科学'的了，所以中医低于西医"[①]。因此，当前，对于中医理论的科学化研究也有其必要性，这是在西方社会确立中国传统体育养生的合理性的一种尝试。基于以上原因，在当前西方医学为主导的世界医学格局中，科学化研究是中国传统体育养生沟通西方世界的钥匙。

（三）中国传统体育养生科学化的局限性

1. 传统科学研究范式无法揭示中国传统体育养生的内在机制

自伽利略、牛顿以来，以还原分析为特征的实验方法成为西方科学活动的主导方法，在相当长的时期内它几乎成为科学研究的唯一方法，因此也被直接称为科学方法。这一方法的基本思路是：任何作为整体的事物都是由局部构成的，只要弄清了各个局部的细节和各局部之间的关系，就能得到关于整体的规律性认识，为了认识整体，必须认识部分，只有把部分认清楚才能真正地把握整体。基于这一认知，在具体的研究中，特别强调对局部的分析、分解和还原，即把系统与环境分离开来、将整体分解开来，通过对局部进行孤立分析以探求其规律，以此说明整体的规律。

不可否认，近代西方科学技术的飞速发展与科学方法的推动密不可分，但是，纵观西方科学发展的历史，"科学的方法论基础不是一成不变的，而是在实践的挑战中不断地变化着"[②]，变革的原因在于，"随着人类对物质世界认识的深化，这种方法所带来的对世界的认识的片面性、局限性也越来越明显"[③]，西方科学的分析方法并不能解释所有的现象，很多时候完全孤立的分析方法本身即不可操作。例如，在生命科学的领域，"今天，用分析还原方法建立的分子生物学已经将对生命现象的认识推到了分子、原子、原子核甚至更加微观的量子层次。但令许多生物学家和医学家感到不解的是：人体仍有很多内在规律没有很好地揭示，在许多严重危害人类健康和生命的疾病面前，人们仍是那样无能为力。宏观层次无法理解的生机勃勃的生命现象，在深入到微观层次后，反而更加茫

---

① 林中鹏. 中华气功学现代科学研究 [M]. 海口：海南国际新闻出版中心，1997：5.
② 陶祖莱，庞明. 气功的现代科学研究 [M]. 北京：国际文化出版公司，1998：211.
③ 同②210.

然了"①。基于这种困境，科学家开始从方法论的角度进行反思，科学研究的方法论也几经变革，最明显的变革是整体论的观念进入了科学研究的视野，随之而来的是信息论、控制论、系统论、耗散结构理论、协同学、突变理论这些具有方法论特征的新兴综合科学的兴起，并最终在此基础上形成了复杂性科学这一全新的科学方法论。②

与传统科学更注重对对象的理解不同，复杂性科学的方法论则把对系统的掌控放在第一位。不要求在完全理解系统后再研究对其调节和控制的方法、甚至完全不去追求在还原分析的微观层次上的理解，其所建立的模型甚至与现实系统微观层次人们能观察到的机构、要素及其相互关联没有直接关系，但用它却能有效地把握系统，并能对系统的状态进行有目的的调控……具有几千年历史、为中华民族繁衍昌盛作出巨大贡献的传统中医学治疗疾病所依据的"理论"，本质上就是这样的模型③。

20世纪后半叶以来，"医学、生命科学研究的重点正从20世纪的还原论研究转向21世纪的系统论研究"④。在这种方法论趋势下，20世纪90年代，我国著名科学家钱学森提出人体是一个开放的复杂巨系统，要用系统科学的方法来研究人体。⑤ 当前，"从复杂性科学角度研究中医药是近年来在中医学界兴起的新的研究热点……尽管研究的侧重点各不相同，但普遍地应用了复杂性科学的一般原理，普遍认同人体是一个复杂的巨系统，中医学是复杂性科学"⑥。由此，从认识论的角度讲，传统科学研究范式无法准确揭示中国传统体育养生的内在机制。也正因为如此，当前学者从西方医学的角度对中国传统体育养生进行的"还原分析"式的生理学解释，并不能完全地揭示其发挥作用的根本性规律。尽管已经有学者用系统论的相关方法对其进行了探索，但大多是一种尝试性的解释，并没有得到广泛的认可，这与西方科学领域的实证传统不无关系，很重要的一点即在于气与经络的存在性依然是饱受争议的。

2. 西方科学理论不应构成评判中国传统体育养生的价值标准

西方经典科学范式认为，科学必须有逻辑严谨的科学理论作为支撑，任何科学理论必须建立在可重复的实验基础之上，即必须是可以得到重复验证的，同时，也必须可以通过实验的检验来证伪。因此，可重复性和可证伪性构成了评判一个理论是否科学的标准。以此为参照，由于"中医基础理论中许多哲学概念、辩证思维和类比思维都不是以客观物质实体为基础的——这也是中医基础理论区别于现代科学实在论哲学基础的特点

---

①袁冰．整体医学［M］．香港：现代医药出版社，2010：59.
②同①65.
③同①77-78.
④赵伟．中医文化复兴之形而上学辩护［M］．北京：中国社会科学出版社，2016：28.
⑤钱学森．论人体科学［M］．成都：四川教育出版社，1989：144.
⑥同④28-29.

所在，所以中医基础理论中存在一些可以找到需要检验的陈述却无法进行检验的论题"①，因此"中医不具备18世纪以来实验自然科学发展中所确立的可重复性、可检验性、可证伪性、逻辑自洽性的特征"②，以致在学界长期存在"中医是伪科学""中医应当废除"的言论。对于这种从西方经典科学理论的角度来批判中医的科学性的现象，很多学者也提出了反对意见。

首先，从西方科学自身的缺陷上讲，林中鹏指出："不能把西医作为中医的评判员。西方医学本身无论是观点和方法都有不足之处，对于事物还有许多未知之处，也还有许多陈腐保守的观点。不能认为西方医学所不可理解的，不能解释的就不一定不对，就不存在。这种不科学的偏见，会妨碍中西医真正的结合，妨碍新的医学的发展。"③

其次，从人类知识的多样化角度上讲，清华大学的吴彤教授即从地方性知识的视域指出："从科学实践哲学的维度和地方性知识观的视域出发，我们将会看到中医学作为一种地方性知识，它不仅是一种具有中国独特魅力的文化，而且称得上是一门与西方医学比肩而立的独特科学。"④ 地方性知识理论认为，任何一种知识的存在都有其合理性，不能因为某些知识无法普遍化或者明确表达就否认它的存在。从医学来讲，西方医学也只是区别于其他医学形式的一种民族医学，它不具有先验的普遍性。李约瑟在对中西医学大融合进行展望时，也在某种程度上肯定了这一观点，他指出，西方医学与中国医学一样，都是受到其自身文化束缚⑤的医学知识，西方医学并不是先验地就具有普世的规定性：

西方医学只是在19世纪，当其在现代科学的生理学和病理学的确定结果基础之上得到重建时，才成为现代的。亚洲文明中的传统医学只是在我们所处的这个时代，才面临这个转变。西方医学也只有在归入了所有其他非欧洲医学体系中获得的临床经验、特殊技术和理论见解之后，才能说真正和普遍地成为现代的。⑥

由此，在对中国传统体育养生进行研究时，不能完全抛弃气、经络等中医基础理论而完全按照西方生理学的模式去解释，更不能因为气与经络的不可验证性而否定这种身体锻炼模式。当前的很多研究将中国传统体育养生与西方现代体育健身进行比较，得到的结论往往是中国传统体育养生能够在某种程度上达到锻炼有氧耐力、肌肉功能以及减脂瘦身的作用，其原因正在于：这种比较思路先验地将西方现代体育健身作为中国传统

---

① 赵伟. 中医文化复兴之形而上学辩护 [M]. 北京：中国社会科学出版社，2016：24.
② 同①23.
③ 林中鹏. 中华气功学现代科学研究 [M]. 海口：海南国际新闻出版中心，1997：5-6.
④ 吴彤，张妹艳. 从地方性知识的视域看中医学 [J]. 中国中医基础医学杂志，2008（7）：540-544.
⑤ 李约瑟. 中国科学技术史：第6卷 [M]. 刘巍，译. 北京：科学出版社，上海：上海古籍出版社，2013：60.
⑥ 同⑤60.

体育养生的价值评判标准，因此只能得到中国传统体育养生在提高体能和消耗能量上的相关作用，而不能显示其在身体锻炼上的其他区别于西方体育锻炼的独特方式与作用。甚至从某种程度上讲，与西方现代体育健身将锻炼时的心率价值阈作为锻炼效果的重要指标相比，中国传统体育养生缓慢的呼吸形式与其刚好相反，如果因此而否定中国传统体育养生对心肺功能的锻炼价值，则显然是不合理的。也正因为这个原因，前文在对中国传统体育养生与西方现代体育健身的技术原理进行比较时，避免了在单一的西方医学范式内进行阐释，而是分别在二者所依据的医学范式下进行分析，由此才能将二者放在一个相对平等的位置进行比较。

总结来讲，当前中国传统体育养生在临床实践和应用中有其科学化的必要性，但在基础性的理论与机制研究中，西方传统的科学研究范式并不能完全揭示中国传统体育养生的内在机制，更不能将西方科学理论作为评价中国传统体育养生的合理性与价值性的唯一标准，这些都直接有碍于对中国传统体育养生身体锻炼模式的真实价值揭示，也有碍于对中国传统体育养生身份的合理性确立。通俗地讲，从西方医学的范式去验证中国传统体育养生的功效，去阐释其原理，并不能探究其本质，只是隔靴搔痒。我们应该做的是，以一种直接的形式，让西方人了解中国人对于身体锻炼的认知理解，向他们阐明中国人为何会这样锻炼自己的身体，让西方人了解我们的身体语言。当前在西方医学范式下进行的很多原理分析与效果验证都是一种"译文"似的解读，缺少对中国身体语言的深入认知，由此，这种语言的精髓与实质无论是知识层面还是美学层面都无法被西方人感知到。

第二节　结合的可行性与必要性

当前，中国传统体育养生和西方现代体育健身分别代表了两种医学模式下的不同身体锻炼理念和方法，在西方医学依然占主导地位的世界医学环境中，中国传统体育养生要提高自身的地位，获得世界范围内的医学认可，必须依靠传统中医地位的提升。当前，世界医学发展的方向已经给传统中医的发展预示了良好的前景，这一医学环境的转变将使中国传统体育养生和西方现代体育健身的结合发展更加具有可行性。与此同时，基于当前人们对于身体锻炼之功能认知的不断深入与多元化，鉴于二者在满足不同人群锻炼需求上的实际效果，二者的结合有其现实必要性。

一、结合的可行性

（一）医学发展的方向——整合医学

正如前文中已经提及的，"西医学在临床治疗上的局部性和化学药物的副作用，使越来越多的人避而远之"①。在这种背景下，包括中国传统医学、印度阿育吠陀医学以及其他疗法如认知行为疗法、生物反馈疗法、超级维生素疗法、水晶治疗和磁石疗法等在内的很多过去不被西方主流医学认可的医学疗法也逐步获得接纳，被作为主流西医的补充和替代治疗手段而存在。随着替代医学的效果逐渐在临床中得到认可，西方医学界在20世纪80年代提出了整合医学（Holistic Integrative Medicine，HIM）的观念，所谓"整合医学"，即"从人的整体出发，将医学各领域最先进的知识和临床各专科最有效的实践经验分别加以有机整合，并根据社会、环境、心理的现实进行修正、调整，使之成为更加符合、更加适合人体健康和疾病诊疗的新的医学体系"②。这一医学思路更加肯定了对人类各种疾病治疗手段的整合运用，其中包括西方主流医学以及其他被西方医学纳入CAM范畴的各种医学经验。

当今社会，整合医学在西方炙手可热，在主流医学之外运用补充和替代的医学疗法已经蔚然成风，"CAM已经成为家喻户晓的流行词汇之一，甚至在医学专业人员中，它也毫无疑问地成为一个普遍让人接受的词汇"③。有关数据显示，美国使用CAM的人数比例从1990年的33%上升至2006年的62%。

当前，全美主要的医学中心都建有整合医学部门或教学、研究机构。在社区医疗体系中，整合医学更是深入人心，具有整合医学资质的医生有着比其他同事们天然的优势。他们通常拥有更多的患者，享有更高的声誉，诊疗方法更加灵活多样，介入性和生化西药的使用率在不断下降，患者的康复和预防主动性在不断提高。在中国，一批医学界精英（例如俞梦孙、樊代明、韩启德、钟南山等）正掀起一场对目前常规医学的深刻反思，以及对未来整合医学在全球人口最多的国家发展的有远见的规划④。

由此可见，整合医学已经成为世界医学发展的潮流趋势。在中国，中西医结合的治疗模式一直受到重视与推崇。2020年初新型冠状病毒肺炎疫情暴发，中国作为最先遭到疫情的影响并采取封城管控的国家，举全国之力支援疫情重灾区——武汉，最终有效控制了病毒的全国性蔓延。在治疗方面，包括武汉在内的很多地区采取了中西医结合的治疗方法，成效显著，中医的作用在此次疫情的治疗中得到极大的凸显，据悉，在由国家中医医疗队接管的方舱医院里，中药汤剂被广泛使用，同时"针灸、按摩、灸疗、太极、八段锦等中医特色疗法"⑤也被综合运用，效果显著。由此可见，对多种医疗手段进行整

---

① 袁冰. 整体医学 [M]. 香港：现代医药出版社，2010：87-88.
② 樊代明. 整合医学：理论与实践 [M]. 西安：世界图书出版公司，2018.
③ 薛史地夫. 治疗与疗愈：整合医学该整合什么 [C] // 薛史地夫. 整合医学与康复. 王一珂，译. 北京：中医古籍出版社，2018：14.
④ 同③13.
⑤ 中国健身气功协会. 抗疫关键期 传统功法大有可为 [EB/OL]. (2020-02-18) [2020-06-01]. http://www.chqa.org.cn/news.php?cid=20&id=2984.

合运用的思路在应对当前重大突发性公共卫生事件方面的作用不容小觑，中国整合医学的研究者则以一种更加明确的态度肯定："整合医学是未来医学发展的必然方向、必由之路和必然选择。"①

（二）医学发展的出路——自然医学

薛史蒂夫在《治疗与疗愈：整合医学该整合什么？》一文中对西方社会基于两种哲学立场而产生的两种差异明显的医学模式进行了介绍："在西方，有两种有关医学和疗愈的哲学体系。他们分别是简化论/二元论模式（对抗医学）和整合模式（整体医学或自然医学）。这两种哲学体系交替主导西方的医学领域，就像一个循环往复的钟摆，被强大的社会力量所推动。"②他指出：所谓对抗医学（allopathy），"是指对疾病本身的成因直接进行对抗、移除，使用药物和物理操作（手术）等方法治疗疾病"③。所谓自然医学（naturopathy），"也被译为自然疗法，采用将人体视为一个整体的观点，相信人体存在生命力，有自愈能力。自然医学希望能利用自然界存在的物质和人的主观能动性来预防和治疗疾病，尽可能减少外科手术与服用化学药物，使用自然、不具侵犯的治疗方法，来改善病况、促进痊愈、保持健康"④。简单来讲，当前占据主流医学地位的西方现代医学即是对抗医学的代表，而其他基于整体观而形成的医疗体系如根植于古希腊文化和希波克拉底整体医学思想的西方和疗医学、传统中医、印度阿育吠陀医学、自然疗法医学、藏医学等则是自然医学的代表。

从某种意义上讲，当前CAM的被重视以及整合医学的被提倡都是基于对长期在医学领域占统治地位的对抗医学的一种反思与挑战。现有的研究已经证明，自然医学在治疗现代人群的很多慢性疾病上具有独特的优势，由此自然医学的地位也逐步得到提升。尽管如此，在很长一段时间，西方对于自然医学的认识仅仅局限于某些具体的疗法，如中国的针灸疗法、气功疗法等，而对这些疗法背后所依据的完整复杂的医学体系涉足甚浅，甚至在某种程度上并不承认自然医学体系的合理性存在。直至"2007年2月27日，美国食品药品管理局（FDA）发布草案《补充和替代医学产品及FDA管理指南》，其中首次提出'整体医学体系'（Whole Medical System）的概念，指'有完整理论和实践体系，与对抗医学独立或平行发展而来，有着独特的文化传承背景'等特点的医学体系，包括中医、印度医学、和疗医学等"⑤。由此才正式承认了自然医学是与西方主流医学具有平等地位的独立的整体医学体系。与之相伴随的是，基于自然医学在帮助现代人疗愈疾病方

---

①王姿颐，樊代明. 整合医学是发展的必然方向[N]. 陕西日报，2021-04-05（6）.
②薛史地夫. 治疗与疗愈：整合医学该整合什么[C]//薛史地夫. 整合医学与康复. 王一珂，译. 北京：中医古籍出版社，2018：2.
③同②.
④同②.
⑤同②.

面的功效，其也被认为是"医学领域的未来"①，为现代医学的发展指引了出路——将人体作为一个有机的整体，强调运用人体的自愈能力，从改善人体整体生命功能的角度来促进人类健康。

需要指出的是，由于从古至今西方体育健身方法的延续性，无论是希波克拉底奠定的自然医学模式，还是在近现代对抗医学的主流环境中，西方体育健身都是不依赖药物或手术，从整体上提高身体免疫力的实用方法，因此，在不同的医学范式下，它都具有鲜明的自然疗法特征。不同的是，现代以来，西方医学界逐渐从现代医学的角度对西方现代体育健身进行了阐释，由此从现代西医的角度确立了其科学性与合理性，而中国传统体育养生由于中医地位的势微而长期无法得到同等的重视。因此，二者的结合运用也最终依赖主流医学对于中国传统医学体系的尊重与认可。以上分析表明，当前的医学环境已经将整合医学作为医学发展的方向，同时，以中国传统医学为代表的自然医学也为解决现代西方医学困境提供了出路。由此可见，当前的医学发展现状为中国传统体育养生和西方现代体育健身的结合发展提供了有利的环境，也预示了其良好的前景。

二、结合的必要性

（一）对人体生命功能的多角度关注

1. 中国传统体育养生是对人体生命功能的另一种开发

人类通过自觉的身体锻炼寻求健康的行为，是基于对人体自愈能力的一种共同认识。现代西医认为，人体具有惊人的自我修复能力——自愈能力，人体的自愈能力是人体天生具有的自我免疫保护机制，如人体的发热、咳嗽、拉肚子、呕吐等都是人体的自我保护行为，目的是杀死、抵御或排出侵入身体的有害物质。有研究指出，人体60%～70%的疾病都可以靠人体自身的免疫系统治愈。以此次新冠肺炎疫情为例，此种病毒传染性极强，尽管大量的人群受到感染，但是依然有一些人有病毒密切接触史但并没有被感染，有一些人感染后症状较轻，有部分感染者可以不依靠药物治疗自行痊愈，这些人之所以症状轻微，正是由于自身免疫系统的自我保护；而在此次疫情中的易感染人群以及不幸罹难的人大部分是机体免疫力低下的中老年人或是有基础性疾病的人群，这些人因为自身免疫系统的脆弱而无法对抗病毒并最终受其所害。

事实上，在漫长的人类历史中，人类尚没有很快捷有效的办法应对突发性病毒，在病毒来袭时，最好的保护者即自身的免疫力，由此可见提高机体免疫力的重要性。从一

---

① 薛史地夫. 治疗与疗愈：整合医学该整合什么 [C]//薛史地夫. 整合医学与康复. 王一珂，译. 北京：中医古籍出版社，2018：22.

定程度上讲，各个民族各种不同的养生方法的最终目的正是提高机体的免疫力，而养生法的关键即保持健康的生活习惯，如合理饮食、坚持运动、保持乐观、充足睡眠，等等。在此次疫情中，不管是中医还是西医，都提醒民众保持健康的生活习惯以提高免疫力。我们通过很多新闻报道也了解到，武汉的一些方舱医院的医生积极组织病患进行运动，包括广场舞、八段锦等，目的正是希望病患通过身体锻炼提高机体的自愈能力，帮助患者尽快恢复健康。值得指出的是，随着疫情的发展，人们也逐渐认识到健身气功在居家锻炼中的优势，其场地要求小，在居家环境中即可锻炼身体内外各处；同时，其锻炼方法在应对疫情方面也表现出一定的针对性，很多功法动作都具有调理肺脏的作用。基于新冠肺炎的特征，中国健身气功协会更是适时推出了健身气功养肺方，"以中医理论为指导，以呼吸系统疾病特征为干预靶点，选取健身气功·六字诀、五禽戏、八段锦、易筋经等功法中具有调理肺脏和呼吸作用的动作进行科学组合"①，而编创出来的一套养肺功法，效果已得到相关研究证实，方法也逐步得到运用和推广，在疫情期间对病患的辅助治疗以及对居家人群的健身锻炼提供了科学有效的方法指导。

由此可见，中国传统体育养生和西方现代体育健身都代表了人类通过有意识的身体锻炼来提高机体免疫力、增强自愈能力的实践方法，这是对人体生命功能的一种有效运用。但是，正如前文已经阐述的，二者在具体的身体锻炼模式上呈现出很大的差异性，具体体现在：西方现代体育健身更多地关注于能量消耗和肌肉锻炼的健康功能，而中国传统体育养生则更多地关注于气锻炼的健康功能。并且，中国传统体育养生较之西方现代体育健身对于人体生命功能的认识更加丰富：中国传统体育养生不仅在肢体锻炼上能够实现与西方现代体育健身相似的肌肉锻炼效果，而且在肢体、呼吸和意念锻炼上有西方现代体育健身尚未触及的方法手段，从某种意义上讲，这些方法是对人体生命功能的另一种开发，在当代社会已经得到越来越多的关注与重视。

（1）筋膜的作用已经且应该被更加重视

中国传统体育养生和西方现代体育健身在肢体锻炼对象上的最大区别在于，前者着重锻炼经筋，后者着重锻炼肌肉，前文也已经指出，从解剖学的角度讲，经筋的物质基础包括肌肉、韧带、筋膜、关节及其周围神经等，这一类物质与解剖学中的筋膜（myofascia）——"肌肉组织和伴随它的结缔组织网之间成束而又不可分割的特性"② 有很强的相关性。西方的相关研究已经表明，筋膜将人体连接成一个整体的网络，同时，人体的筋膜网可分为多条脉络清晰的经线——肌筋膜经线，依据这些经线的走向，通过对身体某一部分的刺激与调整可以影响到其他部位甚至整体的功能表现，由此形成了很多基

---

①中国健身气功协会. 防控疫情 宅家锻炼 健身气功推出养肺方 [EB/OL]. (2020-01-31) [2020-06-01]. http：//www.chqa.org.cn/news.php? cid=20&id=2982.
②托马斯. 梅不斯. 解剖列车：徒手与动作治疗的肌筋膜经线 [M]. 关玲，周维金，瓮长水，译. 北京：北京科学技术出版社，2014：4.

于筋膜理论的治疗方法。基于这些研究成果，西方很多研究认为，"假如在关注营养的支持、神经协调、肌肉力量与平衡之外，能够有意识地关注筋膜的特性和反应的话，人们的生活质量会更好。"① 由此可见，除了大肌肉群，对肌肉周围的结缔组织的锻炼也非常重要，而中国传统体育养生某种程度上正是试图通过对局部结缔组织的刺激作用来对全身的经筋系统造成影响，这与西方的筋膜治疗手段有异曲同工之效；同时，正如前文已经提及的，已经证实的肌筋膜经线与传统中医中的经络走向有很大的相似性。这些契合一方面印证了中国传统体育养生之经筋锻炼模式的可贵之处，另一方面突出了从整体论出发的筋膜研究的必要性。

（2）呼吸的作用已经且应该被更加重视

由于呼吸与气的直接关联性，中国传统体育养生在对呼吸的功能性认识上较之西方现代体育健身明显丰富得多，除了一般的与动作相配合的细匀深长的腹式呼吸，其还通过对呼吸的出入与运行的自觉控制，采用各种呼吸模式对身体疾患进行有针对性的处理，甚至对全身气血运行进行主动的循环引导。尽管从西方现代医学的角度看，这些没用实证依据的行为略显荒谬，但是在中国几千年的医学经验中，这些方法是行之有效的。可以说，较之西方现代体育健身中的呼吸锻炼模式，中国传统体育养生代表了人类对于人体呼吸功能的另一种开发和运用。但需要指出的是，这种关于呼吸功能的"另类"认知却不是中国传统体育养生所独有的，其他民族和地区也存在类似的医学经验，古希腊医学和依然流行的印度阿育吠陀医学都给予了人体呼吸以不同于现代医学的功能性解释，如古希腊医学奠基者希波克拉底认为"在疾病全过程中，呼吸是最活跃的动因，别的因素都是第二位的、次要的"②；印度阿育吠陀医学中的瑜伽行法中"调息是一种很重要的控制生命能量的方法"③；等等。事实上，这些不同于现代主流医学对于呼吸的认知理解模式在人类不同民族的医学历史上占有重要的地位，并且以各种不同的形式流传至今，它代表了人类对于呼吸功能最朴素也最直观的认知，是人类智慧的一部分，应该得到重视。西方学者已经提出了这种预想："如果更多的个体意识到呼吸对健康的潜在益处，这种智慧会被更多的人接受并融入医疗保健体系中吗？"④ 答案应该是肯定的，而当前我们应该思考的是，如何让中国传统体育养生中的呼吸智慧被更多的人接纳并且认可，不是在西方医学范式中的间接证明，而是奠基于中国医学范式的基于对人类生命智慧的一种直接的感知与认可。

---

①托马斯·梅不斯．解剖列车：徒手与动作治疗的肌筋膜经线［M］．关玲，周维金，瓮长水，译．北京：北京科学技术出版社，2014：226．
②希波克拉底．希波克拉底文集［M］．赵洪钧，武鹏，译．北京：中国中医药出版社，2015：129．
③杨环．生命的智慧——阿育吠陀医学［C］//薛史地夫．整合医学与康复．王一珂，译．北京：中医古籍出版社，2018：375．
④Heidi A. Nugent. Breathing: The Phases of the Integral Breath［D］. Cincinnati: Union Institute & University, 2009: 218.

(3) 意识的作用已经且应该被更加重视

由于中国传统体育养生的锻炼直接来源于内向性的自我感悟，因此，意识发挥了重要的作用。事实上，西方现代医学已经认识到意识在影响人类健康方面的重要性，但是其往往集中于心理学意义上的作用，认为通过有意识地保持心情愉快、控制内心和谐可以促进健康。不同的是，中国传统体育养生对于意识的功能认识更加丰富，其认为通过意识上的放松、入静、意守乃至主动引导调节呼吸状态可以直接调整全身的气血运行状态，促进健康。美国国立自然医科大学经典中医学院创院院长付海呐教授（Heiner Fruehauf）在其研究中列举了当代新兴科学领域最佳体验的学术领袖米哈里·契克森米哈所提出的"心流理论"，指出其特点是"通过高度专注、明确目标、轻松不刻意的行为，并在一些本质上带有奖励感的与内、外在环境的互动中，获得内在成长的感受。因此'最佳体验'的心理学明确提倡需要培养自我觉察能力，这是能否获得心流体验的关键因素。也因此契克森米有关如何实现身心健康的方法与道家以及其他东方科学体系的理念相吻合。如同现代道家导引术，正是心流所期望达到的效果：通过专注和对察觉力的控制，'导气而行的运动'"①。由此可见，中西方对于意识的健身功能的认知上已经建立了某种对话，尽管着眼点不一样，但二者都强调开发意识在促进人体健康上的潜能有其必要性。

2. 中国传统体育养生是人类感知自我生命功能的另一种途径

从地方性知识的视域上讲，以气与经络学说为基础的中国传统体育养生代表了人类认识生命活动与生命功能的一种独特视角，这是一种对人类生命机体的内向化的经验性感知，气的通畅或阻滞只能通过个体生命的自我感觉来衡量。从实践操作上讲，练习中国传统体育养生的过程是一个不断感知身体内部状态的过程，既包括对实在的肢体活动的内部感知，也包括对内在气血运行状态的感知。

具体来讲，中国传统体育养生是人类感知自我生命功能的有效途径，经由这一途径，习练者可以感知到在一般的身体活动中所无法感知到的身体内部气的运行状态，这一感觉往往通过得气感而感知，有些是局部的得气感，即身体局部感到有气流聚集、运行而产生热、麻等感觉。有些则是全身性的得气感，即感到气流贯注全身而产生舒适愉悦感，关于这种感觉的描述在古代气功养生书籍中不计其数，但都仅限于感觉上的描述，不能进行更加深入的阐释，原因在于，一方面，身体内气的运行本身是无法实际触及的；另一方面，每个人练功的感受不一样，因此也无法形成定论。在练功一段时间之后，经由得气感对身体内气的存在有了一定的经验性感知，并且对"气"的运行规律也有了一定的初步认识，在此基础上，习练者会逐步对身体内部气血的运行状态形成自觉的自我辨识——什么时候气血是畅通的？什么时候气血不畅？气血不畅之处具体在哪个部位？这

---

① 付海呐. 走进古老科学[经典中医]的核心理念和历史背景[C]//薛史地夫. 整合医学与康复. 王一珂，译. 北京：中医古籍出版社，2018：94-95.

些自我辨识的实践都是通过内向性的反观自身实现的,在此基础上,习练者通过主动的肢体拉伸、按摩或呼吸控制,推动气血阻滞之处的气血运行,疏通经络。由此可见,从对人体之气的最初感知到最终实现对气的有效控制,中国传统体育养生的锻炼模式都发挥了重要的作用。

值得指出的是,西方社会从20世纪60年代开始的生物反馈疗法也是建立在对人体生理活动的自我监测之上,这是"利用现代生理科学仪器,通过人体内生理或病理信息的自身反馈,使患者经过特殊训练后,进行有意识的'意念'控制和心理训练,从而消除病理过程、恢复身心健康的新型心理治疗方法"①。与中国传统体育养生通过内向化感知来进行自我监测不同,西方的生物反馈疗法则需要借助仪器来了解身体状态,并以此为依据做出相应调整,其中包括心率反馈、血压反馈、皮温反馈、肌电反馈等,当前常见的肌肉放松训练、皮肤升温训练、心率减慢训练等都是生物反馈训练。笔者从一些在西方国家进行健身气功教学的教师处获知,西方习练者较多地依赖教师的指令来进行肢体、呼吸和意念的锻炼,即习惯在外在指令下进行身体调节,而鲜有通过观察自身内在的身体状态进行自我调节的意识。换言之,其锻炼活动较多依赖教师的带领而非自主性身体调节,由此,他们也很难从中获得自我内在监测与调节的体验与能力。这一现象也进一步表明,中国传统导引术和武术是一种自主的对身体的内向化感知技术,练习过程即寻找肢体、呼吸和意念相配合的自然节奏的过程,其在根本上是对自我身体感觉的一种培养,通过内在感觉对身体状态进行评估并自我调整,这是一种生命功能的体验、开发、调整、控制与运用的过程。

尽管现代西方科学的实证研究尚无法找到气与经络的实体性存在,但是,中国传统体育养生这种经验性的身体锻炼手段在几千年中被延用至今,并且其效果在现代医学的框架内得到广泛验证,这一事实已经证明,这种身体感知方式有其合理性。同时,由于这种感知只能通过习练者的主动体悟来获得,并且最终帮助人体习得自我主动调整身体状态的能力,从某种程度上讲,这是人类感知自我生命功能的另一种途径。

基于以上分析,可以认为,当前流行于世的西方现代体育健身活动只是对人体生命功能的一种认知,中国传统体育养生则代表了对人体生命功能的另一种认知与运用,二者在各自的历史实践中都证明了其在促进人体健康方面的有效性,因此,将二者结合运用,可以多角度地开发人体的生命潜能。从这个意义上讲,无论是何种人群,都可以尝试进行这两种身体锻炼模式,从中所获得的身体体验和自我身体调控能力是不同的,但只要方法适当,都将是促进身心健康的有效手段。

---

①薛史地夫.治疗与疗愈:整合医学该整合什么[C]//薛史地夫.整合医学与康复.王一珂,译.北京:中医古籍出版社,2018:14.

(二) 对现代人类需求的多方面考量

由于中国传统体育养生与西方现代体育健身的直接锻炼目标各有侧重，一为保养精气与疏通经络，一为消耗能量与提高体能，因此，二者在实际的锻炼的效果上也会各有侧重。尽管由于肢体活动所产生的普遍效果，中国传统体育养生能够在某种程度上达到锻炼肌肉活动能力和有氧能力的效果，但是正如前文中已经指出的，这一效果或许并不能完全取代西方现代体育健身的锻炼方法。因此，从运动促进健康的角度对中国传统体育养生与西方现代体育健身在当代社会中的实际运用的考察，应该以现代人的具体需求为参考。

1. 现代人普遍的身体锻炼需求

从人类发展的历史演进来讲，无论任何一个时期，基本的身体活动都是人类发展繁衍的基本需要。在古代社会，由于体力劳动是获取食物的主要手段，因此大部分人的身体得到充分锻炼，随着社会发展的进步，越来越多的人力得到了解放，现代社会与传统社会的最大区别在于，机器生产极大地解放了劳动力，同时，物质生活水平的巨大飞跃为人类提供了充足的食物供应，这种社会模式对人类最直接的影响即在于：需要付出的体力劳动极大地减少了，可以获取的食物极大地增多了，由此而形成了两方面的影响：一是人类身体活动能力的下降，二是食物营养的过剩。现代医学已经证明，缺少体力活动是导致慢性疾病流行的首要原因，因此，进行一定的身体活动是维持身体健康的基本需要。前文已经表明，中国传统体育养生和西方现代体育健身在提高体能和能量消耗方面都有一定的功效，从这个角度讲，无论是进行中国传统体育养生和西方现代体育健身，其对身体的健康都是有益的。

（1）提高体能是生活必需

从古到今，西方医学都强调身体活动能力即体能的重要性，与之相对应的是对肌肉素质和心肺功能的重视，而中国传统医学则专注于气血的畅通而较少直接关注身体活动能力。尽管现有的研究已经证明中国传统体育养生在锻炼肌肉和心肺能力上有一定的功效，但是，其能在多大程度上满足进行一定强度的体力活动的体能需求，是值得思考的问题。通过对中国古代导引术习练人群的考察，可以发现，古代导引术习练者多为有一定经济基础的社会中上阶层，以知识分子、士大夫阶层为主要代表，这一类人群不需要进行大量的体力活动，其习练导引术更多的只是为了活动筋骨，轻微的运动量完全可以满足其日常生活的体能需要。而现代社会，人们可以参与的社会活动丰富多彩，很多活动都需要一定的体力支撑才能完成，如摄影、登山、旅游等。从这个角度上讲，一个人只有具备了充足的体能，才能更加自如地参与到更多的社会活动中去。西方现代体育健身的理念即以提高人的活动能力为基本价值目标，因此，从现代人的实际生活需求上讲，进行一定强度的西方的体能锻炼是很有必要的，这是提高生活质量的基本保障。

（2）控制体重是健康保障

从古到今，西方医学对于肥胖的警惕较之传统中医要多得多。通过对古代中国导引图中的人体图像即可看出，图像中的习练者大多是大腹便便的形象，这从一个侧面表明，中国传统体育养生在控制体重方面并没有西方体育健身那样重视。在实际的锻炼中，西方体育健身也一直以消耗身体多余能量为首要目标，而中国传统体育养生在能量消耗上相对较少。当前，生活水平的提高所带来的肥胖已经成为威胁现代人生命健康的重要因素之一，由于肥胖导致的健康隐患已经得到广泛证实，因此，对于很多现代人来说，进行一定强度的有氧锻炼是控制健康体重的必要手段。

概括来讲，由于现代社会人们生活方式的改变，西方现代体育健身可以更加直接地满足现代人参与日常生活的体能需求，并有效解决肥胖问题；但是，这并不代表中国传统体育养生无法实现这些目的，只是相较起来，进行中国传统体育养生在提高体能和消耗能量方面的效果不如西方现代体育健身直接和明显。因此，从现代人的生活需求来讲，即使是习练中国传统体育养生的人群，也有必要进行一定量的西方的体能锻炼或有一定强度的体育活动，由此对身体各方面运动机能形成负荷刺激，提高身体活动能力，平衡身体成分。

2. 特殊人群的身体锻炼需求

从具体锻炼人群的具体需求来讲，中国传统体育养生与西方现代体育健身在针对不同人群的需求上表现出差异性特征，由此，在具体的操作中，不同的人群可以根据自己的实际需要选择适合的锻炼方法。

（1）办公室人群的身体锻炼需求

办公室人群是对长时间在办公室伏案工作的白领的一种称呼，其主要工作特点是久坐和缺少锻炼，随之而来的是相关职业病的频发，主要包括心血管等慢性疾病以及肩颈疾病等，以及相关的不良症状，如头昏脑涨、神经衰弱、视力下降、胃病、慢性腹泻等。这些病症的产生与长时间的久坐少动关系密切，从加强运动的角度讲，中国传统体育养生和西方现代体育健身都是缓解这些不良症状的有效手段。但是，根据办公室人群的工作环境和工作特点，这一类人群习练中国传统体育养生会得到更有针对性的益处。具体体现在：首先，办公室人群长期伏案的工作状态直接引起肩颈、腰等部位的肌肉僵硬、活动受限，相关疾病频发。前文已经指出，西方现代体育健身多关注大肌肉群的锻炼，而中国传统体育养生则多拧转、缠绕、弧形动作，可以刺激到身体各处肌肉关节部位，"对深层肌肉、筋骨都会起到全面、均匀、柔和的锻炼作用"[①]，其目的即疏通局部经络，

---

① 张广德. 办公室人群常见病养生运动处方 [M]. 北京：高等教育出版社，2014：前言.

缓解气血瘀阻，对缓解因长期不活动导致的身体大小肌肉、关节的僵硬有直接的疗效；同时，由于中国传统体育养生专注于身体经络的畅通，认为"形不正，气不顺"，很多动作都是针对身体脊柱锻炼的，具有较强的矫形作用，因此对因长期不良姿势导致的脊柱侧弯等问题具有明显的预防和治疗作用。其次，办公室人群的工作环境一般在空间相对狭小的室内，西方现代体育健身一般都需要一定范围的空间才能进行，而中国传统体育养生一般在狭小的室内空间即可完成，对位移要求较少，且有很多动作在座椅上即可完成。

　　基于中国传统体育养生这两方面的特征，其对缓解当前在办公室人群中流行的肩颈、腰等身体各部分肌肉僵硬以及脊柱相关病症具有针对性，且在办公室环境中也易于操作。尽管如此，我们并不能因此就认为中国传统体育养生能够解决办公室人群因运动不足而产生的所有问题，正如在上文中指出的，提高体能和加强消耗同样是现代人健康生活的必要保障，因此，在离开办公室环境之后，这一类人群也有必要进行具有一定体力消耗和强度的体能锻炼。概言之，对于办公室人群而言，中国传统体育养生可以有效、便利且有针对性地缓解其某些病症。与此同时，在工作之余进行一定量的体能锻炼也非常必要，若能将二者结合运用，将有效改善其身体健康状态，提升生活质量。

　　（2）老年人的身体锻炼需求

　　现代社会的一大特征是人口老龄化问题日益加剧，由于年龄增长带来的身体机能的退化，老年人也是慢性病的高发人群。老年人在身体运动方面有其特殊性：一方面，老年人由于日常生活工作量减少，其容易形成体力活动急剧减少甚至不进行必要体力活动的生活状态，导致相关疾病如心血管疾病、糖尿病、慢性肌萎缩等病症更加凸显；另一方面，老年人由于不可抗的生理机能的退化，使其运动能力受限，很多运动都无法很好地进行，由此，很多老年人都尽量避免有一定风险的运动，甚至有老年人因身体某些行动能力的丧失或其他疾病的影响而完全不进行任何运动。基于这些原因，老年人既是缺少运动的一类人，又是运动禁忌相对较多的一类人。由此，老年人如何在避免运动损伤的情况下进行有必要的身体锻炼，是老年人体育健身的关键问题。

　　一般来讲，在具体操作中，老年人的运动负荷强度不宜过大、速度不宜过快，从这个角度看，中国传统体育养生讲究小劳的运动负荷、柔和缓慢的动作很好地适应了老年人的锻炼需求，通过较小的运动强度对老年人的关节肌肉、内脏进行相对柔和的刺激，在安全的范围内保证了必要的身体活动。当前中国传统体育养生的主要习练人群即中老年人，这一现状正说明了中国传统体育养生作为老年人健身项目的优势。尽管如此，这并不代表对运动强度有一定要求的西方现代体育健身不适合老年人群锻炼，事实上，一定强度的有氧锻炼和力量锻炼对老年人的健康是必不可少的，只要将运动强度控制在安全的范围之内，很多项目如快走、慢跑、羽毛球、游泳等运动，都是适合老年人的健身项目，且这些项目在提高老年人身体活力和控制体重方面有着更加直接的功效。

总结来讲，中国传统体育养生和西方现代体育健身都是身体锻炼的有效手段，在西方现代体育健身占据主流健身市场的背景下，中国传统体育养生在针对特殊人群的适用性方面也有其独特价值。将二者结合使用，可以为特殊人群的健身锻炼提供更有针对性的项目选择。

本章小结

西方是将中国传统体育养生放在 CAM 的范畴内进行考察的，称其为"身心运动"，与一般的体育健身运动有所区别；同时，基于其科学传统，其采用严格的科学实验方法对中国传统体育养生的临床效果进行验证，以此作为是否认可这一身体锻炼模式的根本依据。与之相对应，中国则对西方现代体育健身采取全盘接受的态度，并倾向于将中国传统导引术和武术放在西方现代体育健身的范畴内进行考察。同时，中国传统体育养生为得到西方主流医学的认可，积极开展相关实验研究，试图在西方现代医学的框架内确立其有效性与合理性。由此，中国传统体育养生的科学化问题成为中国传统体育养生与西方现代体育健身沟通中出现的最明显问题。

学界长期存在对中国传统体育养生科学化的质疑。本文认为，科学化有其必要性，但其局限性更加明显。一方面，在西方医学的主流环境下，用现代科学的语言对中国传统体育养生的原理和功效进行阐释，有利于推动西方对中国传统体育养生的理解和认可，从这个角度讲，科学化是中国传统体育养生与西方世界沟通的一把钥匙。另一方面，由于西方经典科学认识论方法的局限性，其无法完全揭示中国传统体育养生的实质，同时，西方科学理论也不应构成评判中国传统体育养生的价值标准，从这个角度讲，当前单一的科学化研究范式也成为揭示中国传统体育养生本质特征的枷锁。

当前的医学环境已经将整合医学作为医学发展的方向，同时，以中国传统医学为代表的自然医学（或整体医学）也被认可是为解决现代西方医学困境提供了出路。由此，当前的医学发展方向为中国传统体育养生和西方现代体育健身的结合发展提供了有利的环境，也预示了其良好的前景。

中国传统体育养生与西方现代体育健身的结合有其现实必要性。首先，从对人体生命功能的多角度关注来讲，中国传统体育养生和西方现代体育健身都是不通过药物或创伤性疗法，而是通过人体自觉的身体锻炼促进健康的自然疗法手段，都代表了对人体自愈功能的开发和有效运用，不同的是，二者对人体生命功能具体运用的侧重点不一样，中国传统体育养生较之西方现代体育健身而言，是对人体生命功能的另一种有效开发与运用，同时，由于其内向化的锻炼模式，因此也成为人类感知身体内在状态的一种有效途径，经由这种感知过程将获得的是人对于自身身体的另一种自我控制能力。因此，将二者结合运用，可以多角度地开发人体的生命潜能。从这个意义上讲，无论是何种人群，都可以尝试进行这两种身体锻炼模式，从中所得到的身体体验和自我身体调控能力是不同的，但只要方法适当，都将是促进身心健康的有效手段。其次，从对现代人类需求的多方面考量来讲，由于现代人对于运动的普遍需求，中国传统体育养生与西方现代体育健身可以作为任何人群的身体锻炼方法，同时，由于二者的锻炼目标各有侧重，因此，在具体的操作中，可以根据不同人群的身体和生活需求，有规划地将二者结合运用。

总结来讲，中国传统体育养生与西方现代体育健身分别从不同的角度对人体的生命功能进行了开发和运用，尽管由于身体活动的共通性使二者在锻炼效果上具有相通性，但总的来说，二者锻炼的侧重点还是具有显著差异的。如果能够将二者放在平等的地位，将二者结合运用，以一种对生命功能的敬畏之心来观照中国传统体育养生，同时正视西方现代体育健身广泛存在的现实意义，这将为人类健康事业开辟更多可供选择的出路。

第七章 结 语

第一节 研究结论

本研究基于以往相关研究中反映出来的普遍问题，在对中西方两种典型的体育健身形式——中国传统体育养生和西方现代体育健身的历史进行系统考察的基础上，基于运动促进健康的共同功能价值预设，对二者在运动目标、运动方法和技术原理上的异同进行了比较，并对二者在当代社会的沟通与结合进行了思考。具体结论如下。

运动促进健康是人类共同的生存经验，中国传统体育养生与西方现代体育健身分别代表了中西方体育健身的两种典型形式。

中国传统体育养生和西方现代体育健身的历史发展特征如下：第一，中国传统体育养生奠基于中国传统医学之上，在对人体的身体认知上保有一贯的延续性，在方法上则始终以传统医家所建构的医学导引方法为基础，尽管在历史发展中方法和理论不断丰富，但根本上依然延续着传统的观念与方法，表现出明显的延续性、体系性、内聚性特征。第二，西方体育健身的发展也直接奠基于西方医学之上，近代西方体育健身在价值观念上经历了从传统的平衡体液到现代的消耗能量与强化体能的巨大转变，但在方法上则表现出一种历史延续性，并体现出逐步系统化、科学化、开放性的特征。第三，从近代开始，西方体育健身的发展已经开始与资本主义民族国家的发展密不可分，在一定意义上承载了相应的民族和社会责任。与之不同的是，近现代以后，中国传统体育养生才逐步被纳入全民健身的体系之中，承担起推动国民健康的社会责任。

在运动目标上，中国传统体育养生与西方现代体育健身的根本目标一致，都是促进人类生理、心理、社会的全面健康；作为不同的身体锻炼形式，二者基于对身体的不同医学认知，在操作目标上呈现出补益精气与消耗能量、疏通经络与强化体能两组有所差异的价值认知，这种差异并不是一种非此即彼的对立，而是代表了两种不同的具有主导意义的价值路径。

④在运动方法上，基于不同的操作目标，中国传统体育养生与西方现代体育健身在具体运动方法上差异显著。第一，在方法构成上，中国传统体育养生与西方现代体育健身各有其方法系统，中国传统体育养生包括导引和武术两种形式，西方现代体育健身则包括专门的体能锻炼方法和各种体育运动形式，二者在方法构成上呈现出内聚性和开放性、民族性和普遍性两种对比状态。第二，在运动负荷上，中国传统体育养生与西方现代体育健身都强调负荷适度的重要性，但基于不同的锻炼目标，中国传统体育养生更强调以养为主的小劳，而西方现代体育健身则强调中等以上的负荷强度；同时，在对负荷的具体要求上，二者呈现出模糊与精确两种不同的界定模式。第三，在运动时空上，中国传统体育养生与西方现代体育健身在运动时空上的认知存在一些差异，但差异背后也存在着某种契合性，即都是根据人体与自然界之间的某种规律性关系来安排身体锻炼活动的时空。

在技术原理上，作为身体锻炼形式，中国传统体育养生与西方现代体育健身对于肢体、呼吸、意念的作用都有所强调，但是对调身、调息、调心锻炼的功能认知与实际运用差异显著。第一，中国传统体育养生不仅认识到肢体锻炼的养生功能，其对呼吸和意念的养生功能更加重视，在实际运用的方法上也较之西方现代体育健身更加丰富。第二，中国传统体育养生通过肢体、呼吸、意念的调节，对人体的经筋进行锻炼，对气息的出入和运行进行控制，以疏通经络、调理气血，并通过意念的自我引导寻求达到三调合一的稳态，从而实现身体功能的整体性自我修复。西方现代体育健身通过一定的肢体性活动对肌肉、呼吸形成某种机械性刺激，使机体的运动功能得到锻炼、身体成分得到平衡，最终对身体各系统的功能造成良性影响。第三，当前单纯地从西方医学的角度阐释中国传统体育养生之技术原理的研究模式，只能显示其能够实现人类通过身体活动所能达到的普遍功效，而无法深入揭示中国传统体育养生的核心技术实质。

当前中国传统体育养生与西方现代体育健身的沟通现状是：第一，西方是将中国传统体育养生放在CAM的范畴内进行考察的，称其为"身心运动"，与一般的体育健身运动有所区别，并通过严格的科学实验验证其有效性；中国则对西方现代体育健身全盘接受，并倾向于将中国传统导引术和武术放在西方现代体育健身的范畴内进行考察，试图在西方现代医学的框架内确立其有效性与合理性。由此，中国传统体育养生的科学化问题成为中国传统体育养生与西方现代体育健身的沟通中出现的最显明问题。第二，学界长期存在对中国传统体育养生科学化的质疑。本研究认为，科学化有其必要性，但其局限性更加明显。科学化是中国传统体育养生沟通西方世界的一把钥匙，但当前单一的科学化研究范式也成为揭示中国传统体育养生本质特征的一具枷锁。

中国传统体育养生与西方现代体育健身代表了两种医学模式下的身体锻炼理论与方法，当前整合医学的流行和自然医学的发展为中国传统体育养生和西方现代体育健身的结合发展提供了有利的条件，也预示了其良好的前景。中国传统体育养生与西方现代体育健身的结合有其必要性：第一，从对人体生命功能的多角度关注来讲，中国传统体育养生较之西方现代体育健身，是对人类生命功能的另一种有效开发与运用，同时，由于其内向化的锻炼模式，因此也成为人类感知身体内在状态的一种有效途径，将二者结合运用，可以多角度地开发人体的生命潜能。第二，从对现代人类需求的多方面考量来讲，由于现代人对于运动的普遍需求，中国传统体育养生与西方现代体育健身可以作为任何人群的身体锻炼方法，同时，由于二者的锻炼目标各有侧重，因此，在具体的操作中，可以根据不同人群的身体和生活需求，有规划地将二者结合运用。

第二节 研究展望

从一定程度上讲，本研究仅仅是对"中国传统体育养生与西方现代体育健身的比较研究"的基础知识层面的问题进行了分析，这些基础问题包括"使比较成为可能"的比较逻辑方面的问题（包括比较基础、比较对象、比较内容等方面的界定问题），以及比较对象是什么的问题（具体包括概念界定、历史发展、运动目标、运动方法和技术原理等方面的具体知识）。基于对这些基础知识的分析与比较，本文展示了关于二者比较的基础性知识，即作为两种不同的身体锻炼形式，二者在运动目标、运动方法和技术原理上的最基本的"同一性"与"差异性"体现在哪里？本研究着力解决的是"是什么"的问题，但没有触及与此问题相关的其他重要问题，这些问题至少包括：

①中西方形成这两种典型身体锻炼方法的主要原因是什么？关于这一问题，以往很多研究都从地理条件的角度进行了解释，但基本上依然是用西方竞技体育产生的地理条件来进行解释，这一解释模式的不准确性在前文中已经反复阐述。因此，尽管我们不能否认地理条件的影响作用，但需要有一种更严谨的原因分析。

②中国传统体育养生与西方现代体育健身的临床效果最大的差异在哪里？之所以提出这个问题，是因为当前国内外的各种临床研究已经表明，二者在改善人体生理与心理机能以及应对当代多种流行疾病方面都体现出某种程度的效果，尽管相关比较研究已经展开，但有限的结论不能帮助我们找到二者在健康促进效果上的显著差异。

③中国传统体育养生与西方现代体育健身在当代社会中如何更好地共处，共同服务于人类健康事业？当前，由于世界医学环境逐渐开放，整体医学的深入发展，中国传统体育养生在世界医学中已经占有相当的地位；尽管如此，在实际的应用中，其是否获得了与西方主流健身方式同等的关注力与平等的待遇，而我们又该如何推进这一过程的实现，这些都是应该研究的问题。

除了这些问题，由于笔者学力有限，尚有很多相关问题未能在此列出，有待以后继续挖掘研究。

REFERENCES
参考文献

一、书籍类

[1] 林中鹏. 中华气功学 [M]. 北京：北京体育学院出版社，1988.

[2] 陶祖莱，庞明. 气功的现代科学研究 [M]. 北京：国际文化出版公司，1998.

[3] 马济人. 中国气功学 [M]. 西安：陕西科学技术出版社，1983.

[4] 王松龄. 中国气功的史·理·法 [M]. 北京：华夏出版社，1984.

[5] 邱丕相. 中国传统体育养生学 [M]. 北京：高等教育出版社，2007.

[6] 周伟良. 中华民族传统体育概论高级教程 [M]. 北京：高等教育出版社，2003.

[7] 国家体育总局健身气功管理中心. 健身气功发展史 [M]. 北京：人民体育出版社，2018.

[8] 卢元镇. 社会体育导论 [M]. 北京：高等教育出版社，2011.

[9] 田麦久，李志勇. 东方健身术论集 [C]. 北京体育大学出版社，1998.

[10] 梁漱溟. 东西文化及其哲学 [M]. 北京：商务印书馆，2010.

[11] 刘玉宇. 差异与类同：论比较哲学中的概念互诠 [M]. 重庆：重庆大学出版社，2010.

[12] 张轩辞. 灵魂与身体：盖伦的医学与哲学 [M]. 上海：同济大学出版社，2016.

[13] 宋天彬，刘元亮主编. 中医气功学 [M]. 北京：人民卫生出版社，1994.

[14] 刘天君. 中医气功学 [M]. 北京：人民卫生出版社，1994.

[15] 魏燕利. 道教导引术研究 [M]. 上海：上海三联书店，2018.

[16] 高大伦. 张家山汉简《引书》研究 [M]. 成都：巴蜀书社，1995.

[17] 赵邦柱. 古代气功治病：诸病源候论导引新论 [M]. 贵阳：贵州人民出版社，1990.

[18] 钱学森. 论人体科学 [M]. 成都：四川教育出版社，1989.

[19] 于志钧. 中国传统武术史 [M]. 北京：中国人民大学出版社，2009.

[20] 郝勤. 体育史 [M]. 北京：人民体育出版社，2006.

[21] 钱存泽. 气功原理与应用 [M]. 上海：上海交通大学出版社，1989.

[22] 徐本力. 环境与健身运动 [M]. 厦门：鹭江出版社，2000.

[23] 尹海立. 传统体育社团参与社区健康促进的集体行动机制研究 [M]. 北京：中国社会科学出版社，2021.

［24］薛史地夫．整合医学与康复［C］．王一珂，译．北京：中医古籍出版社，2018．
［25］赵伟．中医文化复兴之形而上学辩护［M］．北京：中国社会科学出版社，2016．
［26］袁冰．整体医学［M］．香港：现代医药出版社，2010．
［27］周伟良．《易筋经》四珍本校释［M］．北京：人民体育出版社，2011．
［28］P. T. Raju．比较哲学导论［M］．台北：黎明文化事业公司出版，1980．
［29］乔治·维加埃罗．身体的历史：第1卷［M］．张竝，赵济鸿，译．上海：华东师范大学出版，2013．
［30］阿兰·科尔班主编．身体的历史：第2卷［M］．杨剑，译．上海：华东师范大学出版社，2013．
［31］让-雅克·库尔第纳．身体的历史：第3卷［M］．孙圣英，赵济鸿，吴娟，译．上海：华东师范大学出版社，2013．
［32］岸野雄三．古希腊希波克拉第养生法［M］．吕彦节，译．北京：人民体育出版社，1984．
［33］中村元．东方民族的思维方法［M］．林太，马小鹤，译．杭州：浙江人民出版社，1989．
［34］栗山茂久．身体的语言：古希腊医学和中医之比较［M］．陈信宏，张轩辞，译．上海：上海书店出版社，2009．
［35］李约瑟．中国科学技术史：第2卷［M］．北京：科学出版社，上海：上海古籍出版社，1990．
［36］李约瑟．中国科学技术史：第5卷．第五分册炼丹术的发现和发明：内丹［M］．北京：科学出版社，上海：上海古籍出版社，2011．
［37］李约瑟．中国科学技术史：第6卷［M］．刘巍，译．北京：科学出版社，上海：上海古籍出版社，2013．
［38］希波克拉底．希波克拉底文集［M］．赵洪钧，武鹏，译．北京：中国中医药出版社，2015．
［39］沃尔夫冈·贝林格．运动通史［M］．丁娜，译．北京：北京大学出版社，2015．
［40］托马斯·梅尔斯．解剖列车：徒手与动作治疗的肌筋膜经线［M］．关玲，周维金，瓮长水，译．北京：北京科学技术出版社，2014．
［41］阿伦·古特曼．从仪式到记录：现代体育的本质［M］．花勇民，钟小鑫，蔡芳乐，译．北京：北京体育大学出版社，2012．
［42］王国斌．转变的中国：历史变迁与欧洲经验的局限［M］．李伯重，连玲玲，译．南京：江苏人民出版社，2010．
［43］Charles M. Tipton. History of Exercise Physiology［M］. United States：Human Kinetics，2014.
［44］Charles M. Tipton. Exercise Physiology：People and Ideas［M］. Oxford：Oxford University Press，2003.
［45］Kenneth H. Cooper. The Aerobics Program for Total Well-Being［M］. United States：Bantam Books，1982.
［46］C. P. Gilmore. Exercise for Fitness［M］. United States：Time-Life Books，1981.
［47］Kenneth H. Copper. Overcoming Hypertension［M］. United States：Bantam Books，1990.
［48］John Douillard. Body，Mind and Sports［M］. United States：Crown Trade Paperbacks，1994.
［49］Phillip Beach. Muscles and Meridians［M］. London：Churchill Livingstone，2010.
［50］Arnold G. Nelson，Jouko kokkonen. Stretching Anatomy［M］. United States：Human Kinetics，2014.

二、期刊类

［1］盖建武．中华民族传统体育养生思维模式及其现代价值研究［J］．体育文化导刊，2008（8）：39-40．

[2] 顾益圣. 中西体育健身途径比较与交汇发展的研究 [J]. 上海体育学院学报, 2003, 27 (6): 79-81.

[3] 吴京梅. 中西方体育养生之比较研究 [J]. 上海体育学院学报, 2004, 28 (6): 79-81.

[4] 董众鸣. 中国传统养生文化衰落的思考 [J]. 体育学刊, 1997 (1): 12-13.

[5] 温家平. 世界运动医学史简介 [J]. 成都体院学报, 1982 (S1): 91-97.

[6] 王敬浩, 周爱光. 运动养生技术类型建构 [J]. 体育科学, 2009 (5): 76-82.

[7] 张云崖, 王林, 虞定海. 健身气功推广普及现状研究 [J]. 山东体育学院学报, 2008, 24 (6): 29-32.

[8] 王郓, 李敏. 中、美全民健身服务体系的比较分析 [J]. 武汉体育学院学报, 2015, 49 (12): 31-38.

[9] 段子才. 运动人体科学研究方法对中国传统养生方法健身机理的研究进展 [J]. 上海体育学院学报, 2009, 33 (4): 79-84.

[10] 单春雷, 励健安. 气功的生理作用及机理 [J]. 中国康复医学杂志, 1999, 14 (6): 276-279.

[11] 吴彤, 张姝艳. 从地方性知识的视域看中医学 [J]. 中国中医基础医学杂志, 2008 (7): 540-544.

[12] 傅俊英. 美国补充替代医学的科研现状及其与中国中医药研究的比较 [J]. 中西医结合学报, 2008, 6 (6): 551-554.

[13] 何平. 跨文化研究的理论和方法 [J]. 史学理论研究, 2014 (4): 68-78.

[14] 马中红, 陈跃红. 网谈录: 比较文学方法的跨学科应用及其前景 [J]. 中国比较文学, 2008 (3): 22-32.

[15] 任海. "跨文化性": 比较体育的优势与困难 [J]. 天津体育学院学报, 1991, 6 (3): 12.

[16] 蔺新茂, 孙思哲. 我国体育比较研究存在的问题分析 [J]. 北京体育大学学报, 2013, 36 (12): 99-103.

[17] 李根, 张建华. 比较体育学方法论的相关问题研究 [J]. 首都体育学院学报, 2019, 31 (3): 206-210.

[18] Dieter Hackfort, 黄志剑, 于淋. 运动科学跨文化研究和比较研究的理论与方法学视野 [J]. 体育学研究, 2018, 10 (5): 32-42.

[19] 彭庭选. 比较方法及其在认识中的作用 [J]. 江汉论坛, 1991 (11): 41-44.

[20] Suzanne M. Bertisch, Christina C. Wee, Russell S. Phillips, et al. Alternative mind-body therapies used by adults with medicalconditions [J]. Journal of Psychosom Research, 2009, 66 (6): 511-519.

[21] Hector W. H. Tsang, Kelvin M. T. Fung, Ashley S. M. Chan. Effect of a qigong exercise programme on elderly with depression [J]. International Journal of Geriatric Psychiatry, 2006 (21): 890-897.

[22] Byeongsang Oh, Phyllis N Butow, Barbara A Mullan, et al. Effect of medical Qigong on cognitive function, quality of life, and a biomarker of inflammation in cancer patients: a randomized controlled trail [J]. Support Care Cancer, 2012 (20): 1235-1242.

[23] Ni X, Chan R J, Yates P, et al. The effect of Tai Chi on quality of life of cancer survivors: a systematic review and meta-analysis [J]. Supportive Care in Cancer, 2019 (27): 3701-3716.

[24] M. S. Lee, M. H. Pittler, E. Ernst. Tai chi for rheumatoid arthritis: Systematicreview [J]. Rheumatology, 2007, 46 (11): 1648-1651.

[25] T Schmitz-Hübsch, D Pyfer, K Kielwein, et al. Qigong exercise for the symptoms of Parkinson's disease: A randomized, controlled pilot study [J]. Movement Disorders, 2006, 21 (4): 543-548.

[26] Michael S. Chin, Stefanos N. Kales. Understanding mind-body disciplines: A pilot study of paced breathing and dynamic muscle contraction on autonomic nervoussystem reactivity [J]. Stress and Health, 2019 (35):

542-548.

[27] Wang C, Schmid C H, Fielding R A, et al. Effect of tai chi versus aerobic exercise for fibromyalgia：Comparative effectiveness randomized controlled trail［J］. BMJ, 2018, 360：K851.

[28] Shamini Jain, Paul J Mills. Biofield therapies：helpful or full of hype? A best evidence synthesis［J］. International. Journal of BehavIoral Medicine, 2010（17）：1-16.

[29] Rogers C E, Larkey L K, Keller C. A Review of Clinical Trials of Tai Chi and Qigong in Older Adults［J］. Western Journal of Nursing Research, 2009, 31（2）：245-279.

[30] Pasi Pölönen, Otto Lappi, Mari Tervaniemi. Effect of meditation movement on affect and flow in qigong practitioners［J］. Frontiers in Psychology, 2019（10）：1-13.

三、学位论文

[1] 范铜钢. 养生典籍功法技术挖掘整理研究［D］. 上海：上海体育学院, 2016.

[2] 刘风震. 中医导引术用于肢体痹治疗的可行性探讨［D］. 广州：广州中医药大学, 2014.

[3] 吴金鹏. 中医导引术的经筋理论研究［D］. 北京：北京中医药大学, 2007.

[4] 史海阳. 中外健身气功健康促进研究的比较分析［D］. 上海：上海体育学院, 2018.

[5] 张时. 中医个体化运动养生体系的构建［D］. 济南：山东中医药大学, 2007.

[6] 刘洪波. 呼吸和意守对心率影响的实验研究［D］. 扬州：扬州大学, 2013.

[7] 吕嘉轩. 站桩功对脊柱失衡大学生心身平衡调节效应的分析［D］. 北京：北京中医药大学, 2018.

[8] Wang Chunyun. Improving Health among Elementary School Children：A Comparison of Aerobic and Mind-Body Exercise［D］. Indiana：Indiana University, 2012.

[9] Heidi A. Nugent. Breathing：The Phases of the Integral Breath［D］. Cincinnati：Union Institute & University, 2009.

[10] Derek Ramlal. Qigong and the Mordernation of China［D］. New York：St. John's University, 2006.

POSTSCRIPT
后 记

  这是我写的第一本书，以博士论文的形式开始，以学术专著的形式结束。我喜欢读书，曾受惠于很多好书，仰慕那些写出好书的人，也因此觉得，如果能够写出一本好书，就此生无憾了。正是因为这个隐秘的梦想，我走上了读博之路，历经数年，才知要做出一个好的研究，成一本好书，需要走过多少艰辛。在撰写博士论文期间，我常常想到沈从文在《从文自传》里的一句话："知识同权力相比，我愿意得到智慧，放下权力。"这本书是在大学时期接触到的，在当时，仅仅觉得这句话好，对于其中的含义，自己却无过多体会。直到读博期间，这句话竟时常在耳边回响起来，我也似乎很自然地就明白了：做学问的过程，其实是追求智慧的过程，而全身心探索知识的过程本身就是动人的。

  我很感激能有这样的机会，可以将探索知识当作自己的专业与职业。但我本身是一个自由散漫的人，因此而影响了做研究的进程与深度，为此我也时常感到羞愧。在本书有机会可以出版之际，我更是感到惶恐，我深知，我对这一课题的研究还仅仅停留在基础知识的层面，还有很多需要深入研究的问题，本该在博士论文写作期间就涉及，却最终因为自身的知识浅薄与踌躇不定而搁浅，直到博士毕业已两年有余之后的今天，我依然在思考这些问题，虽有一些进展，但也依然未能形成一个明朗的认识。也正是因为这个原因，这本书与那些曾经给过我启迪与引导的好书比起来，实在有点相形见绌；在我心目中，它也实在算不上一本好书。承蒙人民体育出版社不弃，接纳、完善并出版这本书稿，其中存在的那些可以支撑它出版的优点——如果值得一提的话——我想都归功于在论文写作及至书稿出版过程中给予我帮助的老师、同学、亲人和朋友们；而其中尚存在的诸多不足，都将化为一种动力，鞭策与激励我沿着这条研究之路，继续为写出一本好书而努力前行。

2022 年 11 月于烟台

  我想以我在博士论文里的致谢作为本书最后的结尾，再表感谢！

后 记

感谢我的家乡，我在那里度过了悠长的年少时光。

感谢武汉，我在这里获取知识，发现自我，追求理想，回归生活。

感谢我的武术师父王胜超老师、师母杨淑华老师，因为一种机缘巧合，我跟随他们习武，如此才走入武术之境。

感谢我的导师石爱桥教授。因为他的接纳，我才有机会进入民族传统体育学研究领域继续深造；因为他敏锐的学术洞见，我才得以开展这个充满意义和趣味的研究课题；因为他的循循善诱，我才一步一步感知到中国导引术伟大的生命智慧与美学魅力；更因为他对学生无私的支撑、保护、包容和关爱，我才能在困难重重中顺利完成这篇论文。

感谢原武汉体育学院副院长孙汉超教授。老院长思维之缜密、态度之严谨，令人感佩；在论文写作过程中，他给予我的帮助和启发让我毕生铭记。

感谢在本论文开题、写作、盲评、答辩过程中给予我中肯点评的老师们，他们的意见和建议为我打开了视野、指引了方向；感谢在求学过程中给予我帮助的所有老师、同学、亲人和朋友。

感谢在艰难中鼓励我继续前行的人。

2020 年 6 月于武汉